아파트 너머로 땅으로

아파트 너머로 땅으로

문홍열 지음

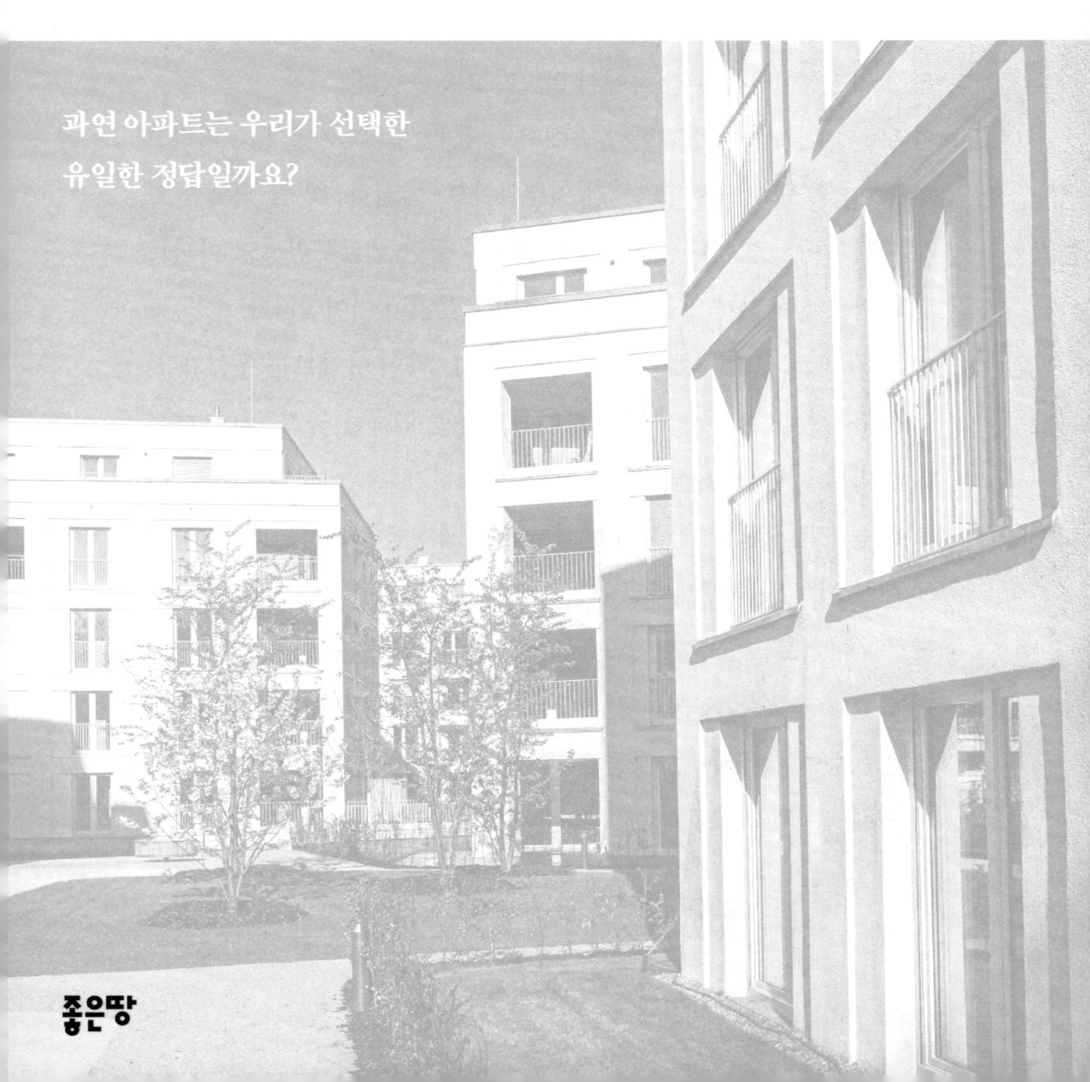

좋은땅

아파트 너머로 땅으로

집은 왜 이렇게 닮아만 갈까요? 높이 솟은 아파트 숲은 어느 도시를 가도 똑같은 풍경을 선사하고, 위아래 이웃이 누구인지 모르는 채 우리는 익명성이라는 공간 속에서 살아가고 있습니다.

아파트가 선사하는 편리함의 속에서도, 문득 무엇인가를 잃어버리고 있다는 쓸쓸한 마음이 드는 건 저뿐일까요? 답답하리만큼 빽빽한 도시 아파트에서 벗어나, 좀 더 넓고 쾌적한 공간을 꿈꾸면서도 '아파트 말고 다른 선택지가 있을까?' 하는 고민은 끝없이 이어집니다.

이 책은 바로 그 질문에서 시작되었습니다. 과연 아파트는 우리가 선택한 유일한 정답일까요? 혹시, 아파트라는 익숙한 공간 너머, 다른 삶의 방식을 한 번쯤 상상해 본 적은 없으신가요? 《아파트 너머로 땅으로》는 그런 우리의 상상이 현실이 되는 과정을 탐색하는, 공간과 삶에 대한 깊이 있는 에세이입니다.

획일적 아파트 구조를 벗어나 '나만의 라이프스타일'을 찾아가는 어쩌면 층간 소음 같은 일상의 불편함에서 벗어나, 계절의 변화를 온전히 느끼는 자연의 여유와 고요함을 다시금 마주하게 될지도 모릅니다.

이 책에서는 아파트를 넘어 타운하우스, 연립주택(Row House) 같은

새로운 주거 형태는 물론이고,

MZ세대가 열광하는 코-리빙하우스(Co-living House)와 레저 문화를 접목한 미래 주거모델들을 함께 탐색해 보려고 합니다. 이웃 간의 자연스러운 교류가 살아나고 공동체 감성 속에서, 아파트의 편리함과는 또 다른 '사람 냄새 나는 안정감'과 '진정한 행복감'을 발견할 수 있을 것입니다.

이 이야기는 단순히 집의 형태만을 논하는 것이 아니라, 우리가 발 딛고 살아가는 '땅'의 긴 역사를 통해 현재와 미래를 통찰하고, 어렵게만 느껴졌던 토지 관련 지식을 쉽고 지혜롭게 익혀 현실 속 문제를 해결하는 나만의 방법을 찾아보자는 메시지를 담고 있습니다.

결국 이 책은 '어떤 공간에서 어떤 삶을 살 것인가?'라는 가장 근원적인 질문을 던지며, 우리가 꿈꾸는 새로운 가능성을 찾아가는 여정을 제안합니다. 지금 떠나가 볼까요?

토지가 삶의 터전이다

발밑의 토지, 언제나 이 땅을 밟고 살아갑니다. 집을 짓고, 농사를 짓고, 길을 만들고, 도시를 세우는 모든 행위가 토지 위에서 이루어집니다. 너무나 당연하여 때로는 그 존재를 잊고 살기도 하지만, 토지는 우리 삶에 얼마나 깊숙이 연결되어 있는지 모릅니다.

토지는 단순히 물리적 공간만을 의미하지 않습니다. 그것은 우리 삶의 터전이자, 가족의 보금자리이며, 때로는 꿈을 심고 가꾸는 희망의 공간이기도 합니다. 토지는 땀 흘려 일구는 생산의 현장이자 생계를 책임지는 근간이며, 토지는 바쁜 일상 속 안식을 얻는 집이 있는 곳이자 미래를 설계하는 투자 대상이 되기도 합니다.

토지는 역사의 증인입니다. 수천 년의 시간 동안 이 땅 위에서 수많은 이야기가 펼쳐졌습니다. 왕조가 바뀌고 사회 제도가 변화할 때마다 토지를 둘러싼 사람들의 삶은 요동쳤습니다. 농지개혁과 같은 역사적 사건들은 토지 소유구조를 바꾸고 사람들의 운명을 바꾸어 놓았습니다. 토지는 과거의 흔적을 고스란히 간직하고 현재의 우리에게 지방시대라는 말을 걸어 옵니다. 그리고 토지는 때때로 인간의 욕망이 투영되는 공간이기도 하고, 더 넓은 땅, 더 좋은 위치의 땅을 갖고자 하는 욕망은 개발과 성장을 이끌기도 했지만, 투기와 불평등을 낳으며 사회적 갈등의 씨앗이 되기도 했습니다.

토지는 이처럼 복잡하고 다층적인 의미를 지니고 있습니다. 우리가 토지에 대해 알아야 하는 이유는 더 이상 전문가들만의 영역이 아니라 모두의 삶과 직결되고, 사회의 모습을 이해하는 필수적 열쇠이고, 토지의 역사와 제도를 이해하고, 토지를 둘러싼 다양한 이야기들에 귀를 기울이는 것은 우리 자신과 우리 사회를 더 깊이 이해하는 과정입니다.

이 책은 토지가 우리의 삶이나 사회에 어떤 영향을 미쳐왔고 앞으로 어떤 stance를 취하여야 하는지를 이야기처럼 풀어내고자 합니다. 독자 여러분을 초대합니다. 끝.

| 목차 |

머리말 아파트 너머로 땅으로   4

프롤로그 토지가 삶의 터전이다   6

제1부: 토지는 무엇인가?

1. 토지가 사회적 지위로   14

2. 토지를 조사하고 소유자를 조사하고   16

3. 땅을 사 놓고 등기는 미루다   20

4. 농지를 지키고 버리자   24

5. 내 땅이라고 내 맘대로   27

6. 돈 주고 사는 자격증으로   31

7. 도로는 도시와 사람을 잇는다   35

8. 주거지역과 상업지역은 시소를 타듯이   38

9. MZ세대의 레저시설은 Wi-Fi에서   41

제2부: 사회변화에 토지는 따라간다

1. 인구 34.8%가 토지 소유, 상위 10%가 87% 소유   46

2. 토지정책이 사람을 도시로   49

3. 나는 도시계획가이다   53

4. 주거시설 65% 아파트 지분은 낮다   55

5. 고층 아파트로 교통량 증가로   59

6. 재건축은 피할 수 없다   62

7. 도시는 Fresh로, MZ세대가 꿈꾸는 공간   65

8. MZ세대의 새로운 주거 트렌드   69

9. 도시를 MZ세대가 이끌어   71

10. 초고층 건축물은 에너지 먹는 하마   73

11. 저층으로 테라스 House Trend로   76

12. 인구변화로 용도변화로 주거 패러다임   80

13. 허물어지고 다시 서는 시간, 타운하우스로   84

14. 토지개발은 물길 따라 수변으로   87

15. 물길을 디자인하다, 낙동강 상류를 문화시설로   90

16. 낙동강 하류를 수변공간으로   94

17. 낙동강 하류를 수변공간으로 땅으로   96

18. 낙동강 하류를 수변공간으로 바다로   99

19. 산토리니가 해변으로 섬으로   102

20. 토지는 물려줄 소중한 공간으로   104

제3부: 토지 어렵지 않다

1. 토지 가치는 겹겹의 권리분석으로   108

2. 토지를 엮어 가는 의사표시   112

3. 토지개발로 이익이 생기면 일부는 환수   116

4. 토지를 왜 알아야 하는가?   120

5. K 국토는 미래를 담는 그릇이고 약속   123

6. 계획으로 층위로 지방시대로   126

7. 딛고 선 이 땅은 '토지국밥'   128

8. 도시기본계획의 예정 용지가 도시지역으로   131

9. 토지의 옷은 지역·지구·구역   133

10. 공간 재구조화 계획으로 다각적으로   136

11. 도시혁신 구역과 복합용도구역으로 시너지효과를   138

12. 입체 복합구역으로 주차장을   141

13. 토지기록은 땅으로 가는 신분증으로   143

14. 크면 작게 틀어지면 고쳐서   147

15. 구불구불한 것은 반듯하게   150

16. 토지를 쪼개서 붙여서 이용으로   152

17. 등기사항증명서 천 원의 권리로   154

18. 지목은 토지의 Category   158

19. 용도지역으로 도시관리계획으로   160

20. 건축은 용도지역을 Follow 해야   163

21. 때로는 유연하게 때로는 더 단단하게   165

22. 도시지역은 세세하게 지구단위계획으로   168

23. 농지로 땅으로 지방으로   170

24. 개발행위로 형질변경으로 건축물로   174

25. 산속 임야, 개발을 통해 대지로   178

26. 건축물을 짓는 대지의 조건은   180

27. 대지와 도로 그리고 용도지역이 걸리는 경우   182

28. 대지 밀도·분할 제한·높이 제한   185

29. 건축물 SIZE는 기록물을 보아야   188

30. 건축이 가능한 도로는 ... 191

31. 건축으로 도로대장으로 ... 194

32. 도로는 건축 기준으로 덤프트럭이 들어가는 도로 ... 196

33. 도로에서 건축으로 일상으로 ... 198

34. 민간자격증으로 걸어서 토지까지 ... 201

35. 소유자가 분명하지 않은 미등기 토지 ... 203

36. 토지거래는 경계 check부터 ... 206

37. 이 땅의 찐 소유자는 누구인가 ... 209

38. 내돈내산으로 호갱은 벗어야 ... 212

39. 분쟁으로 측량으로 경계로 ... 214

40. 토지분쟁은 어디에서나 일어난다 ... 217

제4부: 살아가는 공간 땅으로

1. 집은 공간이다 ... 220

2. 사회변화가 토지의 용도를 변화시켜 ... 222

3. 임대차는 공유주택의 개념으로 ... 225

4. 아파트 편리하고 안전한가? ... 228

5. 노후 주택에서 다가구주택으로 ... 231

6. 농업진흥 지역 밖으로 땅으로 주택으로 ... 234

7. 농지를 주택으로 농지전용으로 ... 237

8. 일반주택으로 농가주택으로 ... 239

9. 농어업인 자격으로 농가주택으로 ... 241

10. 땅으로 가는 숲속 야영장으로 ... 243

11. 땅으로 TDR로 타운하우스로   245

12. Korean Style 타운하우스   248

13. 커뮤니티를 이루어 안정감으로   251

14. 저층으로 고급 주택으로   255

15. 주거를 수직에서 수평으로 삶으로   258

제5부: 아파트 너머로 땅으로

1. 수직으로 가는 고층 APT 이대로 좋은가?   262

2. 런던의 고층 주거 타워 블록   264

3. 런던 타워 블록(Tower block) 아파트   266

4. 한국과 런던의 타워 블록은 다르다   269

5. 늘어가는 고층 APT 땅은 어디에   271

6. 재건축으로 고층 APT로   274

7. 주거는 다양성으로 기능변화로   277

8. 연립주택(Row House)으로   280

9. 다세대주택(Multi-household House)으로   282

10. 다가구주택(Multi-unit House)로   284

11. 토지는 시소 타듯이 농업도시   287

12. 농촌 공간 재구조화로 농촌특화 지구로   291

13. 나 홀로(Lonely)주택 Village로   293

14. 산자락 관광으로 땅으로   296

에필로그 토지는 미래를 만들어 가는 공간   299

토지는 무엇인가?

1

토지가 사회적 지위로

사람이 사는 곳에서 땅은 떼려야 뗄 수 없는 절친과 같은 관계입니다. 사람들이 한곳에 머물러 농사 일을 하게 되면서, 땅은 생명력을 가지는 터전이고, 수확한 곡식을 비축하거나 팔아서 살림살이를 늘려가는 밑거름이 되어 주었습니다.

자연스럽게 땅을 많이 가진 사람은 더 많은 곡식을 생산하여 더 큰 힘을 가지려고 하였고, 국가는 사회 질서를 유지하는 수단으로, 왕조시대는 토지에서 나오는 수확물을 거둘 수 있는 수조권을 관리들에게 나누어 주었으니 바로, 토지는 지위였습니다.

땅은 단순히 농사를 짓는 공간을 넘어, 신분과 지위를 나타내는 상징이자 권력 분배 수단이 되었고, 시대에 따라 변화되었지만, 한 가지 변치 않는 사실은 토지가 늘 사회 구조와 깊게 연결되어 있었다는 것입니다. 소유 여부가 곧 그 시대 사람들의 사회적 위치를 결정하는 중요한 요소였습니다.

땅은 사회적 지위였습니다. 그러니까 내가 서른 살쯤으로 기억되는데, 아버지에게 농촌에 있는 땅을 좀 팔아서 도시에다 조그마한 집이라도 한 채 사 놓자고 했던 말이 생각납니다. 그러고는 몇 년이 지나도 명쾌한 OK sign을 얻어내지 못하였는데, 그것은 바로 땅이 사회적 지위였고, 소유하는 농지 면적이 줄어들면 자신의 사회적 지위가 떨어진다는 것을 뒤늦게 알았기 때문입니다.

토지를 둘러싼 제도적 변화는 곧 사람들의 삶의 변화였고, 오늘에 이르기까지 알게 모르게 그 영향력은 크다고 말할 수 있습니다.

사람 셋만 모이면 부동산 이야기가 꼭 나옵니다. 재개발은 언제하고 재건축으로 집값이 좀 내릴까? 신도시 건설을 한다는데 전월세가 좀 내릴까? 뭐, 주로 이런저런 얘기를 많이 하는 것 같습니다.

인공지능 시대가 되면서 스마트폰 하나로 실내조명과 온습도, 블루투스 연결 등이 가능하게 되면서 낡은 주택에서는 이러한 것이 불편하여 신축 주거시설을 선호하게 되고, 다양한 토지이용과 다층적 주거시설을 원하고 있습니다. 따라서 토지가 사회적 지위였던 시대에서 이제 땅으로 나가는 편안한 삶의 이야기를 해 보고자 합니다.

2

토지를 조사하고 소유자를 조사하고

우리의 토지 제도가 근현대로 접어들면서 토지 소유구조를 근본적으로 뒤흔들어 놓았던 때가 바로, 일제가 조선총독부를 통하여 전국 토지를 조사한 일입니다. 근대적 토지 소유제도를 확립하고 조세 행정을 효율화하겠다는 명분으로 토지조사 사업을 실시하였으나, 식민 통치를 다지는 경제적 목적이 더 강했다고 볼 수 있습니다.

이 사업은 1910년부터 8년간 토지를 측량하여 땅의 생김새를 조사하고, 소유자를 조사하고, 토지 가격을 조사하였습니다. 임야조사사업은 1916년 시작하여 8년 뒤에 끝이 났습니다. 토지조사사업보다 늦게 하다 보니 임야 소재지 지번 앞에 '산'이라는 문자를 붙였습니다. 이 과정에서 농민들은 자신의 토지 소유권을 제대로 인정받지 못했다는 것입니다.

토지조사신고서를 작성하여 제출하라고 하였으나 절차를 모르거나, 문맹이거나 혹은 멀리 떨어져 살아서 기한 내에 신고하지 못한 경우는 소유자 불명의 토지로 분류하여 총독부의 소유로 넘어갔습니다. 경작하는 땅이라 하더라도 문서로 된 소유 증명이 없으면 권리인정을 받기 어려웠습니다.

결과적으로 대한제국의 토지는 소수의 일본인 지주와 그들과 친밀했던 대지주에게 몰리게 되자 대다수 농민은 자신의 땅을 가지지 못하여 소작농으로 전락하게 되었습니다.

소작농들은 지주에게 수확량 절반을 바쳐야 했고, 수탈과 억압 속에서 빈곤을 면치 못했습니다. 이 사업은 단순한 행정 절차가 아니라, 경제적으로 농민들의 삶을 피폐하게 만든 식민 지배의 핵심적 수단이었습니다.

토지 소유구조는 해방 이후까지 이어져 우리 사회의 토지 문제, 특히 농지 문제의 중요한 배경이 되었습니다. 이러한 역사를 아는 것은 현재의 토지 문제를 이해하고 더 나은 미래를 설계하는 데 중요한 의미가 있을 것입니다.

80주년이 되는 광복절이 올해입니다. 110년 전 조선총독부의 토지조사사업으로 나타난 문제 중의 하나가 영세 농민이 대지주의 논밭을 빌려서 농사짓는 사람들이 많았다는 것입니다. 이걸 해결하고자 정부가 '49년 농지개혁으로 소유구조를 변화시켜 놓았는데, 당시 전체농가의 86%가 소작농이고 전 농지의 64%가 소작 농지였습니다.

경자유전 즉 '밭 가는 사람이 땅을 가진다'라는 뜻으로 3ha, 지금의 3만㎡를 초과하여 많은 농지를 가지고 있으면, 정부가 사들여 실제 경작하는 영세 소작농에게 나눠주는 것이 목표였습니다. 그리고 땅값은 그 농지에서 나오는 수확량 1.5배를 5년간 갈라서 갚는다는 조건으로 정부가 지주에게는 땅값을 보상하고 소작농민은 분배받은 땅값을 정부에 상환하는 유상매수, 유상분배 방식이었습니다.

그 당시의 부자를 '천석군'이라고 불렀는데, 논 500마지기, 그러니까 요즘으로 환산하면 대략 33만㎡를 소유하면서 일 년에 곡식 천 석을 넘게 거두는 사람을 지칭하였으니, 땅의 무게가 대단했다는 것을 알게 됩니다. 이러한 행정 절차가 끝나고 나면 요즘의 농지취득 자격증서나 부동산거래계약신고필증 격인 '분배 농지 상환증서'를 정부가 발급했습니다.

이것을 손에 쥐고 등기까지 완료하여 소유권을 취득하였던 소작 농민에게는 그야말로 꿈이 현실이 되었던 순간이었습니다. 남의 땅을 경작하여 수확한 벼나 보리를 대부분 소작료로 바쳐야 했던 농민들이 비로소 '내 땅'을 갖게 된 것입니다. 이는 단순한 경제적 변화를 넘어선 심리적, 사회적 해방이었고, 더 이상 지주의 눈치를 보지 않고 스스로 농사를 계획하고 경작할 수 있어 농민은 땅에 대한 애착과 생산성을 높이려는 강한 동기를 갖게 되었습니다.

한 마을에서 대대로 소작농으로 살아온 사람들은 매년 가을 추수 때마다 지주에게 소작료를 내어 주고 나면 남는 것이 거의 없어 배를 곯아야 했는데, 농지개혁으로 농지의 수확 대부분이 가족을 위해 쓸 수 있게 되었고, 늘어난 소득으로 자녀들에게 따뜻한 옷을, 낡은 초가집을 수리하고 암소 한 마리를 사서 농사짓는 계획을 하였을 것입니다.

땅을 소유하게 되면서 농촌사회에서는 당당한 '자작농'으로 인정받게 되고 마을 회의 같은데 참석하여 자신의 목소리를 내기도 하고, 공동체 활동에 적극 참여하는 등 사람 사는 세상이 되어 가는 사회적 영향력이 커졌다는 이야기를 내가 어릴 때 들은 적이 있었습니다.

농지개혁은 많은 사람이 경제적으로 자립하고 사회적 지위가 올라가 농민들은 땅에 대한 주인의식을 갖게 되면서 농업 생산성이 크게 향상되어 식량 문제 해결에 크게 영향을 주게 되었습니다. 또한, 해체되었던 지주 계급의 자본은 산업 자본으로 흘러 들어가 산업 발전의 중요한 발판이 되었을 것입니다.

따라서 우리는 내 땅이라고 너무 무리하게 소유에 집착하거나, 옆집의 이웃이 내 땅을 사서 들락거리는 골목길을 내려고 한다거나, 잡초가 무성하도록 땅을 방치하면서도 매매를 거부한다거나, 무리하게 값을 불러서 이웃을 지치게 해야 할까? 우리는 어떻게 하면 좋을까 생각하게 됩니다.

3

땅을 사 놓고 등기는 미루다

농지개혁, 그때 그 시절 사람들한테는 찐 희망을 안겨 준 역대급 사건이라고 하는 것을 다들 알고 있겠지만 그런데 그때 당시 사회 구조 자체가 하루아침에 그렇게 바뀌기가 쉬웠겠습니까? 원래 있던 시스템을 싹 갈아엎는 과정에서 다양한 이해관계가 제대로 부딪히면서 사회적 갈등이랑 고민은 터져 나올 수밖에 없었을 것입니다.

이런 제도의 밝은 면 뒤에는 당연히 우리가 잊지 말아야 할 그림자도 있다는 거 다들 아셔야 할 것 같습니다.

땅을 잃게 된 지주들의 강력한 저항이 있었는데, 사회적 기반이었던 토지를 국가에 넘겨야 하는 상황에 지주들은 강하게 반발했습니다. 자신의 재산권을 침해당한다고 생각했으며, 정부가 제시한 보상 방식에 대하여도 불만을 표하는 경우가 많았습니다.

일부 지주들은 이 제도 적용을 피하려고 자신의 농지를 친척이나 타인 명의로 돌리거나, 서둘러 헐값에 처분하는 등 편법을 동원하기도 했습니다. 이러한 과정에서 농민들과의 마찰이 발생하기도 했으며, 음성적으로 소작 관계를 유지하려는 시도도 완전히 사라지지 않았습니다.

농지를 분배받은 농민들에게도 어려움이 있었습니다. 이것은 무상 분

20

배가 아닌 유상분배라, 농지에 해당하는 금액을 곡물로 상환해야 했습니다. 비록 소작료보다는 부담이 적었지만, 매년 일정하게 갚아 나가야 하는 부담은 있었다. 비가 많이 오거나 가뭄으로 흉년이 들었다고 어려움을 토로하면 납기를 늦춰 주기도 하였고, 한국전쟁이 발발하여 분배나 상환 절차가 제대로 이루어지기 어려웠고, 지역에 따라 정책이 달라지면서 사회적 갈등은 증폭되고, 개혁의 완성이 지연되는 결과도 있었습니다.

쓸쓸한 현실은 정부에서 '64년 9월 17일 - '65년 6월 30일까지 농지를 매매하고 등기하지 않은 사람을 위하여 '일반농지 소유권이전등기 특별조치법'을 시행하여 232만 6천 필지의 토지를 간단한 절차로 등기할 수 있게 되어 권리확보가 어려웠던 농민들이 소유권이전등기를 할 수 있게 되었으나, 지목이 과수원이거나, 농지개혁으로 분배받은 농지는 그 대상에서 제외되었던 것을 보면, 당시 사회적 갈등이 얼마나 깊었는지 알 수 있겠습니다.

그뿐만이 아닙니다. 유년 시절 내가 보았던 토지거래 현장이 생각납니다. 가을 추수가 끝이 나면 논밭을 사고파는 광경을 볼 수 있었는데, 마을 이장 집이나 신의가 높은 사람의 집에 가서 매매계약서를 작성하였는데, 한자로 작성하고 이장이나 이웃 사람이 인정한다는 뜻으로 도장을 찍었습니다.

이 문서를 장롱 깊이 넣어 두고, 소유권이전등기를 하지 않아 정부가 이를 바르게 정리하고자, 임야소유권 이전등기 조치법을 '69년 5월 21일 시행하였고, 그 이후로는 특정 토지를 가리지 않고 제1차 부동산소유권 이전등기 특별조치법을 '77년 12월 31일, 제2차는 '92년 11월 30일, 제3차는 '05년 5월 26일, 제4차는 '20년 8월 5일 각각 시행하게 되었습니다.

MZ세대는 이러한 늦장 등기 형태를 이해하기 어렵겠으나 농경사회는 이런 것이 다반사였으며, 정부 자료에 의하면 '45년 12월 당시 농지 면적은 2만 2천㎢이고, 농지개혁 이후 '51년 12월은 1만 9천㎢로 농지 면적은 줄어들었으나, 자작농이 소유하는 농지 면적은 8천 ㎢에서 1만 8천㎢로 2.2배 이상으로 확대되었고, 대신 소작 농지는 1만 4천㎢에서 1천 5백㎢로 10배 이상 줄어들었다는 것은 정책 효과가 역대급으로 높았다고 할 수 있습니다. 그리고 이러한 여파로 농촌 인구가 이동되는 배경이 되기도 했습니다.

농민이 자기 땅을 갖게 되면서 일차적으로 농촌에 정착하려는 경향이 강해졌으나, '70년대 공업화가 시작되면서 소유하던 토지를 팔아 던지고 자녀 교육에 투자하거나, 도시로 이주하는 등 사회 이동이 시작되기도 했습니다. 땅의 이야기는 비단 지나간 시간 속에 묻혀 있는 단순한 과거사만은 아닙니다. 오히려 지금 우리가 살아가는 오늘을 깊이 이해할 수 있는 중요한 열쇠가 되기 때문입니다.

일제강점기 토지조사사업이 끝나고 왜곡된 토지 소유구조를 바로잡고자 했던 농지개혁 과정을 우리는 단순히 옛 역사의 한 페이지로만 볼 게 아니라, 그 시대를 통하여 우리 사회가 겪어온 토지 소유의 불균형과 도시-농촌 간 벌어진 격차를 해소한다는 더 넓은 맥락에서 헤아려 보는 계기가 되었습니다. 역사가 우리에게 일깨워 주는 시사점은

아파트 너머로 땅으로

땅은 단순히 사고파는 경제적 자산에 그치지 않고, 사회 정의와 평등 나아가 우리 공동체의 지속 가능성과 맞닿아 있는 공공재적 성격을 지니고 있다는 것을 말입니다.

지금 우리가 마주한 토지 문제의 실마리를 푸는 데 분명 큰 도움이 될 것이고, 발을 딛고 선 땅의 역사를 안다는 것은, 지금 살고 있는 혹은 앞으로 살아갈 이 땅을 더욱 깊이 이해하고 진정한 애정을 가질 수 있는 계기가 될 것입니다.

농지나 주택 등을 이용하지 않고 방치하면서 자원 낭비를 하는 것보다는 다른 사람이 이용하겠다고 매수하겠다고 나선다면 적정하게 경제적 대가를 받고 소유권을 이전시켜 주는 것은 바로 경제사회로 나가는 길이 아닌가 생각합니다.

4

농지를 지키고 버리자

이곳은 농부의 땀이 배어 있습니다. 뜨거운 여름 한낮, 푸른 벼들이 일렁이는 논밭에선 땀의 수고가 고스란히 배어납니다. 생명력이 넘치는 잡초들이 끝없이 고개를 내미는 이때, 한 농부의 허리는 ㄱ자로 깊이 꺾여 벼 포기 사이사이로 스며듭니다. 벼 향기 가득한 논바닥에 얼굴을 묻고, 잿빛 날개 죽지만 언뜻언뜻 보이던 넓적부리 물오리가 물속 먹잇감을 찾아내듯, 농부의 손은 쉴 새 없이 논풀을 골라내고 있습니다.

뽑아낸 잡초를 시원하게 논두렁 밖으로 던져 올리기도 하고, 손이 닿지 않는 곳에선 돌돌 말아 물컹한 논바닥에 꾸욱 눌러 묻어 버리고 있었습니다.

고된 작업 속에서 기다리고 있던 새참 시간이 다가옵니다. 껍질을 갓 벗겨 김이 모락모락 나는 토실토실한 햇감자 한 소쿠리와 마을구판장에서 가져온 시원한 막걸리 한 주전자를 들고 물컹거리는 논두렁 위에 올라서 새참을 내어놓는 순간, 농부의 이마에서 흘러내린 땀방울은 참으로 정직하게 논바닥으로 뚝뚝 떨어집니다.

그 땀방울 하나하나에 땅의 소중함과 삶의 지혜가 담겨 있는 듯합니다. 지금부터 35년 전 황금빛 들판으로 물들어 가는 농지에 식량자원을 지키고자 '농업진흥 지역'이라는 이름으로 외부적 요인을 제한하는

아파트 너머로 땅으로

용도지역 울타리를 만들었습니다.

세월이 흐르고 경제 물줄기가 바뀌면서, 농업진흥 지역이라는 울타리까지 풍파가 일기 시작했습니다. 굳건히 지켜야 한다는 약속이 우량 농지가 양적으로, 질적으로 충분하게 지켜지고 있었나 회의감이 생겼습니다.

농사짓는 들판 한가운데 난데없이 축사나 창고, 가공시설과 농가 주택들이 하나씩 둘씩 들어서고 매년 여의도 면적의 10배에 달하는 약 3천 헥타르의 농지가 본래의 모습을 잃어 갔습니다. 특히 농업보호 구역이라고 이름을 지었으나 개발행위는 쉽고, 보호 의미가 퇴색되어 보입니다. 농지를 개발할 때 내는 부담금도 오히려 개별공시지가가 낮은 농업진흥 지역 농지를 택하는 아이러니가 있었습니다. 농지를 지키려는 마음이 커질수록, 땅을 가지고 있는 농지 소유자들의 어깨는 무거워졌습니다.

정부가 규제를 이야기했지만, 그에 따른 합당한 보상이 부족하다는 불만이 나왔습니다. 규제가 때로는 현실농업과 동떨어져 있었음을 일깨워 줍니다. 이러한 문제의식은 단순히 농업 생산성을 쫓던 과거의 농업이 이제는 환경 보호와 지속 가능성이라는 더 큰 가치를 품어야 한다는 깨달음으로 농지가 단순한 생산의 장소를 넘어 환경을 숨 쉬게 하고 공익적 가치를 선사하는 소중한 것임을 인식한 것 같습니다.

이제는 농업진흥 지역 밖이라는 구역을 없애고 3헥타르 이상 집단화된 농지는 적극적으로 관리하고 진흥 지역 안으로 편입시켜 지역 특성에 맞춰 경관지구, 시설농업지구, 축산지구처럼 유연한 용도를 허용하고, 농업생산 이외의 활동은 농업과 직접적 관련이 적은 곳으로 유도하여 농업 가치를 지켜야 할 것입니다. 그러나 3ha 미만의 규모가 작고, 경사지고 비탈진 곳의 관리지역은 지목이 농지라 할지라도 소유와 처분, 개발을 쉽게 하였으면 좋을 것 같습니다.

아파트 너머로 땅으로

5

내 땅이라고 내 맘대로

300년 전부터 이곳 바닷가에는 인구가 늘어났고, 배가 드나드는 부두가 점점 커지니까 토지이용의 변화도 빠르게 일어났던 곳입니다. 내륙 안쪽은 그야말로 논 밭두렁을 따라 사람이 잠만 잘 정도로 좁은 작은 집들이 다닥다닥 붙어 있었고, 1760년 대동법이라는 조세제도의 영향으로 바닷가는 곡물 보관 조창이 들어서니까 인구도 계속 증가하여 오늘날의 지방 중추도시가 된 이 도시의 재개발 이야기를 해 보고자 합니다.

10년 전부터 낡고 오래된 주택을 뜯고 6천 세대가 넘어가는 아파트 재개발사업을 시작하였으나 반쯤은 입주하고, 반쯤은 중단된 채로 공터입니다.

아파트가 들어설 인근에 대형 마트를 짓고자 건설회사가 토지를 매수하려 하였으나 소방도로 쪽에 붙은 소유자와 좁은 골목길에 붙은 소유자가 각각 감정가보다 다섯 곱절은 더 주어야 팔겠다고 떼를 쓰는 바람에 결국, 판매 시설 건립은 되지 않아 이곳 사람들은 불편하게 되었습니다.

시장 군수 구청장은 대규모 아파트가 들어서는 재개발 구역에 집 짓는 것만 고시할 것이 아니라, 도시계획시설(시장)이나 인근 재래시장을 정비하는 계획을 같이하였다면 좋았을 것이고, 떼를 쓰면서 내 땅이라고 '내 맘대로'는 지역 개발을 가로막는 좋지 않은 일이라고 생각됩니다.

'이 땅이 내 것이다'라고 하는 것은 단순히 소유 기준선을 넘어 내가 생활하는 공간을 내가 보호받을 장소로 만들어 놓았기 때문입니다. 그래서 사람들은 '내 땅이니 내 맘대로'라고 말할 때는 단순한 경제적 권리가 아니라 삶의 일부를 지키려는 본능을 드러낸 말이라고 생각됩니다. 하지만 땅은 결코 한 개인의 고립 영역만은 아닙니다. 길 하나 공원 하나 학교 하나가 더해지면 삶의 질이 달라지고, 인접한 이웃의 일상도 달라집니다.

도시의 도로가 놓이고 공단이 생기며, 때로는 여러 필지가 합쳐져야 비로소 사회적 필요를 충족하는 건축물과 구조물이 탄생할 것입니다. 이러한 상황에서 개인의 권리만을 고집하면 공동체의 발전은 멈추게 됩니다.

그래서 토지 제도는 사유권과 공공복리 사이의 균형을 요구하는 것으로, 헌법은 재산권을 보호하지만 동시에 그 행사가 공공복리에 적합해야 한다고 말합니다. 이 말은 단순히 권리를 빼앗아도 된다는 뜻이 아니라 명확한 법적 근거와 공정한 절차 그리고 정당한 보상이 동반될 때만이 권리의 제약이 정당화될 수 있다는 뜻으로 읽어야 합니다.

민법 또한 소유권을 넓게 인정하면서도 그 행사가 타인의 권리와 사회적 이익에 충돌할 때 조정될 수 있음을 전제로 합니다. 즉, 소유권은 권리이자 책임도 있다는 것입니다. 현실의 갈등은 주로 보상과 절차의 문제에서 출발합니다. 민간사업자가 대단위 개발을 위해 토지를 매입하려 할 때, 소유자는 더 많은 보상을 요구하거나 아예 팔지 않겠다고 버티기도 합니다.

이유는 다양하고 감정평가의 결과가 현실과 괴리되거나, 개발 후의 미래 가치에 대한 기대가 반영되지 않았을 수 있기 때문입니다. 무엇보다도 사람들은 자신들이 가진 장소성, 즉 그 땅에 얽힌 정서와 기억을 쉽게 수치로 환산 당하는 것은 견디기가 어렵습니다.

20년 전쯤 지자체에서 토지조사가 필요하여 나갔던 곳이 있었는데, 집은 지어져 있으나 토지가 '대'로 지목변경이 되지 않은 이주민 주택단지였습니다. 산중턱마을에 사는 주민들이 정부가 추진하는 농업용 저수지 수몰 구역으로 편입되면서 집단이주한 곳으로, 이곳의 주민에게 토지주택, 영농이주 등 감성적으로 보이지 않은 보상까지 필요하다는 것을 느낀 적이 있습니다.

이러한 갈등은 법적으로 힘으로 밀어붙이는 것은 바람직하지 않습니다. 공적 중재와 투명한 절차, 다양한 보상 방안이 필요할 것이나, 단순한 금전 보상에 그치지 않고 대체 주택의 제공, 잔여지에 대한 적절한 보상, 공동이익 분배 같은 다층적 대책은 갈등을 완화하고 정당성을 높일 수 있을 것입니다. 또한 주민 참여를 제도적으로 보장하는 것은 개발의 정당성을 확보하는 데 핵심적입니다.

사람들은 자신이 배제된 결정에 반감과 불신을 갖기 마련이므로, 처음부터 목소리를 낼 수 있는 구조를 만드는 것이 중요합니다.

민간의 참여는 효율성을 가져오지만, 그 자체로 공공성을 담보하지는 않습니다. 민간사업자가 공공의 이름으로 토지를 확보할 때는 사업의 공공적 가치가 무엇인지, 가치를 어떻게 주민과 공유할 것인지에 대한 명확한 설계가 있어야 합니다. 이는 법률의 엄격한 적용뿐 아니라 윤리적 설계와 정책적 감수성을 요구하고, 개발 결과로 지역이 진정으로 살아나고 원주민의 삶도 개선될 수 있을 때만 그 개발은 비로소 성공이라 불릴 것입니다.

나는 땅을 놓고 벌어지는 다툼을 볼 때마다, 권리와 책임의 공존을 떠올립니다. 권리는 존중되어야 하고, 권리가 고립될 때를 기다려 강요한다면 폭력이 될 수 있습니다. 반대로 공공의 이름으로 개인을 희생시키는 것은, 또 다른 폭력이 될 수 있습니다. 따라서 우리가 지향해야 하는 것이 균형입니다. 이것은 법문으로는 설명되지 않습니다. 절차의 투명성과 공정성 그리고 무엇보다 경청하는 태도는 무쇠라도 녹이지 않을까 생각합니다.

아파트 너머로 땅으로

돈 주고 사는 자격증으로

요즘은 정말 '자격증의 시대'라고 해도 과언이 아닐 만큼 특정 분야에서 활동하려면 필요한 증서들이 많습니다. 운전면허증부터 각종 기술 자격증까지, 우리가 익히 알고 있는 것 외도 특별한 것이 있습니다.

바로 논 한 필지를 사려고 할 때 필요한 '농지취득자격증명서'입니다. 이 증서가 없으면 땅을 팔려는 이는 대금을 받을 수 없고, 사려는 이는 소유권을 이전받을 수 없으니, 때로는 돈을 주고도 그 효용에 대하여 다시 생각하게 만드는 '허울 좋은 자격증'처럼 느껴지기도 합니다.

그렇다면 왜 우리는 이렇게 까다로운 제도를 따르고 있는 걸까요? 이 제도는 우리의 역사 속 깊숙이까지 맞닿아 있습니다. 50여 년 전 잿빛 기와지붕 아래 사는 대지주와 무명 홑바지 가랑이를 반쯤 걷어 올리고 다소곳이 올려다보는 소작 농민 사이의 불공정한 대화 장면이 어렴풋이 생각났습니다.

이러한 계층적 관계를 무너뜨리고 자본주의 시대로 나아가기 위한 마중물이 바로 농지개혁 제도였다고 앞서 말한 바가 있었으나 이미 이러한 제도가 완성되어 끝이 났으나 그 습성이 남아 있었기 때문이라고 봐집니다.

이는 주요 곡물인 쌀 생산의 주체를 자경 농민에게 돌려줌으로써, 당시 심각했던 식량부족과 빈곤이라는 사회적 악순환을 해결하고자 했던 매우 중요한 발걸음이었습니다. 하지만 시대가 변하면서 새로운 고민이 생겨났습니다. 반월공단, 창원공단처럼 대규모 제조 중심의 공업 도시들이 생겨나면서 농지잠식, 난개발, 자연훼손 문제가 불거졌고, 이것으로 생산 환경의 변화를 초래하고 농지에 대한 투기적 거래를 다시금 촉발했습니다. 50년 이전에는 '농지 소유' 자체가 이슈였다면, 이제는 농지보전과 경제 성장이라는 새로운 정책과제가 등장한 것입니다. 이러한 배경 속에서 '72년 국토이용 관리와 농지보전 및 이용 제도가, '96년에는 지금의 농지법이 제정 시행되었습니다.

정부는 농지취득자격증명서부터 농업경영체 등록, 농지 대장으로 변경된 농지원부 등 철저한 이용 실태 조사로 농지를 촘촘히 관리하려 노력하고 있습니다. 그럼에도 현실은 그리 녹록치 않았습니다. 고령화와 인구소멸, 수도권 일극 체제의 사회적 문제 속에서 60대 이상 고령자의 농지 소유 비중이 절반을 넘어서고, 신규 영농인구는 점점 부족해지고 있습니다.

이는 머지않아 농지 소유와 이용의 급격한 변화가 올 것이라는 점은 누구라도 짐작할 수 있을 것입니다. 특히 농촌지역일수록 농사를 짓기 위해 농지를 매입하는 비중은 도시 근교보다 매우 낮고, 반대로 상속을 통해 농지를 소유하는 비중이 높아지는 특징을 보였습니다.

도시 근교 지역에서는 농업경영 목적으로 농지를 사 놓고 2년 이내에 다른 용도로 전용하는 사례도 많았다고 합니다. 게다가 경자유전의 원칙이 얼마나 잘 지켜지고 있는지 확인하기 위해 조사된 부재지주가 농지소재지에 살지 않는 소유주의 농지는 조사 대상 면적의 30%에 달했고, 실제 농사를 짓는 자경 농민은 겨우 36%에 불과했다고 하니, 더욱 생각할 거리를 안겨 주고 있습니다. 농촌지역일수록 부재지주가 소유한 농지 비중은 더 높아진다고 합니다.

국토 면적은 현재 약 10만㎢ 중 논밭의 면적은 18%가량인데요. 놀랍게도 부동산 실거래가 신고 의무화가 시행되었던 2006년을 기준으로 비교하여 보니 9%가량의 논밭 면적이 줄고, 공장이나 주차장, 창고 대지 등으로 용도가 크게 변했음을 알 수 있습니다.

최근 밀양의 한 젊은 농부의 이야기를 들어 보면, 낙동강 물줄기가 훤히 보이는 경관 좋은 농지를 소유하려고 농지취득자격증명서 발급신청을 했는데, 거주지와 농지 사이의 직선거리는 30km 이내임에도 불구하고, '연접 시군이 아니라서 농지위원회 심의 후 발급'이라는 답변을 들었다고 합니다.

법상 처리 기간이 15일 이내임에도 행정기관의 여건상 30일마다 심의회를 연다고 하니, 마치 점심시간을 막 넘어 식당에 들어가려는데 Break Time이라고 주문을 거부당하는 듯한 느낌을 받았다는 그의 말은 정말 공감 가는 부분입니다.

문제는 '70년대의 인구가 3,235만 명이었고 농업 종사자가 절반이 넘는 그때 만들어진 경자유전 농지법이 오늘날까지 그 기조를 유지하고 있다는 점입니다.

도시에 사는 인구가 92%를 차지하고 농촌에 사는 인구가 8%인 지금, 사람이 살고 경제 활동이 일어나는 주거, 상업, 산업시설 등의 면적은 국토의 4%에 불과하며, 이곳에 전체인구의 92%가 살고 일하고 있습니다.

그렇다면 실제 농촌지역에 살면서 논밭을 소유하고 경작하는 인구는 과연 얼마나 될까요? 국토 환경 보전과 주곡 생산에 필요한 농업진흥구역이 아닌 곳의 농지를 사고파는 일만큼은, 이렇게까지 복잡한 서류 절차와 오랜 시간을 요구하지 않았으면 하는 생각입니다.

어쩌다 농민이 논밭을 팔려 해도, 농업 종사자들이 줄어들고 농업 환경이 좋지 않은 현실에서 사고팔기가 어려워지고 있습니다. 돈을 주고 농지를 사도 자격증이 없다면 소유권 이전이 안 되는 이 현실은 정말 속된 말로 '허울 좋게 돈 주고 사는 자격증'이 되어 버리는 것은 아닐까? 깊은 고민을 남깁니다.

7

도로는 도시와 사람을 잇는다

'길이 아니면 가지 말고 말이 아니면 듣지 말라'는 속담이 있듯이, 도시에 도로나 공원 같은 기반 시설이 필요하다는 것은 누구도 부정할 수는 없습니다. 사람이 모이는 곳이라면 응당 필요한 시설이고 공도에 연결되지 않은 자연녹지 G·B를 해제하여 일반주거지역으로 용도변경이 돼도 도로가 없어 집을 못 짓습니다.

도시계획 시설 결정을 하고 나면 늦어도 20년 안에는 도로개설을 해줘야 하는데, 국토 면적의 3.4%에 해당하는 약 3,421㎢가 도로입니다. 이 넓이를 단순하게 비교해 보면 경기, 전남, 경북 순으로 도로는 단순히 아스팔트나 콘크리트 길이 아니라, 일반 공중의 보행이나 차량 통행에 필요한 설비를 갖춘 사회 Infra입니다.

고속도로부터 작은 골목길까지, 사람과 차량이 자유롭게 드나들 수 있는 통로인 만큼, 그 어떤 도로도 개설하거나 폐쇄하기가 쉽지 않은 공공성을 띠고 있습니다. 이처럼 도로라는 종류로 공식화된 것은 무려 110년 전이고, 도로법과 사도법 적용을 받는 것. 고속국도나 일반국도, 도시계획시설 도로가 있습니다.

문화와 교역이 발달하면서 도로의 필요성이 커졌을 것으로 보이고, 세종 8년 1426년에는 한양 성곽 내 도로가 대대적으로 정비되기도 했습니다. 대로는 약 17m, 중로 약 5m, 소로는 약 3m 폭으로 정하고, 양 옆에는 도랑을 파고 중앙에는 하천을 조성해 산에서 내려오는 물을 배수하는 등 체계적인 치수 행정이 그때부터 이루어졌습니다. 2022년 태풍 힌남노로 아파트와 건축물이 침수되었던 사건을 생각해 보면, 조선시대 서울의 치수 행정에서 배울 점이 많다는 것을 새삼 깨닫게 됩니다. 당시 전국으로 연결되는 도로는 극히 적었을 것으로 보이지만, 차량 통행이 가능한 도로는 1894년 청일전쟁과 1904년 러일전쟁을 겪으며 군수물자 수송 목적으로 서울에서 의주로, 인천에서 원산 등을 연결하는 노선이 개설되기 시작했습니다.

그전까지는 자연적으로 형성된 오솔길이 대부분이었고, 우마차가 겨우 지나갈 수 있는 길은 많지 않았을 것으로 여겨집니다.

오늘날 도로는 1934년 조선 시가지 계획에서 1963년 도시계획법으로 2003년 국토계획법을 시행하면서 체계적으로 발전했는데, 이러한 법률에 따라 50여 가지의 도시계획시설이 지정되고 단계별 집행계획으로 점진적으로 개설되고 있습니다.

2021년 통계에 따르면, 교통, 공간, 보건, 환경시설 등을 포함한 도시계획 기반 시설은 6,442㎢로 계획되었으나, 실제로 집행된 것은 91%에 불과하고 589㎢가 아직 미집행 상태로 남아 있다고 합니다. 2007년 이후 장기 미집행시설 해소와 공원 조성을 위해 민간 자본을 투입하기도 했지만, 기반 시설개설에 드는 땅 매입과 공사 비용은 139조 3,894억 원으로 추정될 만큼 어마어마한 규모입니다.

특히 도로만을 놓고 보면, 1,615㎢ 중 89%가 집행되고 186㎢가 미

아파트 너머로 땅으로

집행 상태인데, 이를 개설하는 데 약 72조 8,522억 원의 예산이 소요될 것으로 예상된다고 했습니다. 도로 1㎡를 개설하는 데 약 40만 원이 드는 셈이니, 정말 엄청난 투자가 이루어지는 것입니다. 몇 년 전 Halloween 축제에서 인명피해가 났던 이태원동의 좁은 골목길을 생각해 보면 기반 시설확보의 중요성은 더욱 명확해집니다. 이곳 왼쪽은 요식업소들이 밀집한 준주거지역이고, 오른쪽은 관광호텔이 들어서 있는 상업적 밀도가 높은 곳으로 1966년 토지구획정리사업 때부터 소방도로가 아닌 폭 4m 정도에 그것도 공동 소유의 도로이다. 부분적으로는 도로 폭이 좁은 곳은 지방정부가 시설확보에 적극 나서야 할 것으로 보입니다.

2005년 자연녹지 G·B 구역의 집단취락지구는 주민들 건의가 많아 G·B 지정 30년 만에 이곳을 해제하여 일반주거로 용도지역 변경을 하고, 지구단위계획, 도시계획시설(도로)을 계획하였으나 건축할 수 있는 도로가 없어 여전히 논밭으로 쓰는 땅이 많아 도로개설이 아니 된 곳은 그저 '땅'으로 유지되고 있다는 것입니다.

제1부 토지는 무엇인가?

8

주거지역과 상업지역은 시소를 타듯이

아이들의 놀이터 시소는 혼자서는 탈 수 없습니다. 서로가 제자리에 있어야 비로소 균형을 이루고, 함께 오르락내리락하며 그 기능을 보여 줍니다. 나는 도시의 주거시설과 상업시설이 시소와 같다고 생각합니다. 마치 시소가 움직이듯, 이 두 공간은 끊임없이 상호작용으로 도시 활력을 만들어 가니 그렇습니다.

도시는 단순히 잠만 자는 곳이 아니고 우리가 살아가고 즐기는 공간으로서 주거지를 고를 때 도서관, 체육 문화 시설 같은 기반 시설은 물론이고, 직장과 학교의 접근성, 시장과 의료시설은 얼마나 좋은가, 레저 관광시설의 접근성까지 꼼꼼히 따져 보는 것은 바로 상호 연결성 때문이라고 봅니다.

국토의 약 3.2%에 해당하는 3,243㎢가 지목 '대(垈)'에 해당합니다. '대'는 주거, 상업시설과 문화집회시설 등 영구적 건축물이 들어선 토지이고 그리고 택지 조성이 완료된 대지까지 포함하는 개념입니다. 이를 단순 면적으로만 보면 경기, 경북, 전남 순으로 넓게 분포되어 있습니다. 단독주택, 공동주택, 근린생활시설 등 다양하게 분류되지만, 그 용도는 건축물의 종류를 따르는 건축제도에 따라 결정됩니다.

그렇다면 대체 어디까지가 '대지'라고 볼 수 있을까요? 사람들이 살고

아파트 너머로 땅으로

있는 주택지는 물론, 거주목적 외의 건축물도 다른 지목에 속하지 않으면 '대'로 분류됩니다. 특히 저택의 잔디정원처럼 건축면적보다 훨씬 넓은 마당과 동산을 가진 경우나, 청담동에서 개인 소유의 정원 규모가 예사롭지 않은 사례들을 보면, '대지'라는 개념이 얼마나 다양한지 알 수 있습니다.

용도지역지구제도는 크게 도시지역, 관리지역, 농림지역, 자연환경보전지역으로 나누고, 다시 도시지역은 주거, 상업, 공업, 녹지지역으로 세분화합니다. 서울은 1인당 주거지역 면적이 33.7㎡, 상업지역은 2.6㎡이며, 수원특례시는 주거 38.3㎡, 상업 5.3㎡로 동남권에 있는 창원특례시와 비교하면 수도권 도시는 66% 수준으로, 인구와 면적, 주거와 상업, 인구와 지가 등의 상관관계 속에서 수도권의 지가가 월등히 높을 수밖에 없는 이유를 보여 주는 것입니다.

마치 혼자만 앞으로 나아가려는 그네를 타는 것처럼, 이것 하나만 보아도 수도권 일극 집중 현상이 여실히 드러나는 부분입니다. 주거와 상업지역은 상생하는 관계이고 고용과 소비가 함께 일어나는 복합적인 시소게임이라고 할 수 있습니다. 그리고 이 시소게임의 중간 지렛대 역할을 하는 것이 바로 도로구획입니다. 왜 신도시는 걷기 싫어지는 동네인가?

주거와 상업지역은 넓은 큰 대로보다는 폭 15m 내외의 도로를 기준으로 서로 인접하게 구성될 때 보행자의 이동 경로가 자연스럽습니다. 명동거리, 신사동 가로수길, 홍대 앞 피카소 거리와 강남의 테헤란로 같은 곳을 비교하여 보자 이곳은 100m 구간으로 양쪽을 다 살펴 가면서 걸어가도 지루하지 않은 이유는 바로 가게 안에서 움직이는 사람들과 길거리에서 마주치는 사람들이 넓은 보행자 도로와 가로수와 안전시설, 창가에 비치는 패션의류 등 다채로운 이벤트가 계속 연속되는 밀도 때문일 것입니다.

도로 폭 10m, 길이 100m라는 구간 양쪽으로 30개 내외의 점포가 있다면, 7m마다 미용과 성형가게, 냉면과 피자집, 제과와 커피숍, 옷과 신발가게 같은 것이 계속해서 다른 풍경을 보여 주어 걷는 즐거움을 주게 됩니다. 하지만 강남의 테헤란로나 창원의 신도시 같은 곳은 도시를 만들면서 필지 규모를 너무 크게 구획하여 상업지역이 앞서 언급한 명동이나 신사동처럼 주변 주택지와 유기적으로 연결되지 못하기 때문에 보행인구의 흐름을 볼 수 없는 것입니다.

인간적 척도(Human Scale)에 맞는 다양한 체험을 제공하지 못하게 됩니다. 따라서 주거 상업 기능의 격리는 걷기보다는 자동차로 지나쳐 버리는 구간이 많다. 사람이 도시를 만들고 도시는 사람을 만든다는 말처럼, 저는 아이들이 타는 시소처럼 유동 인구가 주거와 상업을 물 흐르듯이 오르락내리락하며 모여들고 흩어지는 역동적 도시가 되기를 바랍니다. 시소게임처럼 서로 균형을 맞추면서 지속적 활기를 띠는 도시의 모습을 바라고 있습니다.

아파트 너머로 땅으로

9

MZ세대의 레저시설은 Wi-Fi에서

여가문화는 시대 흐름과 함께 끊임없이 변화되었습니다. 과거 Senior 세대의 문화생활은 책 몇 권을 가까이하거나 일 년에 한두 번 극장을 찾아가는 정도가 대부분이었습니다. 소박하고 절제하는 듯하였으나 그때와 오늘날 MZ세대의 여가 활동은 그야말로 역동적이고 능동적 그 자체입니다. 책과 영화는 물론이요, 운동과 레저시설을 직접 찾아 나서는 훨씬 다채롭고 트렌디한 토지이용 패턴을 보여 주고 있습니다. 이러한 변화는 단순한 유행을 넘어 그 배경이 있습니다. 2016년 국토계획법이 개정되면서 '야영장'이라는 용도가 새롭게 신설된 것은 하나의 이정표라 할 수 있습니다. 여기에 코로나19 팬데믹으로 비대면 활동의 증가는 레저 문화의 확산에 불을 지피는 촉매제가 되었습니다. '포노사피엔스' 이후 세대는 주거와 생산을 넘어선 여가 중심의 토지이용으로 진화하고 있으며, 산업, 농업, 관광, 유통, 의료 등 다양한 영역이 복합적으로 맞물려 돌아가는 토지 이용의 변화는 더욱 가속화될 것이라고 봅니다.

이러한 변화가 실제 통계 수치에서도 명확히 나타납니다. 2022년 기준, 체육용지(play ground)는 376.5㎢로 국토 면적의 0.37%를 차지하고, 유원지(recreation ground)는 45.5㎢로 0.05%를 차지하고 있습니다다. 이 두 지목은 2021년에 비해 각각 2.7%, 5.1%라는 놀라운 증가율을 보였습니다. 지목변경을 수반하지 않는 숲속 야영장까지 포함한다면, 실제 레저 관련 토지 이용 트렌디는 훨씬 더 크게 체감되었을 것입니다.

흥미로운 점은 체육용지는 경기와 강원에, 유원지는 경기와 경남에 집중적으로 분포한다는 사실입니다. 특히 코로나19로 해외여행이 제한되면서 국내 레저 활동이 폭발적으로 증가한 것이 결정적 영향을 미쳤습니다. 골프채를 메고 크고 작은 골프클럽을 찾는 '골프족'이 늘었고, 파3 미니골프장까지 그 인기를 실감할 정도였습니다. 어린 자녀를 둔 MZ세대에게는 승용차 지붕에 야영 장비를 싣고 숲속으로 글램핑장으로 관광농원의 숙박시설로 향하는 캠핑 문화가 새로운 휴식 패턴으로 자리를 잡았습니다.

이는 문화적 휴양과 취미생활을 적극적으로 즐기는 Lifestyle의 단적인 예라고 할 수 있습니다. 여기서 지목 이야기를 해 보겠습니다. 체육용지는 종합운동장, 야구장, 골프장, 스키장, 승마장같이 건강증진시설의 형태를 갖춘 토지를 말하고 있습니다. 다만, 정구장이나 실내 수영장처럼 영속성과 독립성이 미흡한 시설의 토지는 체육 용지에서 제외됩니다.

한편 유원지는 동 식물원이나 민속촌과 경마장, 야영장과 같은 위락 휴양에 적합한 시설물을 종합적으로 갖춘 토지를 의미하는데, 최초의 유원지는 1920년 인천 월미도였다고 전해집니다. 이후 안양유원지 등 인구 밀도가 높은 지역에서 자연 발생적으로 유원지들이 생겨났고,

아파트 너머로 땅으로

시냇가나 호숫가를 선호하는 경향을 보였습니다.

사람이 살아가는 곳은 문화와 휴양은 필수적 소비 활동이므로, 국가와 지방자치단체는 이러한 가계소비 패턴 변화에 더욱 깊은 관심을 기울여야 하겠습니다. 산림문화휴양법, 농어촌정비법, 관광진흥법에 따라 숲속 야영장, 관광농원 야영장, 일반야영장 등이 규정되어 있는 만큼, 위생과 안전을 위한 재난 및 화재 예방에도 세심한 노력이 필요하겠습니다.

MZ세대는 여행과 레저를 삶의 연장선이자 '자기표현의 수단'으로 생각하는 경향이 강합니다. 그래서 단순히 구경하는 것을 넘어, 직접 참여하고 특별한 추억을 만들 수 있는 공간을 선호하는 것입니다. 이는 곧 경험 중심의 '로컬리티(Locality)' 공간에 대한 선호로 이어지고 있습니다.

유명 관광지를 방문하기보다, 그 지역만의 숨겨진 명소나 진짜 모습을 경험할 수 있는 곳을 찾는 이유가 여기에 있습니다. 현지 탐방이나 전통 체험, 요가 힐링 코스가 포함된 숙소, 명상과 채식을 즐기는 여행 등이 대표적입니다. 국내의 제주 애월, 강릉 안목해변, 군산 순천처럼 지역의 감성과 특색을 즐길 수 있는 공간들이 큰 인기를 얻고 있습니다.

감성과 미학이 담긴 공간에서 사진을 찍어 공유하는 것이 일상인 MZ세대에게는 시설의 미학적인 요소나 감성적인 분위기가 매우 중요합니다. '인증샷'을 남길 수 있는 예쁜 감성 펜션, 디자인 게스트하우스, 인테리어가 아름다운 카페 등이 주목받는 이유이기도 합니다. 건강과 활동적 여가를 중시하며, 실내외에서 다양한 운동이나 레저를 즐길 수 있는 시설을 선호하는 것입니다.

숙소나 레저시설 내에서 신뢰할 수 있는 Wi-Fi는 필수이고, 모바일 체크인 체크아웃, 스마트 기기를 활용한 예약 및 결제 시스템 등 디지털 기술이 접목된 서비스를 선호하는 것은 당연한 흐름입니다.

아파트 너머로 땅으로

제2부

사회변화에 토지는 따라간다

1

인구 34.8%가 토지 소유, 상위 10%가 87% 소유

토지는 단순히 그 자체로 존재하는 물리적인 공간이 아닙니다. 그것은 우리 사회의 모습이나 사람들의 관계, 경제적 불균형을 비추는 거울과 같습니다. 특히, 토지가 보여주는 특이한 모습 중 하나는 바로 도시와 지방 간의 극심한 토지 가치의 차이입니다.

수도권과 대도시의 토지 가격은 상상하기 어려울 정도로 치솟아 있습니다. '부동산 불패 신화'라는 말이 생겨날 정도로, 땅은 가장 확실하고 빠르게 부를 축적할 수 있는 수단처럼 여겨지고, 작은 땅 조각 하나가 수십억, 수백억을 호가하며, 이 땅을 소유한 사람과 그렇지 못한 사람 사이의 격차는 점점 더 벌어지고 있습니다. 토지는 단순한 자산을 넘어, 계층 이동을 가로막는 장벽처럼 느껴지기도 합니다.

반면, 지방의 택지나 아파트, 농지나 임야는 개발의 손길이 닿지 않거나 인구가 줄어들면서 가치가 정체되거나 오히려 하락하는 경우가 많습니다. 대도시의 아파트 한 채 가격이면 지방에서는 넓은 땅과 집을 살 수 있다는 이야기는 더 이상 낯설지 않습니다.

반대로 지방은 젊은 인구가 큰 도시로 유출되고 고령화가 깊어지면서 활력을 잃어 가고 토지 가치의 불균형은 인구소멸이라는 심각한 문제와도 연결됩니다. 땅값이 오르지 않는 지방에서는 새로운 투자가 이

46

루어지기 어렵고, 이는 다시 일자리 부족과 인구 유출로 이어지는 악순환을 낳습니다.

또한, 토지 소유의 양극화는 사회 통합의 저해 요인이 될 수 있고, 소수의 대지주나 법인이 국토의 상당 부분을 소유하여 다수 국민은 토지를 소유하지 못하나 아파트가 차지하는 대지 지분 25㎡ 내외를 가지는 사람들은 있으나, 토지는 모두가 함께 살아가야 할 공간이지만, 가장 최근에 발표된 2024년 토지 소유 현황은 현재의 흐름과 사회적 현실을 조심스럽게 유추해 볼 수 있습니다.

토지를 소유하고 있는 전체 세대 중 상위 10%가 전체 토지의 무려 87%를 차지하고 있다는 것이다. 이 수치는 단순히 땅의 면적만을 이야기하는 것이 아니라, 공시지가 현실화율을 적용한 시가를 기준으로 한 것이어서, 땅의 경제적 가치 면에서 집중도가 얼마나 높은지 가늠하게 합니다.

'85년 부동산 가격이 한창 올라갈 때는 상위 5%가 65.2%를, 상위 10%가 76.9%, 상위 25%가 90.8%의 토지를 소유하고 있었고, 상위 10%의 소유 비율만 보더라도 '85년 76.9%에서 2024년 87%로 약 10%가 증가한 모습으로, 2024년 전체인구 5,122만 명 중 38.4%에 해당하는 1,965만 명이 토지를 소유하고, 2006년 1,367만 명과 비교하면 소유 인구 자체는 43.7%나 늘어났다.

많은 사람이 '내 땅'을 소유하려고 노력해 왔다는 증거인가? 지역별로 한번 살펴보자. 관할 시도 밖에 사는 사람이 소유하는 비율은 전국 평균 43.6%로, 세종시가 59%로 가장 높고, 서울은 20.6%로 가장 낮다는

제2부 사회변화에 토지는 따라간다

점이다. 지역과 땅의 연결성이 얼마나 복잡하게 얽혀 있는지를 보여주는 대목입니다.

토지는 이처럼 우리 사회의 경제, 사회적 불균형을 적나라하게 보여주고 땅값이 오르는 곳에는 사람이 몰리고 기회가 집중되지만, 땅값이 정체되거나 하락하는 곳은 점점 더 소외됩니다. 토지 가치의 불균형은 단순히 부동산 시장의 문제를 넘어, 우리 사회의 지속 가능한 발전과 공정성에 대한 근본적인 질문을 던지고 있습니다.

그러나, 2025년 국토부 자료에 의하면 우리나라 전체국토 면적 100,459㎢ 가운데, 개인 소유가 49.6%, 국공유지가 34.1%, 법인 7.6%, 기타 단체가 8.7%를 소유하고 있어, 주택보다 아파트 거주자가 많아 아파트 너머로 땅으로라는 의제를 던지게 되었습니다.

토지정책이 사람을 도시로

우리가 마주하는 도시의 모습은 우연히 만들어지지 않습니다. 그 뒤에는 복잡하게 때로는 치열하게 토지이용 정책 과정들이 들어 있습니다. 어떤 땅을 주거지로 어떤 땅을 상업지로 할지 또 어디에 푸른 공원과 녹지를 남겨둘 것인지에 대한 치열하고 복잡한 정책 결정 과정들이 숨 쉬고 있습니다.

이 모든 규제와 계획은 도시의 표정을 결정하고, 나아가 그 안에서 살아가는 사람들의 삶의 방식을 섬세하게 조율하게 됩니다. 토지이용 정책이 도시 경관과 주거환경에 미치는 지대한 영향력을 함께 들여다보겠습니다.

도시의 첫인상을 결정하는 건축물의 형태와 밀도는 바로 이러한 토지이용 정책, 즉 용도, 건폐율, 용적률이라는 규제를 통해 좌우됩니다. 나의 작은 땅 위에 어떤 건물을 얼마의 높이로, 얼마나 넓게 지을 수 있으며, 어디에 배치하고 이웃과의 간격을 어떻게 둘 것인지를 정하는 이 규제들이 바로 도시의 스카이라인을 만들고, 건물들의 밀집도와 거리의 풍경을 직접적으로 형성하는 셈입니다.

상업지역의 높은 용적률이 고층 건물을 유도하여 번잡하면서도 활기찬 도심 경관을 연출하는 반면, 주거지역의 용적률 제한은 주택의 높이와 밀도를 조절하여 아늑하고 조용한 주거지 경관을 빚어내는 것이 그 예라고 할 수 있습니다.

도시의 숨통을 트이게 하는 녹지 공간, 즉 '오픈스페이스'는 공원, 녹지, 공개공지 등의 기준을 통해 도시 내 자연 공간의 비율과 위치를 정합니다. 이는 시각적인 아름다움을 더하는 것은 물론, 시민들에게 쉼과 여유를 제공하며 도시 경관의 질을 한층 높입니다. 특히 '경관지구'와 같은 제도는 건축물의 형태, 색채, 높이 등을 규제하여 역사 문화 경관, 아름다운 수변 경관, 특색 있는 시가지 경관 등 특정 경관을 소중히 보호하고 관리하는 데 중요한 역할을 합니다. 결국, 토지이용계획이 어떤 부지의 규모와 주변 환경에 얼마나 적합하게 수립되느냐에 따라 조화로운 도시 경관이 탄생하기도 하고, 반대로 부적합한 계획은 되돌릴 수 없는 경관 훼손을 가져올 수도 있다는 점을 기억해야 합니다.

경관만큼이나 중요한 것은 바로 주거환경의 질입니다. 주택 유형 및 밀도 정책은 단독주택, 공동주택 등 주택의 유형과 세대 밀도를 규정함으로써 주거지역의 특성을 결정합니다. 이는 소음, 일조량, 사생활 보호 수준 그리고 인구 밀집도 등과 직결되어 주거환경의 쾌적성에 직접적인 영향을 미칩니다. 또한, 도로, 주차시설, 상하수도 같은 기반 시설이나 학교, 상업시설, 공원 등 편의시설의 접근성 또한 매우 중요합니다.

주거지역 주변에 이러한 필수적인 시설들이 어떻게 배치되고 얼마나 잘 확보되어 있는지에 대한 정책은 주민들의 생활 편의성과 접근성을

아파트 너머로 땅으로

결정하는 핵심 요소가 됩니다. 나아가 환경적 요소도 빼놓을 수 없습니다. 상수원보호구역 지정, 개발제한구역 지정, 오염 물질 배출 시설 규제 등 환경 관련 정책은 주거지역의 공기 질과 수질, 소음 수준 등 환경적 쾌적성에 아주 지대한 영향을 미칩니다.

그리고 사람들이 어울려 살아가는 '커뮤니티 형성' 역시 토지이용 정책과 깊은 관련이 있습니다. 주거지역의 밀도와 배치, 공공 공간의 유무 등은 주민들 간의 상호작용과 건강한 커뮤니티 형성에 큰 영향을 미치므로, 토지나 집을 구매할 때 반드시 검토해야 할 중요한 대상인 것입니다.

그러니 토지이용 정책은 단순히 도시의 물리적인 형태만을 다루는 것을 넘어섭니다. 그 안에서 살아가는 사람들의 삶의 질에 직접적인 영향을 미치고, 나아가 지역사회의 행복까지 좌우하는 아주 중요한 역할을 하는 것입니다. 따라서 효율적 토지이용과 함께 환경 보호, 아름다운 경관 관리, 주거 쾌적성 등을 종합적으로 고려하는 정책을 만들어 가는 것이야말로, 지속 가능한 미래 도시로 나아가는 필수적 과제임이 자명합니다.

결국 도시로 사람을 끌어들이는 요인은 도시지역의 토지는 가격이 계속 오른다는 인식하에서 투자의 대상이고, 자산의 비중이 커지게 됩니다. 그러니까 교통 문화시설을 비롯한 50여 개가 넘는 도시계획시설이 잘 갖춰있고, 다양한 시설들이 들어올 수가 있다는 확신과 건물이 고층화되고, 상업용 시설이 늘고 지목의 종류가 다양하고, 도시의 1인당 주거 면적은 줄어드는 현상은 지가가 계속 올라가니 사람들은 산업과 편의시설이 많은 도시로 몰리게 되는 현상이 바로 토지정책의 영향입니다. 우리의 일상을 담는 토지를 어떤 시선으로 바라보고 어떻게 가꿔 나갈지, 깊은 고민이 필요한 시점인 것 같습니다.

아파트 너머로 땅으로

3

나는 도시계획가이다

내가 뽑은 선출직 시장 군수는 도시계획 결정자입니다. 스펙트럼이 강한 정책 결정은 민주성을 바탕으로 풀어야 합니다. '아파트 너머로 땅으로는 이용자 중심의 용도를 찾자는 것입니다' 결국 도시지역의 주거, 상업, 공업, 녹지 4가지 종류로 크게 구분하고, 인구가 적은 농촌지역에는 관리, 농림, 자연환경보전의 3가지로 어떤 토지에서 할 수 있는 것과 할 수 없는 것을 알아야 합니다.

나는 땅이 없으니까! 내가 살 곳이 아니니까! 느긋이 바라볼 것이 아니라 건축물 종류, 높이, 밀도 등을 결정하는 기초자치단체장 그러니까 내가 뽑은 시장 군수, 구청장이 토지이용계획을 결정할 때가 되면, 듣기도 따지기도 물어보기도 하여야 합니다. 자신의 주변을 살피고 내 땅이 어떤 용도에 포함되는지 알아차리는 토지 관련 공부가 필요하다는 것입니다.

하지만 토지이용을 결정하는 과정은 늘 순탄하지는 않습니다. 토지가 가진 경제적 가치와 공공재로서의 가치가 끊임없이 충돌하기 때문입니다. 개발업자나 토지소유자는 자신의 땅에 최대한 높은 가치를 창출할 수 있는 건물을 짓고 싶어 하지만, 시민들은 쾌적한 주거환경, 충분한 녹지 공간, 편리한 공공시설을 원합니다.

53

이 과정에서 개발과 보존 사이의 갈등이 발생합니다. 도시 외곽의 푸른 녹지를 개발하여 아파트 단지를 지을 것인가, 아니면 시민의 공원으로 남겨둘 것인가? 오래된 도심의 역사적 건축물을 허물고 고층 빌딩을 세울 것인가, 아니면 보존하여 도시의 역사를 지킬 것인가? 이러한 질문들은 토지이용 정책결정 과정에서 늘 마주하는 어려운 선택들입니다.

토지이용 정책은 일상생활에 직접적으로 영향을 미칩니다. 집 근처에 공원이 얼마나 있는지, 학교나 병원까지 얼마나 걸리는지, 출퇴근길이 얼마나 혼잡한지 등은 모두 토지 이용 계획과 관련이 있습니다. 무분별한 상업시설 입지는 주거환경을 해치고, 부족한 녹지 공간은 시민들의 휴식 기회를 빼앗습니다. 반대로 계획이 잘된 도시는 쾌적하고 편리하며 안전한 도시 환경을 만듭니다.

결국 토지이용 정책은 단순히 땅을 어떻게 나눌 것인지에 대한 기술적인 문제가 아니라, 우리가 어떤 도시에서 어떤 삶을 살고 싶은지에 대한 사회적 합의 과정입니다. 경제적 효율성만을 좇을 것인지, 환경 보전과 삶의 질을 더 중요하게 생각할 것인지, 토지이용의 정책은 그 사회의 가치와 우선순위를 반영하는 거울이 될 수 있습니다.

따라서 우리는 국토계획과 도시기본계획, 도시군 관리계획 등을 도시계획가들이 결정하는 것을 관심을 가지고 살펴야 할 것이며, 나는 이것을 대다수 국민이 좋아하고 편하게 끼니를 해결하는 국민식단 돼지국밥에 비유하여 '토지국밥'이라고 말하고 싶습니다. 토지는 국토계획법이 중요하여 매일 밥을 먹듯이 놓칠 수는 없다는 뜻으로 이런 신조어를 만들어 보았습니다.

아파트 너머로 땅으로

4

주거시설 65% 아파트 지분은 낮다

아파트는 나를 끌어당기지 못하고 있습니다. 유림아파트는 충정 아파트에서 명칭이 바뀐 한국 최초의 아파트이고, 한국식 아파트는 '45년에 지은 서울특별시 종암 APT가 있으나 대개 충정 아파트라고 말합니다. 국가통계포털의 전국 주택 숫자는 1,987만 호이고 그중 단독주택 384만 호, 아파트 1,297만 호, 연립 등 306만 호로, 아파트가 65%를 차지하고 있습니다.

아파트는 경기 358만, 서울 190만, 부산 94만, 경남 84만, 대구 68만 호의 순서로, 전국적으로 30년 넘는 노후 아파트가 약 25.8%로 아파트 5채 중 1채 이상이 30년을 초과하였다는 의미입니다. 아파트는 점점 노후되면서 재건축이나 리모델링 사업의 필요성은 매년 높아지고 세대 단독으로 결정하지 못하는 공유의 한계가 단점이라고 봅니다.

'64년에 준공된 서울의 M 아파트는 지상 6층짜리 10개 동을 지어 600세대가 넘어가는 1세대 대단지 아파트였고, 연탄보일러에 수세식 화장실, 입식 부엌까지 넣은 고급 아파트로 낡고 노후되자 '97년 재건축으로 MS라는 이름으로 17층짜리 14개 동을 지어 약 1천 세대로 변화되었습니다.

직주근접을 바라는 직장인에게는 인기 최고였으며, 인근 토지는 제2

종 일반주거이고 이곳은 제3종 일반주거로 용적률 277%로 몇 년 전부터 재 재건축을 논의하고 있습니다.

재건축 단지는 주로 주거지역에 있고, 제도적 최고 용적률이 300%인데, 이곳은 이미 277%를 적용받아 용적률 여유가 없으나, 역세권과 공공성 특례 적용을 받는다면 300%에서 10% 조금 넘어설 것으로 보입니다.

아파트는 40년이 넘어가면 재건축해야만 하는가? 그때마다 더 높게 짓거나 못 짓는다면 어떻게 되는가? 그것은 오롯이 아파트소유자 몫이라고 생각되는데, 재건축은 토지 면적과 세대수, 건축물의 높이, 세대별 대지의 지분, 현재의 용적률 그리고 토지 가격이라고 생각됩니다. 공통 주택 가운데서도 단지형 다세대주택이나 연립주택은 놔두고 아파트 재건축은 난관이 많습니다. 고층 아파트는 대개 토지 지분이 적기 때문에, 부지면적과 층층이 살고 있는 세대수에 따라 세대별 비율이 달라지므로 땅을 근저당하여 대출받아 낡은 아파트를 철거하고 새로 짓습니다.

대출받은 건축비용은 누가 갚아야 하는가? 그것은 자신도 조합원도 아니고 다시 짓는 아파트를 일반 분양받는 사람이 갚아 주는 구조가 대다수이며, 부족하면 세대별 부담금이 생기게 되는 것입니다. 새로 짓는 아파트 세대수가 늘어나도록 설계하여 시장·군수·구청장에게 승인받는 구조이므로 민선 단체장이 그 정점에 서 있습니다.

이렇듯 조합원에게 배정되고 남는 아파트를 일반 분양하여 그 돈으로 건축비를 쓴다. 그리고 분양받은 사람은 조합원이 가지고 있던 토지

아파트 너머로 땅으로

지분을 다시 나눠서 종전 대지권 등기는 말소되고 조합원과 분양받은 사람이 다시 소유자가 되면서 종전 대지 지분보다 더 작아지게 됩니다. 따라서 재건축할 때마다 토지 지분은 줄어드는 구조입니다.

새로 짓는다 해도 다시 40년이 지나가면 낡아지고 노후가 되면 지금의 MZ세대는 어떻게 해야 할까? 지속 가능한 사회는 지속 가능한 토지개발의 정책에서 출발합니다. 어떤 건축물이든 다 낡아지게 마련입니다. 아파트를 매매할 때 최고 층수나 토지 면적을 따져 보고, 지분이 얼마나 되는지 용적률은 어떤지가 바로, 토지라는 요소에서 시작된다는 것입니다. 건축물의 생애주기는 도시공간이라는 유기체에 영향을 주게 된다는 것을 이해하는 것이 모두의 몫이라고 생각됩니다.

소유자는 사업추진위를 만들어 시장 군수 구청장으로부터 조합설립에서 사업인가까지 이주하고 철거하여 신축되는 과정이 복잡합니다. 조합이라는 법인격을 다의적으로 해석할 수 있으나 어떤 때는 이익단체의 성격을 띠면서 세대수가 늘어나도록 용적률이나 용도지역 상승을 행정청에 요구하게 되는 것입니다. 따라서 인근지역에 사는 사람들은 초고층 아파트로 교통량이 늘어나고, 소방과 치안의 문제가 생기게 됩니다.

우리가 Downtown에 업무상업시설이 고층화되는 것은, 어느 나라를 가나 상식으로 통하나, 주거지역이라는 용도 특성상 높이와 밀도 배치 등은 한계가 있어야 하는데, 도시를 지배하는 아파트가 이제는 새로운 전환점을 찾아야 할 것입니다. 시간이 흘러 노후하여 가는 아파트 단지는 단순히 낡아지는 걸 넘어, 지속 가능한 사회를 이루는데 한

계점으로 떠오르고 있습니다.

재건축하거나 재개발은 논쟁의 대상으로, 단독주택의 경우는 낡아 새로 지으려면 철거 비용은 들어가지만, 토지는 오롯이 자기 소유이니 아파트와 다르고, 고층 아파트는 세대별 토지가 20㎡ 남짓이라 자기 뜻대로 할 수 있는 옵션은 팔거나 재건축하는 것뿐입니다.

낡으면 값이 떨어지는 건 상식인데, 수도권으로 인구가 집중되니까 아파트 세대수가 늘어나도록 승인해 주니까, 값이 오른다는 의미에서 자산이라 생각한다는 것입니다. 그것은 다시 짓는 땅의 용적률에 따라 좌우되는데, 정부가 부동산 정책을 내놓기가 쉽지 않고 내놓아도 소용없는 것은 자치단체장과 시도·구의원을 주민이 선출하고, 자치단체장이 재건축 재개발 용적률 결정권을 쥐고 있으니 아파트값 잡는 것은 금융정책 수준을 넘어서는 다른 대안들이 나와야 할 것입니다.

언론방송프로그램에서 부동산 경제토론 패널에 이르기까지 재건축 집값 이야기가 세상사를 잠재울 정도이니 독자들의 정책적 관심이 더 중요하다고 생각됩니다.

아파트 너머로 땅으로

5

고층 아파트로 교통량 증가로

도시의 잿빛 하늘 밑에 빽빽하게 들어선 고층 아파트는 현대 도시의 상징처럼 여겨집니다. 편리함과 효율성이라는 이름으로 높이 솟아오른 건물 속에서 우리는 '더 나은 삶'을 꿈꾸곤 합니다. 하지만 이 콘크리트 숲이 우리의 일상과 사회에 드리우는 그림자는 생각보다 깊고 광범위합니다. 나는 그 그림자 속에서 우리가 마주하고 있는 몇 가지 불편한 진실을 이야기해 보고자 합니다.

가장 먼저 와 닿는 변화는 바로 '시간'의 문제입니다. 고층 아파트가 생기면 폭발적으로 늘어나는 교통량 때문에 운전석에 앉아서 보내는 시간이 길어지는 경험을 합니다. 시간대를 보면서 우회하여 돌아서 다니거나 늦춰 다닌다는 말은 단순히 개인적 불편함을 넘어 우리가 사는 도시의 서글픈 현실입니다. 그렇다고 지하철 구간이 있으면 다행이겠으나 그렇지 못합니다.

초고층·고밀도 아파트 건설은 한정된 곳에 수많은 인구와 차량을 집중시켜, 기존 도로는 갑자기 늘어난 교통량을 감당하지 못하게 만듭니다. 그 결과 출퇴근 시간의 정체는 상상을 초월할 정도로 극심해지고, 인근 주택가 골목길까지 넘어서는 사적 공간마저 몸살을 앓게 됩니다.

59

단순히 도로 위의 정체만 문제가 아닙니다. 갑작스러운 인구 증가는 우리 도시의 숨겨진 치안이나 행정 서비스에도 막대한 부담을 지웁니다. 소방파출소, 학교, 등 필수적 공공 서비스의 수요는 급증하지만, 아파트 건설 속도에 맞춰 기반 시설이 널어 나는 경우는 드뭅니다. 이는 기존 주민들이 누리던 행정 서비스의 질을 하락시키고, 우리가 알게 모르게 받아 왔던 서비스가 줄어들고 있다는 것입니다.

더욱 심각한 것은 소방이나 재난 안전 문제입니다. 고층 건물이 밀집하게 들어서면 화재 발생 시 소방 차량 진입 자체가 어려워지거나, 현존하는 소방 장비로는 고층까지 미치지 못하는 고층부 화재 진압에 난항을 겪을 수 있습니다. 상상만 해도 아찔합니다.

재난이 발생했을 때 수많은 인파가 대피하는 동선은 혼란에 빠질 수 있고, 주변 도로가 마비되어 초기 대응을 늦춰 더 큰 위험을 초래할 수 있습니다. 눈앞에 보이는 효율성만을 좇다가 정작 중요한 안전을 간과하는 것은 아닌지 깊이 성찰해야 할 지점입니다.

도시의 활력 측면에서도 고민은 깊어집니다. 고급 아파트 단지의 등장은 종종 물가 상승과 '젠트리피케이션'이라는 사회 현상을 동반합니다. 임대료와 물가가 상승하면 오랜 시간 그 지역을 지켜오던 점포들은 어쩔 수 없이 삶의 터전을 내놓게 되어, 저렴하고 정겨웠던 식당이나 가게가 하나둘 사라집니다.

도시는 경제적 여유가 있는 사람들만의 공간이 되어 버리고, 다양하고 인간적 삶의 모습은 점점 희미해지는 안타까운 상황이 벌어지는 것입니다. 수익성 위주의 재건축 사업이 개발이익을 높이려고 획일적 고층 아파트를 건설하면서, 기존도시가 가졌던 다채로운 스카이라인과 지역 특색은 점차 사라지고 있습니다. 아파트 건설의 고층화로 건설 수익을 가져가는 것은 누구인가? 20년 전쯤으로 기억됩니다. 도농통합시(UrbanRural Integration City) 읍 단위 마을에 아파트 1개 동이 들어서고 '마을 이장 선출 권한에 아파트 입주민은 제외한다'라고 하는 주민총회 규약을 보았습니다. 개발이 가져온 단절과 갈등의 단면을 보여 주는 사례로 기억됩니다. 이 이야기는 비록 직접적인 인과관계는 아닐지라도, 개발이 공동체에 미칠 수 있는 미묘하고도 강력한 영향을 상징적으로 보여 주는 것입니다.

결국, 이 문제를 해결하기 위해서는 아파트소유자를 우선시하는 시각에서 한발 물러서서 '공공의 이익'과 '기존 주민' 사이를 고려하는 다각적 노력이 절실하다고 봅니다. 재건축으로 용적률이 늘어나고 세대수가 많아지면, 건축 초기 단계부터 인근 주민들과 교통시설 등 기반 시설에 대한 의견 조율이 선행되어야 할 것입니다.

높이 솟은 아파트만이 '발전'을 의미하는 것이 아니라, 진정한 발전은 그 안에서 살아가는 모든 이들의 삶의 질이 균형 있게 향상되고, 공동체의 유대감이 깊어지는 것에서 시작됩니다. 이제는 숫자가 아닌 '사람'을 먼저 생각하는 도시계획이 필요한 시점입니다.

6

재건축은 피할 수 없다

오래된 것에는 정겨움이 서려 있으나, 때로는 피할 수 없는 불편함도 있습니다. 우리가 살고 있는 아파트 또한 마찬가지입니다. 시간이 흐르고 세월의 무게가 더해질수록 아파트의 노후화는 단순한 주거 공간의 문제를 넘어, 삶의 질과 도시의 미래를 좌우하는 중요한 과제가 됩니다.

어쩌면 재건축은 이제 '선택'이 아닌 '필수'적 숙명이 아닐까? 깊이 생각해 보게 됩니다. 가장 먼저 맞닥뜨리는 현실은 바로 '일상의 불편함'입니다. 벽 속의 낡은 배관에서 흘러나오는 음용수가 불안하고, 수시로 나가는 전기는 사소한 일상에 짜증을 더합니다. 숨 가쁜 아침 출근길, 1분 1초가 아까운 시간이나 엘리베이터는 마치 나를 비웃기라도 하듯 다른 층을 오가며 '고공행진'을 계속합니다.

고층에 살면 낡은 승강기 점검이나 교체 작업 때문에 옥상을 통하여 옆 골목으로 돌아다녀야 하는 낭만 없는 현실과 마주하기도 합니다.

늦은 밤, 하루를 마치고 아파트에 들어서면 기다리는 것은 턱없이 부족한 주차 공간으로 짜증부터 납니다. 이러한 일상의 조각들은 소소하지만, 쌓이고 쌓여 삶의 만족도를 서서히 갉아먹습니다. 더 큰 문제는 안전입니다. 수십 년 전의 내진 설계는 초고층 건축 기준과는 큰 차이

62

가 있고, 화재나 재난 상황에 대한 우려는 시간이 갈수록 증폭됩니다. 단순한 불편함을 넘어, 낡고 오래된 아파트는 점차 도시 미관을 해치고 슬럼화되어 갑니다. 이는 곧 도시 전체의 매력을 떨어뜨리는 결과를 낳고, 아파트 단지 주변의 도로, 상·하수, 전력 시설까지 노후되면서 재개발과 재건축은 더 이상 미룰 수 없는 시대적 요구입니다. 노후 아파트의 재건축은 그 필요성만큼이나 복잡한 과정입니다.

특히 수천 세대에 이르는 대규모 노후 아파트 단지의 경우, 수많은 소유주와 세입자, 점포 소유자 등 다양한 이해관계자들이 실타래처럼 엉켜 있습니다. 각자의 입장이 첨예하게 대립하면서 합의를 끌어내는 것이 그야말로 '하늘의 별 따기'만큼 어려운 일입니다. 이 과정에서 사업이 지연되거나, 건설회사와 추진위원회 사이에서 오는 갈등 또한 숱하게 벌어져 진퇴양난에 빠지는 경우가 다반사입니다.

재건축 사업의 핵심은 무엇보다 '사업성 확보'에 달려 있다고 말하고 있습니다. 조합원이 가져가고 남는 세대를 일반 분양하여 거기서 들어온 돈과 조합원이 추가로 내는 분담금으로 사업비가 충당되는 구조인데, 오르는 건축비와 고급화 구조, 사물인터넷 설치와 인건비, 예측 불가능한 부동산 시장의 급변동은 사업성을 예측하기 어렵게 만듭니다. 곱씹어 볼 것은 노후 아파트를 다시 지어도 좋다는 행정청의 승인이 떨어지면, 이미 집을 한두 채 가진 사람이 당장 그곳에 들어와 살지도 않을 것이면서 투자한다는 데 있습니다. 새로 짓는 데 십수 년은 족히 걸리는 그 낡은 아파트를 투자 개념으로 본다는 것이 문제이고, 지방 정부가 재건축으로 세대수를 늘려 놓으면 내 집을 마련하겠다는 사람이 들어오는 게 아니라 부자들의 투자처가 되어 가격이 올라가니 그 인근의 주택의 값도 연쇄적으로 올라간다는 것입니다.

용적률과 토지이용의 효율성, 토지 가격이 높지 않은 곳은 사업추진 자체가 어렵고, 재건축 재개발 과정에서 발생하는 거주자들의 이주와 주거 불안정 문제는 단순한 경제 논리를 넘어선 사회적 배려와 섬세한 접근이 절실한 부분입니다. 평생을 살아온 곳을 떠나야 하거나, 불확실한 미래를 십수 년 동안 마주해야 하는 이들의 고통은 숫자로 환산할 수 없습니다.

재건축은 단지 낡은 건물을 새것으로 바꾸는 물리적 변화를 넘어섭니다. 그것은 도시의 생명력을 되찾고, 새로운 삶의 터전을 만드는 어려운 과정입니다. 그 속에서 우리가 잊지 말아야 할 것은, 숫자의 논리 뒤에 숨겨진 수많은 이들의 삶과 희생 그리고 공공의 가치를 어떻게 균형 있게 담아낼 것인가 하는 깊은 성찰이 있어야 할 것입니다.

아파트 너머로 땅으로

7

도시는 Fresh로, MZ세대가 꿈꾸는 공간

도시 속의 주거 공간은 진화를 거듭합니다. 특히 '재건축은 피할 수 없고 아파트의 노후화는 단순한 건물의 문제가 아닌 도시의 활력과 미래를 결정짓는 중대한 과제로 다가오고 있습니다' 이제는 숙제를 단순히 풀어내는 것을 넘어, 도시를 더욱 'Fresh' 하게 만들고 미래 세대의 주거 가치를 담아내는 기회로 삼아야 할 때라는 생각이 듭니다.

정부가 이 문제를 해결하기 위해 재개발·재건축 규제 완화와 제도개선에 적극적으로 나서는 것은 이러한 맥락에서 매우 고무적이나, '90년대 조성된 분당, 일산 등 제1기 신도시의 대규모 노후 아파트 단지에는 '노후 계획도시 정비지원법'이라는 맞춤형 제도를 적용해 체계적 정비를 시도하고 있습니다.

이는 획일적 방식으로 해결하기 어려운 문제를 유연하고 전략적으로, 단순 노후 주택 개선을 넘어 도시기능 자체를 복합적으로 계획하고 있다고 생각합니다.

상업, 문화, 녹지 공간이 어우러져 도시의 활력을 불어넣고, MZ세대가 선호하는 '직주근접'과 '생활 편의성'을 갖춘 새로운 도시 공간을 창출하려는 것인데, 어쩌면 도시 주택지가 점점 타운하우스 형태로 전환되어 1층에 근린생활형 점포와 주차장이 들어서는 아파트의 단점

65

을 완화할 수 있다고 생각합니다.

결론적으로, 노후 아파트는 우리 도시가 직면한 현실적인 과제이면서 동시에 새로운 도시를 구상하고 건설할 기회를 제공합니다. 재개발은 단순히 물리적인 변화를 넘어, 복잡한 사회적, 경제적, 정책적 요인들이 얽혀 있는 과정이며, 이러한 과정을 슬기롭게 헤쳐 나간다면, 우리는 낡은 아파트의 그림자 속에서 지속 가능한 도시의 미래를 그려 낼 수 있을 것입니다.

특히나는 MZ세대가 주거 공간을 바라보는 새로운 시각에 주목하고 싶습니다. 이들은 타인과 시간을 보내기보다 '혼자'만의 시간을 더 중요하게 생각하고, 독립적인 자신만의 공간을 선호하는 주거 형태로 개인의 프라이버시와 자유를 중시하는 가치관이 주거 선택에 연결되어 있고, 자신의 가치관이나 신념을 소비패턴으로 드러내는 '미닝아웃(Meaning-out)' 트렌드가 주거 공간에서도 드러나는 이유가 될 것입니다.

'얼어 죽어도 신축'이라는 신조어가 생길 정도로 신축 아파트에 대한 선호도가 높은 것은 최신 시설과 깔끔한 환경을 중요하게 여기는 성향을 보여 줍니다. 하지만 MZ세대 부부 가구의 주택 점유 형태를 보면, 전세가 가장 높지만 자가와 월세의 비중이 상당하다는 점이 흥미롭습니다.

집을 단순히 '소유 여부'로만 보지 않고, 자신의 경제적 상황과 라이프 스타일에 맞춰 전세, 월세, 자가 등 다양한 형태를 합리적으로 고려한다는 것을 보여주는 대목입니다. 또한 동거 형태나 셰어하우스 등 전통적인 주거 방식에서 벗어난 다양한 주거 유형에도 개방적 태도를 보이기도 합니다.

그렇다면 MZ세대가 선호하는 다양한 주거 형태를 우리는 어떻게 준비해야 할까요? 이 세대는 높은 주거 비용과 개인의 가치관을 반영하여 '월세 주택'을 선호하는 경향이 뚜렷해졌습니다. 특히 '전세 사기'에 대한 불안감으로 빌라나 오피스텔 전세를 기피하고 월세로 전환하는 수요가 늘어났다는 것은 중요한 시사점을 던집니다. 월세는 목돈 부담이 적고, 주거 이동이 비교적 자유롭다는 장점이 있습니다. 전세 보증금을 돌려받지 못하는 위험을 피하고, 유연한 주거 형태를 통해 이사나 직장 변경에 대한 부담을 줄이려는 심리가 반영된 것이 아닐까? 합니다.

오피스텔은 아파트에 비해 상대적으로 저렴한 가격과 편리한 교통 접근성, 다양한 편의시설이 잘 갖춰져 있어 MZ세대에게 인기가 많습니다. 독립적인 생활이 가능하다는 점도 큰 장점인데, 2025년 7월 기준 1인 가구 비율이 전체가구의 36.1%에 해당한다는 보도를 보면, 오피스텔이 1인 가구 또는 신혼부부에게 적합한 주거 형태임을 알 수 있습니다.

또한, '코리빙하우스(Co-living House)'는 개인 공간은 물론 공유주방, 라운지, 피트니스 등 다양한 공용 공간을 통해 함께 생활하고 사회적 유대감을 느낄 수 있는 환경을 선호하는 새로운 대안으로 떠오르고 있습니다. 주거 비용을 절감하면서도 다양한 사람들과 교류하고 커뮤니티 활동을 즐기려는 이들의 욕구를 충족시켜 주는 셈이지요.

마지막으로 ‘직주근접’은 MZ세대 주거 형태의 빼놓을 수 없는 특징입니다. 직장과의 거리가 가까운 역세권 근처 주택을 선호하며, 출퇴근 시간을 줄여 개인 시간을 확보하려는 경향이 강합니다. ‘워라밸(Work-Life balance)’을 중요하게 여기는 이 세대의 특성이 반영된 것으로, 주거의 질을 높이는 중요한 요소로 작용합니다. 이러한 주거 형태들은 MZ세대의 경제적 현실과 라이프스타일, 가치관 등이 복합적으로 반영된 결과이며, 이를 통해 우리는 미래 부동산 시장의 중요한 변화를 읽을 수 있습니다. 이제 재건축과 도시재생은 단순히 낡은 건물을 허물고 새 건물을 짓는 것을 넘어서, 이를테면 봄이라는 계절에서 여름이라는 계절이 왔으나 계절이 바뀐 것은 모르고 봄날만 생각하면서 너무 날씨가 덥다. 옷이 너무 짧다고 말하는 것과 같은 것이라고 봅니다. 사람들이 변화하여 가는 삶의 방식과 가치관을 담아내는 창의적이고 유연한 접근이 필요한 시점은 토지이용에서도 나타나며, 건축에 엠비언트(Ambient)가 등장하고 있으니 그 변화의 속도를 느껴가는 것이 주거 현실이라고 할 것 같습니다.

아파트 너머로 땅으로

8

MZ세대의 새로운 주거 트렌드

신축과 소형주택을 선호하는 MZ '얼어 죽어도 신축'이라는 신조어가 생길 정도로 신축 아파트 선호 현상이 뚜렷합니다. 이는 미래 가치보다는 현재의 쾌적함과 주거의 편의성을 중요하게 여기는 이들 세대의 특성과 잘 맞아떨어지는 것 같습니다. 또한, 1인 가구 및 소규모 가구 증가 추세와 오피스텔이나 소형 아파트 수요가 크게 늘고 있다. 이러한 수요 증가는 실제로 주택 가격상승을 이끌고 있습니다.

그리고 직주근접 패턴으로 가면서 도심 접근성을 중시하여 직장과 가까운 곳 그리고 도심 접근성이 좋은 곳을 선호하는 경향이 아주 강합니다. 이는 출퇴근 시간을 줄여 여가 시간을 확보하려는 MZ세대의 라이프스타일이 반영된 결과로, 교통이 편리한 지역의 주거지에 대한 수요를 높이고 그 가치를 상승시키는 요인이 되고 있습니다.

전세보다는 월세를 선호하고 전세 사기 등 부동산 시장의 불안정성 때문에 MZ세대의 64.9%가 전세보다 월세를 선호한다는 조사 결과도 나왔습니다. 전세 보증금 회수에 대한 불안감이나, 주거 비용을 예측 가능하게 관리하려는 심리가 작용한 것으로 보입니다.

이러한 경향은 전세시장이 월세시장으로 확대되면서 임대차 시장의 구조적 변화를 일으키고, 미국도 1 bedroom 1 bath를 선호한다니 이러한 추세는 계속될 것으로 보입니다. 맞춤형 주거상품을 개발하여 공급변화에 나서는 건설사나 시행사들이 이러한 MZ세대의 선호도를 반영하여 소형 평수, 스마트 홈 기능, 커뮤니티 시설 등을 강화한 오피스텔이나 도시형생활주택 공급을 늘리고 있다. 결국 수요가 있는 곳에 공급이 있다는 말은 딱 들어맞는다.

'입지'와 '신축' 가치의 재정립인데. 과거에는 부동산 가치를 결정하는 데 '입지'가 가장 중요한 요소였지만, 이제는 MZ세대의 신축 선호 덕분에 '신축' 자체의 가치가 상승하고 있으며, 입지가 여전히 중요하지만, 신축 여부가 매매가에 미치는 영향이 커지면서 구축 아파트와의 가격 격차가 점점 벌어질 수도 있다고 생각합니다.

아파트 너머로 땅으로

9

도시를 MZ세대가 이끌어

요즘 대도시나 중소도시를 막론하고 주거시설이 밀집해 있는 거리를 걷거나 교외 지역으로 조금만 나가 보아도, 건축가와 함께하는 건축탐방이라는 방송프로만 보아도 다양하고 잘 꾸며 놓은 외관과 실내를 볼 수 있고, 나만의 주거 형태가 경쟁적이고, 공급 방법도 다양하다는 것을 느끼고 있습니다.

1인 가구가 요구하는 작은 평형대는 증가하고 MZ세대가 선호하는 독립공간과 오피스텔, 도시형생활주택, 소형 아파트 등 다양한 형태의 공급을 늘리도록 유도한다는 것입니다. 국토부는 이러한 변화에 맞는 공급 규제를 개선하고, 주택 유형 다양화를 위한 정책적 노력을 기울이고 획일화된 아파트 중심 개발에서 다양화된 주거 선택지를 내놓게 될 것으로 보입니다.

직주근접이라는 편의성 강화를 들 수 있는데, MZ는 직장이나 편의시설과의 접근성을 먼저 생각하고, 도시 개발을 할 때 도로교통 확충과 상업업무 시설, 주거복합 개발, 공원문화시설 등 생활 편의시설을 함께 조성하는 방향으로 정책을 수립하도록 영향을 주고 있습니다.

토지이용의 생애주기가 청년기와 결혼, 노년에는 도심을 선호한다는 이론이 이미 발표되어 있고, 도시재생이나 도심 고밀 개발을 촉진하

71

는데, 이 세대의 도심 선호 현상은 노후화된 도심 지역의 재생 사업이나 유휴 부지를 활용한 고밀 복합 개발의 필요성을 높이고 있습니다. 특히 저렴한 주택공급을 위하여 도심부에서 복합 용도 개발을 추진하는 해외 사례처럼, 도심 내 다양한 기능이 혼합되는 주거 공간을 조성하는 방향으로 정책이 발전할 수 있습니다.

공동체 시설이나 스마트 기술의 접목으로 주거 공간 내외부의 커뮤니티 시설이나 스마트 홈 기술에 관심이 높아지고, 신규 도시 개발 프로젝트에서는 피트니스 센터, 공유Office라운지 등 공동체 시설을 강화하고, 에너지 효율 관리나 스마트 보안 시스템 등 첨단 기술을 접목하는 방향으로 계획이 수립되고 있으며, 환경 보호와 지속 가능성에 대한 이 세대의 높은 인식은 도시개발 정책에도 반영되고 있습니다. 친환경 건축자재 사용, 에너지 효율의 건물 설계, 녹지 공간 확보 등 MZ세대의 주거 선호는 단순히 주택 수요를 넘어, 도시의 물리적 형태와 기능으로 도시개발 정책에 영향을 미친다는 것은, 결국 이 세대가 도시지역의 토지 이용의 변화를 이끌게 될 것으로 보입니다.

10

초고층 건축물은 에너지 먹는 하마

기후변화가 심각해짐에 따라 건축 산업의 탄소 저감 영향이 나타나고 있습니다. 50층 이상 이거나 200m 이상인 것을 초고층 건축물, 30층 이상이거나 120m 이상인 건축물은 고층 건축물이라고 합니다. 건축물이 먹는 전기는 탄소 저감이라는 기술이 주목받고 있습니다.

초고층 건물은 대규모 에너지 소비와 높은 탄소 배출량을 동반하기 때문에, 설계 단계에서부터 탄소 저감 전략을 수립하는 것은 필수적이고, 초고층 건물을 설계할 때는 저감 방법이 활용되어야 하며, Slow Spaces와 시간 경험이라는 건축 철학은 공간의 질과 인간의 시간 경험 사이의 연관성을 강조하고 있습니다.

'Slow Spaces'라는 개념은 인간이 공간을 체험하는 방법에 따라 시간의 흐름이 다르게 느껴질 수 있다는 것입니다. 예를 들어, 감각적으로 풍부한 공간, 즉 질감이나 빛의 변화가 잘 드러나는 공간은 사용자에게 느림의 경험을 제공한다는 것으로, 건축가들은 사람들의 일상 경험이 느려지도록 유도할 수 있는 공간을 설계하여 넓은 통로, 개방된 정원, 자연 채광이 풍부한 공간은 사람들에게 쉼과 사색의 시간을 제공하여, 공공장소에서의 설계 또한 사회적 상호작용을 유도하여 시간의 흐름을 느리게 할 수 있습니다.

이러한 공간은 사람들이 편안하게 대화하고 교류할 수 있도록 환경을 조성함으로써, 단순히 기능을 넘어서는 가치가 발휘됩니다. 이러한 접근은 현대 사회의 빠른 속도 속에서 인간의 경험을 더욱 풍요롭게 만드는 역할을 한다는 것이다. 초고층 건축물은 특성과 구조상 상당히 높은 에너지를 소비하며, 특히 유리 벽으로 이루어진 외관이 에너지 먹는(energy eating)하마라는 비판을 받습니다. 초고층 아파트가 일반적으로 낮은 아파트 단지에 비해 1.6배에서 2.5배의 전기를 더 소비한다는 것인데, 아파트를 중심으로 냉방과 난방, 환기시설과 조명 시설 등에서 높게 나타났습니다.

에너지가 높아지는 주요 원인은 유리 외벽으로, 초고층 빌딩에 많이 사용되는 통유리 외벽은 태양열을 쉽게 흡수하여 여름에는 내부 온도를 높여 냉방 부하를 증가시키고, 겨울에는 열 손실을 유발하여 난방 부하를 늘립니다. 고층으로 올라갈수록 외부 기상 조건인 바람, 일사량 등의 영향이 커져 냉난방 효율이 저하될 수 있고, 복잡한 시스템 엘리베이터, 고성능 환기 시스템, 첨단 보안 통신 장비 등 고층 빌딩에 필수적이고 다양한 설비들이 들어가 전력을 많이 소모하고 있습니다.

-건축물이 20%의 에너지 소비-

에너지 소비량에서 건축물이 차지하는 비중은 상당합니다. 5년 전에 나온 에너지 통계 연보를 보면, 건축물이 에너지 소비량의 약 20%를 차지하며, 이 중 화석연료 비중이 46%이니까, 초고층 건축물은 건축물

아파트 너머로 땅으로

가운데서 큰 부분을 차지합니다. 따라서 초고층 건축물의 높은 에너지 소비 문제를 해결하기 위해 다양한 노력이 이루어지고 있습니다.

예로, 중동 서남아시아의 페르시아만에 있는 섬나라 바레인의 세계무역센터(Bahrain world trade center)는 두 개의 쪼개진 건물 사이에 풍력 터빈을 설치하여 건물 에너지 사용량의 11% 내지 15%를 풍력 에너지로 충당하고, 이는 초고층 건축물이 단순히 에너지를 소비하는 것을 넘어, 자체적으로 에너지를 생산하는 '빌딩 숲'으로 진화할 가능성을 보여 주었다고 합니다. 이처럼 초고층 건축물은 구조적인 특성으로 인해 에너지 소비가 많지만, 기술 발전과 효율적인 설계를 통해 에너지 소비를 줄이려는 시도도 활발히 이루어지고 있습니다.

11

저층으로 테라스 House Trend로

주거시설 형태가 초고층 너머로 저층 테라스 하우스가 들어서고 도시가 숨을 쉬고 사람들이 행복하게 살아갈 수 있는 '지속 가능한 주거환경'은 과연 어떤 모습이어야 할까요? 과거 우리는 공급 확대라는 단기적 목표에 집중했지만, 이제는 장기적인 시각과 다각적 접근이 필요한 때라고 생각합니다. 특히, 획일적 아파트 주거 형태를 넘어, 다양성이 존중되는 새로운 주거모델이 우리 앞에 펼쳐지고 있습니다.

그동안 우리 도시는 '고층 아파트'라는 상징 아래 엄청난 성장을 이루어 냈습니다. 높은 건물은 한때 성공과 번영의 지표처럼 여겨지기도 했는데, 시간이 흐르면서 숨겨진 그림자들이 드러나기 시작했습니다. 무분별한 용적률 상향은 도시의 밀도를 과도하게 높여 교통 체증, 기반 시설 부족 등의 문제를 가져왔고, 이는 곧 도시 전체의 부담으로 돌아왔습니다. 일부 전문가들은 초고층 아파트가 장기적으로는 슬럼화될 가능성에서, 미분양 문제와 맞물려 경제적 가치가 하락할 수 있다고 경고하기도 합니다. 게다가 고층 거주가 가져올 수 있는 정신적 스트레스나 사회적 고립감의 연구 결과들은 우리가 단순히 '건물'이 아닌 '사람'을 위한 주거환경을 고민해야 한다는 메시지를 던져 줍니다.

지방의 동남권에 있는 M 도시에서 1979년 입주 당시 최고급 맨션이라

불리던 15층 아파트가 45년이 지난 지금은 재건축 추진이 이뤄지지 않고 낮은 가격과 거래조차 쉽지 않아 슬럼화되는 현실은 이러한 문제점들을 극명하게 보여 주는 것이라고 봅니다. 아파트는 더 이상 '투자의 대상'이 아닌, 오롯이 '삶의 공간'으로 여겨져야 할 것입니다.

그렇다면 우리는 어떤 대안을 모색해야 할까요? 바로 '주거 형태의 다각화'입니다. 아파트 일변도에서 벗어나 타운하우스, 연립주택, 단독주택, 다세대주택 등 다양한 스펙트럼의 주거 공급을 확대해야 합니다. 특히, 도시 내 저층 주거지를 단순히 '낮은 건물'로 치부할 것이 아니라, 쾌적함과 밀도를 동시에 잡는 효율적인 활용 방안을 찾아야 합니다.

그리고 커뮤니티 중심의 주거 단지입니다. 주거는 단순히 잠만 자는 공간이 아니라, 이웃과 교류하고 공동체 기능을 강화하는 삶의 터전입니다. 도시 열섬 현상을 완화하고 공기 순환을 돕는 충분한 녹지와 바람길을 확보하는 도시 설계는 필수적입니다.

인간중심 도시, 보행자 중심 도시로의 전환은 넓은 공용 공간과 쾌적한 환경 조성에서부터 시작될 것입니다. 이러한 변화를 위해서는 정책적 뒷받침이 중요합니다. 특히, '용적률 규제'에 대한 재검토가 절실합니다. 재건축 시 무분별한 용적률 상향을 지양하고, 도시 전체의 밀도와 교통 수용 능력을 고려한 적정규모 유지가 필요합니다. 여기서 한 가지 흥미로운 제안을 더 해보자면, 건축물이 노후화되어 철거 대상이 된 아파트 소유주들의 용적률 상승분을 다른 곳에서 그 권한을 사들이는 '용적률 이양권'은 어떨까요?

이는 철거 대상 아파트 소유주들의 입장을 고려하면서도 도시 전체의 균형을 맞출 수 있는 대안이 될 수 있다고 생각합니다. 교통 체증과 같은 사회적 비용을 개발이익에 반영하는 것 또한 중요한 접근법이 될 것입니다. 궁극적으로는 단기적인 가격 안정 효과를 넘어, 장기적인 관점에서 주거의 질과 형평성을 높이는 방향으로 부동산 정책의 패러다임을 전환해야 합니다. 나아가, 수도권 초고층 재건축을 줄이기 위해 지방 도시의 주거환경을 개선하고, 수도권 일극 체계를 넘어 균형 잡힌 지역 개발로 인구를 분산 유도하는 거시적인 안목도 놓치지 말아야 할 부분입니다.

반가운 소식은 이미 변화의 물결이 시작되었다는 점입니다. 최근에는 저층 주거 형태인 타운하우스 같은 고급 주택의 선호도가 눈에 띄게 높아지고 있습니다. 이는 쾌적하고 편리한 도시의 주거지역에서 주거환경을 추구하는 사람들의 변화된 인식이 반영된 결과입니다. 과거 저층 주택의 단점으로 지적되던 지상 주차로 인한 소음과 매연 문제는 이제 지하 주차장 도입으로 말끔히 해결되었습니다.

층간 소음 문제에서 비교적 자유롭고, 단지 내 지상 공간을 공원처럼 조성하여 쾌적한 조경을 누릴 수 있다는 점은 저층 주거의 가장 큰 매력입니다. 고층 아파트에 비해 자연과 더 가까이 접하며, 정원이나 테라스 등을 활용하여 개인적인 공간을 더욱 풍요롭게 만들 수 있다는 장점은, 바쁜 도시 생활 속에서도 삶의 여유와 질을 찾으려는 현대인의 바람을 충족시켜 줍니다.

지속 가능한 도시 주거환경은 단순히 건물을 짓는 기술적 문제를 넘

아파트 너머로 땅으로

어, 인간의 삶과 자연, 그리고 공동체가 조화를 이루는 미래를 설계하는 일입니다. 초고층이 아닌 저층 테라스 하우스로 향하는 트렌드는, 물질적 풍요를 넘어 삶의 진정한 가치를 추구하는 우리 사회의 성숙한 인식을 보여주는 것이 아닐까요? 이러한 변화된 인식이 주거 형태에 반영되고, 정책적 지원이 뒷받침된다면, 우리의 도시는 더욱 풍요롭고 쾌적하며 지속 가능한 공간으로 거듭날 것이라 확신하게 됩니다.

제2부 사회변화에 토지는 따라간다

12

인구변화로 용도변화로 주거 패러다임

우리 도시의 건축물들은 그저 차가운 콘크리트와 굳건한 철근으로만 이루어진 구조물이 아닙니다. 그들은 세월의 흐름을 고스란히 담아내고, 사회의 다채로운 목소리에 귀 기울이며 끊임없이 자신을 변화시켜 온 살아 있는 유기체와 같습니다. 급변하는 인구 구조, 눈부신 기술 발전 끊임없이 재정의되는 생활 방식은 도시를 바꾸고, 건축물이 지녔던 본래의 용도를 새롭게 그려나가고 있습니다. 이제 단순히 새로운 건물을 쌓아 올리는 것을 넘어, 기존 건축물에 새로운 숨결을 넣는 '용도변경'은 도시의 활력을 되찾고 미래를 향한 밑그림을 그리는 중요한 열쇠가 되고 있습니다.

이러한 변화의 물결 속에서 가장 선명한 것 하나는, 활기 넘치던 사무 공간이 따뜻한 보금자리, 즉 주거 공간으로 변모하는 모습입니다. 코로나19 팬데믹 이후 재택근무가 일상화되고 도심 오피스공실률이 눈에 띄게 증가하면서, 세계 곳곳의 도시들은 이 새로운 도전에 직면하게 되었습니다. 로스앤젤레스 한인타운의 윌서가를 따라 위용을 자랑하던 20층짜리 오피스 빌딩이 495세대의 아파트로 다시 태어난 '워커 프로젝트'는 이러한 전환의 상징과도 같습니다. 낡고 비어 버린 사무용 건물을 주거용 아파트로 바꾸는 것은 도시 중심의 공동화를 막고,

아파트 너머로 땅으로

새로운 주택 공급의 길을 열어 인구 구조 변화에 유연하게 대응하는 지혜로운 해법이 될 수 있습니다.

또한, '고령화 사회'라는 거스를 수 없는 흐름 또한 건축물의 용도 변경에 큰 영향을 미치고 있습니다. 65세 이상 인구가 빠르게 증가하면서 어르신들을 위한 요양 시설의 필요성은 날마다 커져만 갑니다. 흥미롭게도 일본의 여러 중소도시에서는 한때 번성했던 상업 건축물들이 노인 복지 시설로 새롭게 단장하는 사례들을 쉽게 찾아볼 수 있습니다. 이는 기존 건물의 가치를 효율적으로 재활용하면서, 동시에 고령화라는 시대적 과제에 적극적으로 대응하는 영리한 해법이 아닐 수 없습니다.

기존 노유자시설의 수요 변화에 맞춰 더욱 현대적이고 효율적인 시설로 거듭나려는 사회적 요구에 귀 기울이는 모습이기도 합니다. 건축물의 용도 변경은 단순히 건물의 기능을 바꾸는 차원을 넘어, 우리 사회의 당면한 문제들을 해결하고 도시의 지속가능성을 높이는 데 핵심적인 역할을 하는 것입니다. 이처럼 변화의 물결이 출렁이는 가운데, 주택 공급을 확대하고 내 집 마련의 꿈을 실현할 기회를 넓히기 위한 금융 시스템의 혁신 또한 활발히 논의되고 있습니다. 우리 정부에서도 2024년에 검토되었다고 알려진 '지분형 모기지 제도'가 바로 그 예시입니다.

이는 주택 구매 시 적은 초기 투자금으로도 주택을 소유할 수 있도록 돕는 새로운 형태의 금융 상품으로, 예를 들어 10억 원짜리 주택을 구매할 때 본인 자산이 1억 원만 있어도 주택 소유가 가능해지는 방식입니다. 소비자가 10%를 부담하고, 나머지 90%는 정부와 은행이 공동으로 대출하여 마련하는 구조이지요. 가령 정부가 50%의 지분을 투자한다면, 소비자는 나머지 40%를 은행 대출로 충당하여 월 약 200만 원의 사용료와 이자를 내고도 실제 거주는 가능해집니다.

물론, 이 매력적인 제도에는 몇 가지 현실적인 숙제가 남아 있습니다. 정부와 공동으로 주택을 소유하는 형태이므로, 훗날 주택을 매도하여 시세 차익이 발생한다면 이를 정부와 나누어야 합니다. 또한 정부 지분에 대한 매달 사용료를 납부해야 하는 부담도 무시할 수 없습니다. 만약 집값이 하락할 경우, 정부가 손실을 우선 감당하는 구조이긴 하지만, 소비자는 여전히 심리적, 재정적 부담감을 느낄 수 있을 것입니다. 내 집 마련의 꿈을 지원하려는 긍정적인 취지에도 불구하고, 시장 변동성에 대한 면밀한 고려와 합리적인 지분 배분 및 손실 분담 방식에 대한 신중한 접근이 필요하다고 보겠습니다.

결론적으로, 도시와 부동산 시장은 지금 거대한 변혁의 시기를 지나고 있습니다. 인구 통계의 변화, 기술의 진보, 삶의 방식이 재편되는 라이프 스타일의 변화가 부동산의 존재 이유와 사용 목적에 직접적인 영향을 미치고 있는 것입니다. 이러한 변화의 흐름을 예리하게 읽어 내고, 기존 건축물이 지닌 무한한 잠재력을 최대한 끌어올리며, 유연하고 혁신적 정책을 과감하게 도입하는 것이야말로 우리가 지향해야 할 지속 가능한 도시의 미래이자, 진정으로 사람을 위한 주거의 모습이 아닐까? 깊이 생각해 봅니다.

건물에 새로운 용도를 부여하는 것은, 단순히 벽을 허물고 다시 짓는

행위를 넘어, 사회의 진정한 요구에 응답하며 도시를 새롭게 디자인
하고 더 나은 삶의 터전을 만들어 가는 섬세한 예술과도 같으니까 말
입니다.

제2부 사회변화에 토지는 따라간다

13

허물어지고 다시 서는 시간, 타운하우스로

도시는 스스로 호흡하는 거대한 생명체이며, 그 안을 채우는 건축물들은 도시의 시간을 고스란히 나누어 갖습니다. 마치 소년의 피부처럼 유연하고 매끄럽던 건축물도 세월의 강을 건너면 기능이 퇴색하고, 이윽고 구조적 연약함이 드러나 무정한 해체의 길을 걷게 됩니다. 한때는 건축물 철거가 마치 일상적 통과의례처럼 간단하게 여겨지기도 했습니다.

허가보다는 신고로, 안전보다는 비용 절감이라는 잣대 아래 서둘러 진행되던 과거의 풍경은, 불과 몇 년 전 잠원동과 광주 학동에서 발생했던 안타까운 붕괴 사고들로 인해 근본적인 전환점을 맞이했습니다. 구조 검토의 소홀함, 무단으로 변경된 공법, 불법적 하도급과 그로 인한 안전조치의 부재는 복합적 비극을 낳았고, 이는 사회의 인식과 규제 체계에 깊은 각성을 요구하게 되었습니다.

이러한 아픔을 겪고 난 후, 정부는 해체 공사에 대한 새로운 시각을 정립하며 '해체계획 허가제'를 도입하고, 불법 하도급 방지와 안전한 철거 작업을 강화하는 건축물 관리법 및 건축법 개정을 추진했습니다. 국토부가 2023년 발표한 건축물 통계에 따르면, 우리 국토의 건축물 중 30년을 훌쩍 넘긴 노후 건축물이 전체의 42.6%에 달한다고 합니다.

앞으로 10년 안에 100만 동이 넘는 건축물들이 해체의 운명을 맞이할 것이라는 전망은, 더 이상 건축물의 '해체'를 파괴로만 볼 수 없게 만들었습니다. 이제 해체는 도시를 재생시키고 새로운 개발을 시작하는 패러다임의 출발점이자, 우리 건축물이 맞이할 '웰다잉(Well-dying)'의 과정으로 인식되어야 한다는 사회적 목소리가 커지고 있습니다. 내 건축물, 내 아파트 또한 언젠가는 이 길을 걷게 될 것이라는 성숙한 인식이 필요합니다.

특히 지방 도시는 이러한 변화의 흐름 속에서 더 많은 고민을 안고 있습니다. 오래된 주택들은 시간이 지날수록 낡고 불편해지며, 넉넉했던 마당조차 과거의 쾌적함을 잃어버리곤 합니다. 좁은 도로는 늘 주차 공간 부족에 시달리고, 편의시설은 멀리 떨어져 있어 젊은 세대에게는 더 이상 매력적 주거 공간으로 다가서지 못합니다. 그러나 이러한 고민 속에서 새로운 해답을 찾아 나서는 도시들의 모습이 포착됩니다. 낡은 주택지들이 현대적 감각과 편리함을 겸비한 '타운하우스' 단지로 변신하는 사례가 도시 곳곳에서 생겨나고 있는 것입니다.

어느 도시에서는 낡은 단독주택들이 밀집해 있던 부지를 사들여 완전히 새로운 형태의 주거 공간을 탄생시켰습니다. 여러 채의 집이 벽을 공유하거나 나란히 서 있으면서도, 각 세대가 독립적인 출입구와 아담한 마당을 지닌 타운하우스 단지가 그것입니다. 그런데 이곳은 단순히 '집'만 지은 것이 아니었습니다. 가장 눈에 띄는 특징 중 하나는 단지 내 건물 1층에 작은 점포들을 위한 근린생활시설이 함께 들어섰다는 점입니다.

예쁜 카페, 소박한 식료품점, 편리한 세탁소 등 주민들이 일상생활에서 쉽게 이용할 수 있는 가게들이 단지 안에 자리 잡으면서, 멀리 나가지 않아도 모든 게 해결되는 편리한 삶이 펼쳐지게 되었습니다.

또 하나의 중요한 변화는 충분한 부설 주차 공간의 확보입니다. 기존 주택가에서는 골목마다 빼곡히 주차된 차량으로 늘 혼잡했지만, 이 타운하우스 단지에는 세대별 주차 공간은 물론 방문객을 위한 공간까지 넉넉하게 마련되어 있었습니다. 주차 걱정 없이 편안하게 집에 드나들 수 있게 되면서, 주민들의 주거 만족도는 눈에 띄게 높아졌습니다.

이처럼 오래된 주택지가 타운하우스 단지로 변신하는 과정은, 단독주택의 독립적 삶과 아파트의 편리함을 절묘하게 결합한 새로운 주거 형태의 가능성을 보여 줍니다. 1층의 상점은 생활의 윤택함을 더하고, 충분한 주차 공간은 주거환경의 쾌적성을 한층 높여 주었습니다. 이는 땅의 쓰임새를 현대적 주거 형태에 맞게 바꾸고, 필수적 편의시설과 주차장을 함께 계획함으로써, 지방 도시에서도 얼마든지 편리하고 쾌적한 주거환경을 만들어 낼 수 있음을 보여 주는 값진 사례입니다.

결국, 땅의 변신은 단순히 새로운 건물을 짓는 행위를 넘어섭니다. 그것은 사람들의 삶의 질을 어떻게 상승시키고, 도시를 어떻게 더 살기 좋은 공간으로 재창조할 수 있는지를 섬세하게 보여 주는 지혜로운 과정과 같습니다. 건축물의 해체부터 새로운 주거 공간의 탄생까지, 이 모든 흐름은 도시가 끊임없이 변화하고 진화하며 더 나은 미래를 향해 나아가는 생명력 있는 모습을 대변하고 있습니다.

아파트 너머로 땅으로

14

토지개발은 물길 따라 수변으로

물길 따라 흐르는 공존의 이야기는 태초에 물의 축복 속에 한반도가 바다에 둘러싸이고, 안으로는 굽이굽이 흐르는 강들과 고즈넉한 호수들이 수많은 생명을 품어 왔습니다. 예로부터 물가는 사람들의 삶의 터전이자, 고단한 일상에서 잠시 숨을 고르고 평화로운 사색에 잠기는 휴식의 공간이 되어 주었습니다.

최근, 이러한 수변 공간이 새로운 모습으로 우리에게 손짓하고 있습니다. 물가를 바라보며 차 한 잔, 식사 한 끼를 즐길 수 있는 아름다운 카페와 레스토랑이 들어서면서, 지친 현대인에게 더없이 매력적 '핫플레이스'로 각광받고 있습니다.

수도권의 한강 변을 따라, 대도시 강변을 따라, 심지어 지방의 작은 강이나 호수 주변까지, 물길이 닿는 곳마다 새로운 변화의 바람이 불고 있습니다. 아름다운 물결과 풍경을 활용하여 많은 방문객을 유치하고 지역 경제에 새로운 활력을 불어넣는다는 점에서, 이러한 개발은 분명 긍정적 의미를 지닙니다.

나 또한 물가에 앉아 잔잔한 물결을 바라보며 마시는 커피 한 잔의 여유를 좋아합니다. 그 순간만큼은 삶의 무게가 잊히는 듯합니다. 그러나 이처럼 매혹적인 수변 개발의 이면에는 우리가 깊이 들여다보아야

87

할 어두운 그림자 또한 존재합니다. 무분별한 개발은 종종 회복하기 어려운 환경 파괴와 생태계 교란이라는 아픈 현실을 동반하곤 합니다. 수변 지역은 그 자체로 섬세하고 풍요로운 생태계의 보고이자, 다양한 동식물들이 살아가는 삶의 터전입니다. 또한 물의 흐름을 정화하며 우리에게 맑은 물을 선사하는 중요한 역할을 합니다. 하지만 이러한 귀한 곳에 콘크리트 구조물이 들어서고 거대한 주차장이 만들어지면서, 하천 둔치나 해안선이 무참히 훼손되는 일은 안타깝게도 너무나 자주 목격됩니다. 아름다운 풍경을 찾아갔다가 오히려 상처받은 자연을 마주하게 되는 아이러니한 상황에 직면할 때면, 가슴 한구석이 아려움을 금할 수 없습니다.

더욱 큰 문제는 바로 '계획 부재로 인한 난개발'입니다. 수변 지역은 자연녹지나 관리지역으로 분류되어 개발이 비교적 쉬운 경우가 많습니다. 그러나 체계적 계획 없이 건축허가만으로 무분별하게 건물들이 들어설 경우, 주변 경관과 전혀 어울리지 않는 무질서한 모습으로 미관을 해치고 교통 혼잡을 유발하기 쉽습니다. 특히 지방 소도시나 농촌 지역에서는 이러한 난개발의 흔적을 어렵지 않게 찾아볼 수 있습니다. 천혜의 자연 풍경에 낯선 건축물들이 불쑥 솟아 있는 모습은 안타까움을 넘어 분노마저 불러일으키곤 합니다. 또 다른 그림자는 '사회적 갈등'과 '공동체 훼손'입니다. 개발 과정에서 기존 주민들의 의견이 충분히 반영되지 않거나, 개발이익이 소수에게만 집중될 때 공동체는 금이 가기 시작합니다. 상업시설이 들어서면서 땅값이 오르고 임대료가 상승하여 오랫동안 그곳을 지켜온 사람들과 기존 상인들이 터전을 잃고 밀려나는 현상은 공동체의 뿌리를 흔들 수 있습니다.

그뿐만 아니라 외부 관광객이 늘면서 조용했던 마을의 분위기가 사라지고, 소음과 쓰레기 문제로 주민들의 삶의 질이 저하되는 일도 비일비재합니다. 아름다운 풍경을 찾아온 외부인과 삶의 터전을 지키려는 원주민들 사이에서 보이지 않는 벽이 생기는 모습은 참으로 마음 아픈 현실이 아닐 수 없습니다.

수변 공간은 모두가 함께 지키고 가꾸어야 할 소중한 유산입니다. 이 귀한 자원 앞에서 우리는 단순히 눈앞의 개발이익만을 좇을 것이 아니라, 환경적, 사회적 지속가능성이라는 가치를 더욱 깊이 새겨야 할 것입니다. 이제는 지자체가 나서서 장기적 관점에서 계획적 개발을 유도하고, 물과 사람, 그리고 공동체가 조화롭게 공존할 수 있는 미래를 그려나가야 할 때입니다. 아름다운 물길을 따라 흐르는 우리의 삶이, 모두에게 진정한 축복이 될 수 있도록, 우리의 지혜와 노력으로 균형 잡힌 개발이 이루어지기를 바랍니다.

15

물길을 디자인하다, 낙동강 상류를 문화시설로

주변의 강과 호수, 바다는 그 자체로 아름다운 생명력을 간직한 소중한 자원입니다. 태곳적부터 사람들의 삶과 희로애락을 함께해 온 수변 공간은, 현대에 이르러 지역 경제에 새로운 활력을 불어넣고 특별한 가치를 창출하는 기회의 땅으로 다시금 조명받고 있습니다.

단순히 '개발'이라는 이름으로 자연을 소모하는 우를 범해서는 안 될 것입니다. 자연과 사람, 경제가 조화롭게 어우러지는 지속 가능한 개발, 그것이야말로 추구해야 할 진정한 미학이자 미래를 위한 지혜로운 선택이 아닐까? 생각합니다.

성공적 수변 개발은 무분별한 난개발의 폐해를 극복하고, 고유한 매력을 최대한 끌어내는 데서 시작됩니다. 만약 내가 그곳에 터를 잡고 개발을 꿈꾼다면, 가장 먼저 수변 공간이 지닌 '지역 특성'을 오롯이 살리는 데 집중할 것입니다. 단순히 건물을 세우는 행위를 넘어, 그곳에 스며든 역사와 문화, 자연적 특성에 귀 기울여 세상에 하나뿐인 특별한 '테마'를 부여하는 것이야말로 진정한 가치를 창출하는 길이라고 믿습니다.

문학적 이야기가 숨 쉬는 물길이라면 이를 활용한 문학관이나 감성적 산책로를 조성하여 사색의 공간을 제공하고, 수려한 자연경관을 품은

90

곳이라면 친환경적 디자인으로 전망 좋은 카페나 레스토랑을 조화롭게 배치하여 자연 일부처럼 느껴지도록 할 것입니다. 이러한 '친환경적이고 계획적 접근'은 환경 훼손을 최소화하면서도, 건축물 스스로 자연의 일부를 녹아들게 하는 디자인 노력에서 비로소 빛을 발할 것입니다.

무엇보다 중요한 것은 '지속가능성'이라는 가치를 끊임없이 추구하는 것입니다. 개발은 언제나 자연과의 섬세한 균형 속에서 이루어져야 합니다. 수변 공원과 같은 공공 공간과 상업시설을 유기적으로 연계하여 방문객들이 휴식과 여가를 동시에 즐길 수 있도록 조성하는 지혜가 필요합니다.

이는 체계적 수변 지역 개발 계획을 수립하고, 그 계획에 따라 개발을 신중하게 유도함으로써 무질서한 난개발을 막고 물길이 지닌 고유한 아름다운 경관을 보존하는 데 필수적 전제가 됩니다. 수변 상업시설의 성공은 지역 경제를 활성화하고 새로운 일자리를 창출하는 긍정적 파급효과를 가져옵니다. 많은 방문객을 유치하여 주변 상권에 활력을 불어넣고, 지역 주민들의 소득 증대를 높일 수 있습니다. 더 나아가, 개발이익 일부를 지역사회에 환원하거나, 개발 과정에 주민들의 참여를 독려하여 투명성을 높이는 노력 또한 함께 이루어져야 합니다.

최근의 정책변화에서도 이러한 균형점을 찾으려는 노력이 엿보입니다. 상수원보호구역 내 공공시설에 음식점 설치를 허용하는 정책이 그 대표적인 예시입니다. 언뜻 보면 규제 완화로 비칠 수 있지만, '오수처리시설 설치'나 '보호구역 외 방류'와 같은 엄격한 조건을 전제로

제2부 사회변화에 토지는 따라간다

한다는 점이 중요합니다. 이는 상수원 수질 보호라는 절대적인 목표를 굳건히 지키면서도, 공공시설 이용자들의 편의를 높이려는 섬세한 시도입니다. 즉, 규제 완화가 무분별한 개발로 이어지지 않고, 환경 보호와 이용 편의라는 두 가지 가치를 함께 추구하려는 현명한 의도가 담겨 있는 것입니다.

수도권의 한강 변에서부터 지방의 작은 강변과 고즈넉한 호수까지, 수변 공간은 지금 개발과 보존이라는 숙명적 두 가지 과제 앞에 서 있습니다. 아름다운 자연을 배경으로 한 상업시설은 분명 매력적이지만, 그 개발 과정과 결과가 환경과 지역 공동체에 미치는 영향을 신중하게 고려하는 혜안이 절실합니다.

결국 수변 지역 개발은 단순히 눈앞의 경제적 이익만을 좇을 것이 아니라, 자연과의 조화, 지역 주민과의 상생, 미래 세대를 위한 지속가능성을 함께 고민할 때 비로소 진정한 성공을 거둘 수 있을 것입니다.

-낙동강 상류 속 상생의 길-

특히 대구·경북 낙동강 수변구역은 상수원 보호와 수질 개선을 위해 지정된 곳이 많아, 이곳에서의 건축 행위나 시설 설치에는 상당한 제약이 따릅니다. 특히 물을 많이 사용하는 음식점이나 카페 같은 업종은 원칙적으로 허용되지 않는 경우가 많은데, 이는 소중한 상수원으로 유입될 수 있는 오염원을 최소화하기 위한 불가피한 조치입니다.

하지만 동시에 낙동강 유역 전체를 대상으로 수변 공간을 현명하게 활용하고 관광을 활성화하려는 다양한 노력과 계획들이 꾸준히 추진되고 있습니다. 이러한 계획들은 주로 하천 정비, 공원 조성, 레포츠 시설 설치 등 공공 목적의 개발이나 자연 친화적인 방향으로 진행되는 경우가 많습니다.

엄격한 '수변구역' 내에 상업적 카페가 자유롭게 개발된 사례는 많지 않지만, 낙동강 유역의 넓은 범위에서 아름다운 자연경관과 어우러지도록 설계되어 주목받는 건축물이나 시설 사례는 분명 존재합니다. 그중 대구광역시에서 건축상을 받은 '사유원자연생태관광'지의 카페는 훌륭한 본보기라 할 수 있습니다. 국토계획법상 농림지역이자 가축사육제한구역 등으로 지정된 부지면적 약 118천㎡에 문화집회시설, 관광휴게시설, 제1종 근린생활시설 총면적 2,576㎡가 2017년 준공된 곳입니다. 군위군 부계면이라는 낙동강 유역에 속하며, 건축이 마치 땅의 연장처럼 자연스럽게 연결되도록 설계되어 모범적 개발 사례로 손꼽힙니다.

이는 공공 개발과 연계되는 편의시설이 들어서는 형태로, 상수원 보호를 위한 수변구역 규제로 낙동강 '수변구역' 내 상업적 카페 개발은 아직 요원하지만, 낙동강 유역의 넓은 범위에서는 자연경관을 활용한 건축물이나 공공의 목적에 부합하는 시설개발 사례들이 서서히 그 모습을 드러내는 것은 낙동강 상류 속 상생의 길이라고 볼 수 있습니다.

제2부 사회변화에 토지는 따라간다

<h1 style="text-align:center">16</h1>

낙동강 하류를 수변공간으로

강원도 태백 황지못에서 시작된 낙동강은 510km의 긴 여정을 거쳐 2만 4천㎢에 달하는 광활한 유역을 품고 마침내 바다로 흘러듭니다. 한강 다음으로 큰 유역 면적을 자랑하며 우리 국토의 25%를 관장하는 이 물줄기는, 홍수 예방과 용수 확보라는 실용적 기능은 물론, 생태계 복원과 수변 공간 조성이라는 중요한 임무까지 수행하는 든든한 생명선입니다.

반변천, 내성천, 금호강, 황강, 남강 등 많은 지류가 합류하며 이야깃거리를 더하고, 김해 봉하마을 인근 화포천처럼 사람 사는 정취가 묻어나는 곳들은 자연스러운 휴식처이자 역사 교육의 장이 되기도 합니다. 이 풍요로운 낙동강, 특히 부산·경남을 지나는 하류 지역을 어떻게 '이용'할 것인가 하는 질문 앞에서 우리는 숙고해야 합니다. 단순히 강변을 정비하고 걷기 좋은 길을 만드는 것을 넘어, 이 물줄기가 지닌 본연의 가치와 잠재력을 최대한 끌어내어 인간과 자연이 공존하는 이상적 모델을 제시해야 할 때입니다. 상류의 산악지대가 지닌 상수원보호구역으로서의 엄격함과 문화관광 벨트로 성공한 사유원생태관광지의 사례는 우리에게 많은 시사점을 줍니다. 개발과 보존이라는 양면성을 현명하게 아우르는 지혜가 필요하다는 것입니다.

아파트 너머로 땅으로

낙동강 하류는 이미 도시와 인접해 사람들이 쉽게 접근할 수 있는 장점을 가지고 있습니다. 이곳을 단지 "지나가는 길"이 아니라 "머무르고 싶은 공간"으로 만들려면 어떤 노력이 필요할까요? 저는 낙동강이 지닌 역사적 의미를 되살려 시민이 강줄기의 역사를 배우고 공감할 수 있는 문화적 공간으로, 또한 다양한 생물들이 서식하는 자연의 보고라는 것을 일깨워 주는 교육적 공간으로 탈바꿈해야 한다고 생각합니다. 강변을 따라 펼쳐진 너른 땅에는 계절마다 다른 풍경을 선사하는 식물들을 심어 미적 아름다움을 더하고, 생태 학습장이나 야외 도서관처럼 자연 속에서 지식과 여유를 즐길 수 있는 시설들을 조화롭게 배치하는 것도 좋은 방법이라고 생각합니다.

강은 언제나 흐릅니다. 우리 삶의 변화를 묵묵히 지켜보며 끊임없이 제 길을 갑니다. 낙동강 하류를 수변 공간으로 이용하는 것은 단순히 하나의 건축 프로젝트나 조경 사업이 아닙니다. 그것은 이 땅에 사는 우리 모두의 삶의 질을 높이고, 후대에 지속 가능한 환경을 물려주려는 깊은 철학이 담긴 작업이어야 합니다. 내가 알고 있는 몇몇 장소들 외에도 낙동강 유역에는 많은 아름다움의 이야기가 숨어 있을 것입니다. 그곳이 저마다의 색깔로 빛나며 사람과 자연이 행복한 공간으로 거듭나는 낙동강 하류가 되기를 기대하여 봅니다.

17

낙동강 하류를 수변공간으로 땅으로

낙동강 Dam이라고 해야 할지 도로라고 해야 할지 잘 모르겠으나 강을 가로지르는 창녕함안보(洑)를 거쳐 창녕군 남지 쪽으로 가끔 다녔습니다.

제방 너머의 낙동강 둔치에서 Orange color 유채꽃이 막 피어오르는 그곳으로 다녔습니다. 시속 70㎞ 속도로 달린다는 긴 다리에 빠른 걸음의 타조처럼, Neckband에 미러리스 카메라를 걸고 이곳저곳으로 다녔습니다!!

토지를 분류하는 기준에 강은 하천이라 부르고, 지목이 무엇이냐고 물어도 강은 하천입니다. 강폭이 넓은 데는 500m가 넘어가고 둑길 같은 수변도로는 높낮이가 달라 도로의 반은 가는 길로 반은 오는 길이다. 비탈지어진 언덕배기에 서 있는 벚나무에 봄꽃이 필 때나, 농촌 풍광을 좋아하는 사람들은 드라이버 코스가 제격이며, Really '출구 없는' 낭만 저격의 길입니다.

강 둔치 쪽은 윤슬이 피어올랐으나 Dam이 있는 이쪽에는 강 빛이 빛이 아닙니다. 내 눈을 똑바로 맞추지 않는 걸 보니 혼자서 '카페라테'를 많이도 마셨나? 노르스름한 거품 빛을 띠고 있습니다. 커피 마실 때 앞사람과 치얼스(Cheers) 할 때는 서로가 눈을 맞추면서 잔은 잔대로 부딪치는 것으로. 낙동강은 나를 본체만체하고 수양버들(Salix Babylonica) 댓 그루만 적셔 놓고 하구 쪽으로 흘러가 버린다.

강 상류에 있는 상풍교에서 이곳 유채단지를 거쳐 낙동강 하류로 이어지는 자전거길이 놓여 있어 지방시대를 맞아 사람들이 이곳 강줄기를 타고 들어올 수 있는 풍광 좋은 곳이 이곳이라고 생각됩니다.

사람과 Water front를 단절시키는 토지정책 이대로 좋은가? 걸어가면서 쉬어가면서, 들으면서 머무는 지방시대는 어떤가입니다. 엄격하다는 농지법은 관광농원과 6차 산업으로, 물류를 실어 나르는 철도사업법은 기차여행을 만들었듯이 낙동강유역환경청도 물 환경과 유역관광을 만들어 시소가 오르고 내리듯이 제도를 유연하게 드라이버 해보면 어떨까? 하는 생각이 듭니다. 이렇게 하면 지방시대로 가는 시너지효과는 클 것이고, 환경과 사람을 중심에 두는 정책으로 나아갔으면 좋겠습니다.

석양빛이 스멀스멀 내려앉아 강물을 적시고 안개비 하얗게 내려앉아 강줄기 적시듯이 노르스름하게 허한 가슴 덮어줄 창녕함안보를 지나서 조금만 더 내려가면 김해시 낙동강 레일파크가 있습니다. Wine 동굴과 레일바이크는 ktx가 생기면서 쓰지 않는 철교를 활용하여 만들어졌는데, 이것을 타고 낙동강 위를 지나가다 보면 들판 위를 넘어 강줄기 저 멀리 바다가 연결되는 모습을 엿볼 수 있으며, 화포천 습지생태공원은 낙동강의 대표적 지류로 국내 최대 규모의 하천 형태 습지입니다.

장맛비만 내리면 물난리가 났던 홍수터가 이런저런 과정을 거치면서

제2부 사회변화에 토지는 따라간다

습지로 되살아나 여러 동식물이 함께 사는 생태지역으로, 멸종위기종 수달, 삵 등도 만날 수 있어 지속 가능한 토지이용의 한 사례라고 볼 수 있습니다.

지속 가능한 개발로 생태학적 가치를 탐방하고 산책하는 등 자연의 소중함을 깨닫게 하고, 잔잔한 수면 위로 비쳐 오는 풍경이 사진 소재가 되어 아파트 너머로 땅으로, 사람과 자본이 지방으로 들어올 수 있는 긍정적 토지이용을 하였으면 좋겠습니다.

밀양강은 낙동강 지류로 굽이쳐 흐르는 절벽 위에 우뚝 솟은 영남루가 조선 3대 누각 중의 하나이며, 역사와 건축이 인문학적 감성으로 충전되는 고즈넉한 분위기입니다. 이곳은 땅으로 가는 마중물(Priming water)이 될 것 같으며, 나노 융합 국가산단 22만㎡가 기회발전 특구가 되어 밀양이 나를 기다리고 있다는 것입니다.

18

낙동강 하류를 수변공간으로 바다로

낙동강 하구는 지리적으로 풍부한 생태계와 도시공간이 어우러지는 을숙도&아미산 전망대가 있고, 거대한 삼각주가 있는 철새 도래지이자 람사르 습지로 지정된 에코센터가 좋습니다.

을숙도는 갈대밭과 습지가 있고 노을이 어우러질 때는 인생샷을 건지기 좋은 곳이다. 철새 떼가 나르는 모습은 조선의 선비가 한 손으로 합죽선을 펼쳐 하늘의 햇빛을 가리는 것처럼, 새 떼들이 그렇게 하늘을 가리고 날아가고 있습니다.

아미산 전망대는 낙동강 하구의 웅장한 지형과 수많은 모래톱, 바다와 강이 만나는 독특한 풍경을 한눈에 조망할 수 있는 곳입니다. 토지이용 정책과 도시계획에 관심이 많은 나로서는 강물이 퇴적 작용을 하면서 생긴 자연 지형을 관찰하는 아주 좋은 기회가 되었습니다.

'부산의 베네치아'라는 별명을 가진 장림포구는 알록달록한 건물들과 이국적 분위기가 매력적이고 작은 어촌 마을에 컬러풀한 색채는 MZ세대 사이에서 '핫플'로 떠오고, 단순한 강이 아니라 주변의 다양한 이야기와 생명이 살아 숨 쉬는 공간으로 사람이 땅으로 나가는 길이 되었으면 좋지 않을까 생각합니다.

99

시간이 멈춘 듯 잊힌 공간들이 종종 있습니다. 특히 옛 시절의 숨 가빴던 흔적의 폐철도 구간들은 한국 곳곳에서 고요히 그 역사를 품고 있습니다. 오래된 선로 위를 따라 걷다가 보면, 문득 이곳이 또 다른 생명을 얻을 수 있지는 않을까? 상상을 해보고 어쩌면 우리에게는 뉴욕의 Hudson 강가나 스페인 빌바오에서 찾아볼 수 있는, 찬란한 희망의 힌트가 숨어 있을 것 같습니다.

미국 뉴욕시 허드슨강 변의 수변공원과 '하이라인'은 과거의 산업 유산이 어떻게 도시의 심장으로 다시 태어날 수 있는지를 여실히 보여주는 대표적 사례입니다. 낡고 잊혔던 폐철도가 녹음 짙은 공원으로 변하고 그 위에서 시민들이 햇살을 즐기며 여유를 만끽하는 모습은 그야말로 'Legend Moment'라 할 수 있습니다. 특히 이 하이라인은 세계적으로 손꼽히는 도시재생 성공 사례로, 콘크리트 숲에 숨 쉬는 공간이 되었습니다.

흥미롭게도, 우리의 낙동강 하구는 뉴욕시와 지리적으로 꽤나 유사한 점이 많다고 봅니다. 이는 뉴욕의 도시계획과 아름다운 '워터프런트' 활용 사례가 낙동강 개발에 중요한 시사점을 줄 수 있다는 의미가 아닌가 생각합니다. 여기서 말하는 워터프런트는 도시가 강, 바다, 호수 등 수변 공간과 만나는 지점을 의미하는데, 요즘에는 레저, 관광과 도시개발의 핵심 장소로 아주 뜨겁게 주목받고 있습니다. 함안, 창원, 김해를 거쳐 부산으로 흘러가는 낙동강을 지나는 철교는 좋은 본보기

될 수 있을 것입니다.

지역 경제 활성화를 위해 하천을 적극적으로 활용하는 방식은 해외에서도 익숙하게 추진되고 있습니다. 예를 들어, 철강산업의 쇠퇴로 지역 경제가 한때 몰락했던 스페인 빌바오는 절치부심 끝에 관광·문화 산업을 대안으로 육성했습니다. 오랫동안 오폐수로 '죽은 강'이라 불리던 도심의 '네르비온' 강을 정화하고, 주변에 문화시설을 과감히 유치하였습니다.

빌바오시는 강물의 수질을 개선하고 유명건축가에게 7개의 교량 설치를 의뢰하고 세계적 구겐하임 미술관까지 유치하는 '신의 한 수'를 두었습니다. 그 결과, 도심하천을 따라 설치된 문화시설은 관광객이 몰려드는 곳으로 거듭났습니다.

이처럼 산업화로 훼손되었던 하천과 그 주변 지역을 환경적으로 복원하고, 문화나 상업 기능을 더해 도시 전체에 활력을 불어넣는 사례들은 우리에게 많은 것을 가르쳐 줄 것입니다. 낙동강 유역 역시 과거 산업화의 영향을 받은 곳들이 많다는 점에서 이러한 해외 사례들이 시사하는 바가 클 것입니다. 단순히 경관을 아름답게 꾸미는 것을 넘어, 지역 경제에 생기를 불어넣는 통합적 도시계획이 얼마나 중요한지 깨닫게 해 줍니다.

제2부 사회변화에 토지는 따라간다

19

산토리니가 해변으로 섬으로

한국의 구불구불한 해안선 길이가 1만 5천 285㎞이고, 3천여 개의 섬으로 이뤄져 있어, 다른 어떤 나라에서도 볼 수 없는 굽히고 굽은 해안 91%가 서남해안에 있습니다. '07. 12. 27 동·서·남해안 및 내륙권 발전특별법이 제정되었으나 우수한 입지 여건과 풍부한 관광자원이 있어도, 정책개발이 수도권에 가려 이곳은 거들떠보지도 않고 전략도 없었으나, 올해 남해안 아일랜드 Highway를 내겠다는 소식이 있었으나 어떻게 될지 알 수 없습니다.

이러한 다도해 경관은 그리스 산토리니(Santorini) 해변과 맞짱 뜰 만한 관광자원은 없을까? 그곳의 기후나 자연적 가치 지리적 우수성은 우리와 다르겠으나 항상 맘에 두고 있었던 곳, 산토리니는 에게해(Ege)의 독특한 지형과 경관이 전 세계 여행객들의 휴식지로 손꼽히는 곳입니다.

산토리니는 거대한 화산 폭발로 형성된 칼데라 지형이고, 절벽 위에 하얀 건축물이 층층이 자리 잡은 것이 독특하고 드라마틱(dramatic)하다. 하얀 건물과 푸른 돔은 산토리니의 상징 하얀색 건물과 푸른색 돔 지붕이 에게해의 푸른 바다와 어우러져 정말 그림과 같습니다.

특히, 이아(Oia) 마을의 일몰은 세계 3대 일몰 중 하나로 꼽힐 정도로

102

유명하며, 아름다운 일몰은 산토리니의 하이라이트라고 하는데, 붉게
물든 하늘·바다·하얀 건물은 잊을 수 없는 감동, 출구 없는 놀라움입
니다. 그리고 피라(Fira) 마을은 산토리니의 주요 마을이자 교통 중심
지였어, 수많은 상점에서 레스토랑 호텔까지 있습니다. 특히 아름다
운 일몰 감상을 하고자 전 세계 사람들이 모여들고 있으니, 난들 어쩌
란 말입니까. 우리의 동해나 남서해안의 에너지 넘치는 휴양숙박, 휴
양쉼터 등 다각적 이용은 어떨까? 동서유럽과 남유럽에서 받은 감성
이 파도처럼 몰려오고 남해안 아일랜드 Highway가 몰려옵니다.

제2부 사회변화에 토지는 따라간다

20

토지는 물려줄 소중한 공간으로

우리는 종종 토지를 그저 사고파는 '자산'으로만 여기곤 합니다. 토지는 단순히 경제적 가치를 넘어선 모두가 함께 살아가야 할 '공간'이자, 먼 훗날의 세대들에게 온전히 물려줄 '소중한 자원'이라는 묵직한 의미를 되새겨 보아야 합니다.

토지이용 정책 하나하나가 우리의 삶을 어떻게 만들어 왔는지 보았고, 때로는 수변 개발의 양면성을 고스란히 드러내고, 개발과 보존 사이에서 사회적 갈등을 낳기도 했습니다. 도시와 지방 간의 극심한 토지 가격 차이는 어떻게 대처하여야 할까요? 당장 경제적 효율성만 좇을 것인가 아니면 환경 보존과 사회적 형평성 그리고 공동체 가치를 중요하게 여길 수 있는 그러한 것은 무엇인가. 이 질문은 비단 토지 전문가나 정책 입안자만의 몫은 아닐 것입니다.

이 땅에 발 딛고 살아가는 우리가 토지를 바르게 이해하고 많은 관심을 가질 때, 비로소 더 나은 미래를 만들어 갈 수 있지 않을까 생각합니다. 토지에 대한 올바른 이해는 우리의 삶에 실질적 변화를 가져다줍니다. 현명한 주거 선택을 돕고, 합리적 투자 결정을 내리고, 나아가 건강한 공동체를 형성하는 데 필수적 기반이 될 것입니다. 이제 막연하게만 느껴졌던 토지 관련 용어들과 복잡한 서류들을 쉽게 풀어 '토

104

지를 대하는 공부'를 시작해야 할 때입니다.

토지를 아는 것은 곧 우리 삶을 아는 것이고 미래 세대가 지금의 우리처럼 선택의 폭을 잃지 않도록, 그들의 손에 소중한 선택권을 넘겨주는 미래를 위한 준비의 시작이고 이 땅은 우리가 잠시 빌려 쓰는 공간이라고 생각하면 어떨까?

제3부

토지 어렵지 않다

1

토지 가치는 겹겹의 권리분석으로

삶의 터전이자 미래를 담는 그릇은 땅이며, 부동산은 단순한 물질적 존재를 넘어 복잡한 권리가 겹겹으로 이루어져 있습니다. 특히, 동고 서저의 가파른 지형과 인구 집중이라는 특성을 지지고 있는 우리의 국토는 더욱이 그 가치와 활용에 있어 깊은 이해를 요구합니다.

때로는 불패의 신화로 때로는 예측 불가능한 변수로 다가오는 부동산 시장 속에서, 땅이 본래부터 가지고 있는 권리의 내용과 그 상태를 명확히 파악하는 작업이 권리분석이고, 그 중요성 또한 새삼스럽게 깨닫게 되는 것입니다.

토지에 대한 권리분석은 단순히 법적 테두리 안에서 소유권을 확인하는 것을 넘어섭니다. 그것은 땅이 지닌 가치를 온전히 인식하고, 그 가치를 둘러싼 다양한 이해관계를 명확히 해 나가는 일련의 활동이라 할 수 있습니다. 법률적으로 법의 보호를 받는 힘을 의미하는 권리는 부동산에 있어서 '사용하고, 수익하고, 처분할 수 있는 권리'로 구체화 됩니다.

우리가 흔히 대륙법계의 영향을 받아 민법 제211조에서 소유자의 권능을 정의하는 것처럼, 권리분석은 소유권으로부터 파생되는 권능들이 어떻게 이루어지고 있는지를 깊이 들여다보는 과정인 셈입니다.

이는 안전하고 현명한 부동산활동을 위한 첫걸음이자 필수적 과정이라 할 수 있습니다. 이러한 토지 권리분석은 여러 흥미로운 성질을 지니고 있습니다. 우선, 이는 부동산 거래 활동을 돕는 사전확인 행위의 성격을 가집니다. 마치 여행을 떠나기 전 지도를 확인하고 경로를 계획하는 것처럼, 부동산활동에 앞서 권리관계의 하자 유무를 미리 파악하는 것이며, 이 분석은 공권력의 개입 없이 민간 영역에서 이루어지는 '비권력적 행위'기 때문에, 분석 수행 주체에게는 더욱 높은 전문성과 책임감이 요구됩니다. 무엇보다 권리분석은 '주관성과 객관성'을 절충하는 과정입니다. 법률적, 기술적, 경제적 측면의 객관적 근거를 바탕으로 하면서도, 최종적 판단은 복합적 요소를 고려하여 이루어집니다.

예를 들어, 토지를 매입하여 주택을 신축하는 경우를 상상해 볼까요? 매도인의 소유권이 유효하고 매매계약은 적법한 것인지 건축법상 신축이 가능한지 법률적 검토는 물론, 건물의 구조나 설비에 대한 기술적 이해, 투자 가치와 최유효 이용을 고려하는 경제적 분석까지, 이 모든 측면이 유기적으로 결합돼야 비로소 현명한 의사결정을 내릴 수 있습니다.

이처럼 토지 권리분석은 부동산학의 기초 이론과 법률, 기술과 경제적 측면을 아우르는 종합 응용과학의 성격을 띠며, 효율적이고 안정적 부동산활동을 위한 사전 정보를 제공하는 중요한 역할을 합니다.

땅은 그 자체로 고유한 자연적, 인문적 특성을 가지며, 이러한 특성들은 부동산 권리분석을 더욱 복잡하고 흥미롭게 만듭니다. 비이동성이라는 토지의 자연적 특성은 권리분석에 큰 영향을 미칩니다.

땅은 움직일 수 없어 인접한 토지와의 경계나 위치에 대한 권리 분쟁이 빈번하게 발생할 수 있습니다. 특히 한 필지 내에서도 소유권이 여러 사람에게 나뉘어 있는 공유지분의 경우, 위치 특정 문제로 인해 권리관계가 더욱 복잡해지기도 합니다.

또한, 각각의 토지마다 형태나 위치, 도로 접근성 등이 다른 개별성은 토지 간의 대체성을 현저히 낮추어 권리관계를 복잡하게 만드는 요인으로 작용합니다. 만약 누군가 정당한 토지소유자의 경계를 침범하여 건축물이나 수목 따위를 심었다면, 권리 회복을 위해 법적 다툼을 거쳐야 하는 경우가 비일비재합니다.

형질 변화의 특성 또한 권리분석에서 중요한 고려 사항입니다. 한 필지 토지 면적은 변하지 않지만, 실제 이용 상태는 소유자의 의도나 주변 환경에 따라 얼마든지 달라질 수 있습니다.

예를 들어, 임야가 농경지로 사용되거나, 논밭 위에 농업용 시설물이 들어서는 경우가 그러합니다. 이러한 토지의 용도 변화 즉 형질변경은 소유자가 직접 비용과 노력을 들여 변경할 수도 있지만, 때로는 소유자와 형질변경 행위자가 서로 다른 경우가 더러 있습니다.

오랫동안 묵시적으로나 관행적으로 이루어진 형질변경 행위는 토지소유자의 권리와 별개로 행위 한 사람의 권리를 인정하게 되는 경우가 있습니다. 이는 실제 토지이용에 투입된 노력과 비용이 토지소유자에게만 귀속되지 않고, 새로운 권리관계를 형성할 수 있음을 보여줍니다.

토지는 연접하는 이웃과의 관계 속에서 권리분석의 필요성이 나타나고, 서로서로 이어진 필지로 구분될 뿐 본질적으로 인접 토지와 불가분의 관계에 있습니다. 특히 도로와의 연결성은 토지 가치를 결정하는 매우 중요한 요소입니다. 도로에 접하지 못한 '맹지'는 건축허가를 받기 어렵지만, 과거 건축법 시행 이전에 지어졌거나 농촌지역의 경우, 관행적으로 타인 토지를 통행로로 이용하는 경우가 많았습니다. 이러한 상황에서는 비록 타인의 토지이지만, 맹지 소유자는 제한적으로 통행권을 확보하게 되고, 반대로 통행로를 제공하는 소유자는 자신의 소유권은 제한적일 수밖에 없게 됩니다.

이처럼 토지는 항상 이웃한 토지소유자들과 '상린관계'의 문제를 안고 있으며, 나의 토지이용 방식이 이웃에게 직간접적 영향을 미치기 때문에 더욱 신중한 권리분석이 요구됩니다.

결국 토지분석은 단순히 법률 지식을 넘어, 땅의 자연적 본질과 인간의 활동, 그 속에서 발생하는 다양한 관계를 총체적으로 이해하는 지혜로운 과정이라 할 수 있습니다.

이 복잡한 권리의 겹겹을 하나하나 풀어낼 때 비로소 우리는 땅과 더불어 살아가는 현명한 방법을 찾을 수 있을 것입니다.

2

토지를 엮어 가는 의사표시

우리가 사는 세상은 수많은 약속과 그 약속이 만들어 내는 권리, 의무의 관계로 얽혀 있습니다. 특히 '땅'이라는 귀한 자산을 둘러싼 관계는 더욱 그러합니다. 부동산을 사고파는 일, 빌려주고 빌리는 일, 담보로 제공하는 일은 모든 부동산활동의 밑바탕에는 개인 간의 자율적 약속, 즉 '사법(Private law)상 권리분석'의 원리가 숨어 있으며, 이 원리를 이해하는 것은 복잡하게 얽힌 부동산 관계를 안전한 거래로 나가기 위한 나침반이 됩니다.

그 시작은 바로 '의사표시'입니다. 누군가에게 내 의사를 전달하고, 그 의사가 법적 효력을 갖게 되는 과정은 마치 씨앗을 뿌려 열매를 맺는 과정과 같습니다. 예를 들어, 내가 특정 부동산을 무상으로 드리겠다는 '의사'를 품고, 이를 '표시'하여 계약이 성립되었다면, 저는 그 부동산을 넘겨줄 법적 의무를 지게 됩니다. 이것이 바로 의사와 표시가 결합되어 법률적 효과를 발생시키는 '의사표시'의 기본 개념입니다.

그러나 때로는 이 의사표시가 온전하지 못할 때가 있습니다. 마음속 의사와 겉으로 드러낸 표시가 일치하지 않거나, 외부의 부당한 간섭으로 인해 왜곡될 수 있기 때문입니다. 예로, 마음에도 없는 말을 하는 진의 아닌 의사표시, 상대방과 짜고 거짓으로 계약하는 허위표시 혹

112

은 중요한 사실을 착각하여 의사를 표시하는 착오가 있습니다.

또한, 누군가의 속임수로 사기나 강요 강박에 의해 자유롭지 못한 상태에서 이루어진 의사표시도 문제가 됩니다. 이러한 '하자 있는 의사표시'는 자칫하면 계약의 무효나 취소로 이어져 큰 혼란을 가져올 수 있으므로, 부동산 거래 시에는 상대방의 의사표시가 진정하고 자유로운지 면밀히 살펴볼 필요가 있습니다.

의사표시는 상대방에게 도달되어야 비로소 효력을 발휘합니다. 편지가 상대방에게 도착해야 의미가 있는 것처럼, 의사표시도 상대방이 알 수 있는 상태에 놓여야 법적 효력을 갖는다는 '도달주의'가 우리 민법의 원칙입니다. 만약 상대방을 알 수 없거나 그 소재를 파악하기 어렵다면, '공시송달'이라는 특별한 제도를 통해 의사표시의 효력을 발생시킬 수도 있습니다.

이처럼 의사표시의 개념과 효력 발생 시점을 이해하는 것은 부동산 계약의 유효성을 판단하는 데 매우 중요한 기준이 될 것입니다.

-토지 위에 그려진 권리를-

의사표시를 통해 형성된 약속들이 주로 사람과 사람 사이의 관계에서 채권을 규율한다면, '물권(物權)법'은 특정한 물건에 대한 사람의 직접적 지배관계를 다루는 것으로, 물권은 '물건에 대한 권리'라는 뜻 그대로, 땅이나 건물 같은 물건을 직접 사용하고, 수익하고, 처분하는 힘을 의미합니다. 이는 다른 사람의 간섭 없이 내가 가진 물건을 배타적으로 지배할 수 있는 '절대적 권리'의 성격을 가집니다.

물권의 가장 대표적 형태는 바로 '소유권'입니다. 소유권은 물건을 전면적이고 포괄적으로 지배할 수 있는 가장 강력한 권리입니다. 마치 땅의 주인이 그 땅 위에서 무엇이든 할 수 있는 것처럼 말입니다. 그러나 소유권 외에도 '제한물권'이라는 다양한 형태의 물권이 존재합니다. 이는 소유권이라는 특정하는 측면을 제한하여 다른 사람에게 사용을 허락하는 용익물권, 채무 이행을 담보하는 수단으로 활용하는 담보물권의 경우입니다. '용익물권'은 물건의 사용 가치를 지배하는 권리인데, 예를 들어, 지상권은 타인의 토지에 건물이나 수목을 소유하기 위해 그 토지를 사용할 수 있는 권리이고, 지역권은 내 토지의 편익을 위해 타인의 토지를 이용할 수 있는 권리입니다.

또한, 전세권은 전세금을 주고 타인의 부동산을 점유하여 사용하고 수익을 얻는 권리입니다. 이들은 모두 소유권자가 자신의 땅을 직접 사용하지 않더라도, 다른 사람에게 사용권을 부여함으로써 땅의 가치를 활용하는 방식입니다. 반면, '담보물권'은 채권의 이행을 담보하기 위해 물건의 교환 가치를 지배하는 권리입니다.

가장 흔한 예가 바로 '저당권'입니다. 우리가 은행에서 대출받을 때 부동산을 담보로 제공하고, 만약 대출금을 갚지 못하면 은행이 그 부동산을 경매에 넘겨 채권을 회수하는 것이 저당권의 핵심입니다. 유치권이나 질권 또한 담보물권의 한 형태로, 채권자가 채권을 변제받을 때까지 물건을 유치하거나 담보물을 처분하여 우선, 변제를 받는 권리입니다.

아파트 너머로 땅으로

이러한 물권들은 채권에 비해 강력한 효력을 가집니다. 원칙적으로 동일한 물건에 대해 물권과 채권이 동시에 성립하면 물권이 우선하는 '물권 우선의 원칙'이 적용됩니다. 이는 부동산 거래에서 물권의 중요성을 다시 한번 강조하는 부분입니다.

또한 물권의 변동이라는 발생, 변경, 소멸은 외부에서 명확히 인식할 수 있도록 '공시'되어야 한다는 원칙이 있습니다. 부동산의 경우 등기를 통해 물권 변동을 공시하며, 이는 거래의 안전을 확보하려는 중요한 역할입니다.

결론적으로, 부동산 권리분석에서 의사표시와 물권법은 마치 땅을 지탱하는 두 기둥과 같습니다. 의사표시는 개인 간의 약속을 법적으로 유효하게 만들고, 물권은 그 약속의 대상인 땅에 대한 권리관계를 명확히 합니다. 이 복잡하면서도 체계적 법률적 틀을 이해함으로써 우리는 부동산이라는 소중한 자산을 더욱 현명하게 관리하고, 예측 불가능한 분쟁으로부터 스스로 보호할 수 있을 것입니다.

3

토지개발로 이익이 생기면 일부는 환수

'땅'은 단순한 사유재산을 넘어선 복잡한 의미가 있습니다. 특히 경제 성장과 함께 도시화가 빠르게 진행되면서, 개발을 통해 땅값이 폭등하고 이것으로 인하여 발생하는 불로소득, 즉 개발이익이 사회적 불평등과 투기를 심화시키는 주요 원인으로 지목되기 시작했습니다.

이러한 문제의식에서 출발하여, 땅은 개인의 소유물이지만 동시에 공공의 이익을 위한 수단이 되어야 한다는 '토지공개념' 사상이 등장했고, 개발이익 환수제도는 이 토지공개념을 구현하기 위한 핵심적인 정책 도구 중 하나로 자리 잡게 되었습니다.

'80년대 후반부터 '90년대 초반, 우리 사회는 부동산 가격의 급등과 투기 현상으로 몸살을 앓았습니다. 정부의 각종 개발 사업 추진과 토지 이용 규제 완화는 필요 용지의 공급을 원활하게 하는 긍정적 측면도 있었지만, 동시에 개발 가능성이 있는 지역의 땅값이 비정상적으로 치솟고 여기에 투기 세력까지 가세하면서 서민들의 주거 안정과 경제적 기반을 위협하는 심각한 사회 문제로 대두되었습니다.

이러한 배경 속에서 토지에서 발생하는 개발이익은 '사회적 기여'의 결과물이므로, 이를 개인에게만 귀속시키기보다는 공공이 환수하여 재분배해야 한다는 인식이다. 이 제도는 이러한 문제들을 해결하고,

아파트 너머로 땅으로

토지 투기를 방지하며, 토지의 효율적인 이용을 촉진하여 궁극적으로 국민경제의 건전한 발전에 이바지한다는 숭고한 목표를 가지고 탄생하게 됩니다. 즉, 무분별한 땅 투기를 막고, 개발로 인한 불로소득을 사회 전체가 공유함으로써 공평한 사회를 만들어 가려는 염원이 담겨 있었던 것입니다.

개발이익 환수제도는 '90년에 처음으로 도입되어 초기에는 택지개발, 산업단지 조성 등 30여 개에 달하는 개발 사업에 대해 개발이익의 50%를 부과하는 형태로 시행되었으나, 이는 심각했던 부동산 투기 상황을 반영한 강력한 의지의 표현이기도 했습니다.

하지만 제도가 도입된 후에 2000년대 초기 50%였던 부과율은 2000년 1월 1일부터 25%로 인하되었습니다. '97년 불어닥친 외환위기는 제도의 존폐를 위협하는 큰 시험대였습니다. 2005년 8월 31일 법률 개정을 통해 제도의 필요성이 확인되었다. 이후 경기 활성화와 소규모 개발 사업자의 부담 완화를 목적으로 2017년 1월 1일부터 2019년 12월 31일까지 한시적으로 부과 대상 토지와 면적 기준을 완화하는 특례를 두기도 했습니다. 이러한 특례는 일시적으로 시장의 부담을 덜어 주었지만, 때로는 난개발이나 과유불급의 개발을 부추기는 역효과가 있다는 지적이 나오기도 했습니다.

개발이익 환수제도는 이처럼 투기 억제와 공평한 분배라는 대의를 가지고 시작되었으나, 시장의 상황과 정책적 목표에 따라 변화와 조정을 거듭하며 우리 사회의 토지 문제와 함께 성장해 왔습니다. 이 제도는 앞으로도 땅의 공공적 가치를 실현하기 위한 중요한 지표가 될 것으로 보입니다.

-개발이익에서 개발 비용은 빼 준다-

개발이익의 산정은 사업이 종료된 시점의 공시지가를 기준으로 부과 대상 토지 가액에서, 사업을 시작할 당시의 공시지가 가액을 빼 주고, 부과하는 기간의 정상지가상승분도 빼 주고, 개발비용도 빼 주고, 남는 이익에서 부담률 25% 또는 20% 적용하여 산출합니다.

핵심은 사업 전·후의 토지 가치 증가분에서 정상적 지가 상승과 합리적 개발 비용을 뺀 순이익에서 비율만큼 환수하는 것으로 사업시행자가 국가 또는 지자체로부터 개발 사업 인가 등을 받은 날을 개시 시점으로 하고 예외적으로 인가 전 일정 기간 이내에 토지이용계획 변경이나 인가 변경으로 대상 면적이 변경한 때는 그 기준일을 적용합니다.

결국 개발 사업의 준공인가 등을 받은 날을 종료 시점으로 하고, 예외적으로 해당 토지가 사용되거나 분양·처분되는 등은 그 행위가 이루어진 날을 종료 시점으로 인정할 수 있으며, 개발 비용 산정은 순공사비에는 재료·노무·경비를, 조사비에는 측량·영향평가·매장문화재조사 등을, 설계비, 일반관리비, 기부채납 가액, 제세공과금, 보상비를 인정하고, 소규모·단순 용도변경 등은 단위 면적당 표준비용 적용이 가능하게 되어 있습니다.

소유자가 할 수 없는 때는 대체로 비용 산정은 '연구 용역기관'에서 산출명세서를 제출하고 있으며, 결국에는 개발로 인한 순이익을 정상지

아파트 너머로 땅으로

가 상승분과 개발 비용을 공제한 뒤 정해진 부담률로 환수하는 제도로 사업 기간이 길어질수록 지가가 인상되어 부담이 커지는 경우가 종종 있어 불필요한 개발은 결국 차후 무거운 부담금으로 돌아올 수 있습니다.

4

토지를 왜 알아야 하는가?

토지 공부가 어렵다거나, 가슴이 답답해지면서 복잡하다는 것을 느낄 수가 있습니다. 무엇이든 절차와 형식, 방법이 있듯이 토지도 그렇습니다. 국토를 어떻게 이용할 것인가는 정부가 20년 단위로 장기 발전 계획을 세우는데, 지금은 '2040을 향하는 계획이 진행되는 시기이고 이보다 하위 계획에 해당하는 광역도시와 도시기본계획 도시관리계획 등을 구체화한 것이 '토지이용계획확인서'이다.

내가 사는 곳은 어떠하고, 우리 마을은 어떤 계획을 정해 놓았나, 토지의 용도나 규모, 건축물의 높이 등 토지이용에 대한 것을 소유자에게 규제하는 것이 무엇인지, 토지의 물리적 기초적 정보가 기록된 땅의 종류나 면적, 형태 등을 적어 놓은, 즉 국가가 가지고 있는 공적 장부를 알아가는 것입니다.

소유자의 권리나 이용 등을 기록해 놓은 등기사항증명서 같은 단어들은 마치 전문가들만 이해할 수 있는 암호처럼 느껴지기도 하나, 사람들이 토지 공부를 멀리하거나 부동산 거래와 처분, 이용과 개발은 전문가에게만 의존하는 경향이 있습니다.

하지만 토지 공부는 결코 전문가들만의 영역은 아니며, 우리 모두의 삶과 직결된 문제이며, 알면 알수록 큰 힘이 되는 지식으로 귀결될 것

아파트 너머로 땅으로

입니다. 그것은 내 재산을 내가 지키고, 내가 사고자 하는 어떤 토지가 최유효 이용을 할 수 있는가, 지속 가능한 국토 보전을 유지하면서 이용과 개발을 해나가는 현명한 결정들을 내리기 위해서입니다.

집이나 땅을 사고팔거나 임대차 계약을 맺고자 할 때, 토지에 대한 기본적인 지식이 없다면 불필요한 위험에 노출될 수 있습니다. 복잡한 서류 내용을 제대로 이해하지 못하거나, 관련 법규를 정확히 알지 못해 손해 보는 경우가 실제로 많이 발생하고 있으며, 토지 공부는 이러한 위험으로부터 재산권을 보호받을 수 있는 기본적 쉴드(shield)를 치는 것입니다.

또한, 토지 공부는 우리가 살고 있는 주거 환경과 지역사회를 깊이 이해하는 데 도움을 주고, 우리 집이 어떤 땅 위에 서 있는지, 주변 지역은 어떤 용도로 지정되어 있는지, 앞으로 어떻게 개발 계획이 서 있는지 알게 되면 삶의 공간을 이해하고 예측할 수 있습니다.

이는 단순히 개적 차원을 넘어, 우리가 살고 있는 지역 공동체 문제에 관심을 가지고 참여하는 동기부여가 되기도 합니다. 토지는 우리 사회의 경제와도 밀접하게 연결되어 있으며, 토지 가격의 변동은 가계 경제에 큰 영향을 미치고, 토지 관련 정책으로 정부가 발표하는 조선 업계가 자동차 업계가 원전 시설 업계가 내 땅 근처에 우리 시군 안으로 들어선다는 것은 국가 경제 전반에 영향을 주니까 결국, 가격변동이 따르게 된다는 것입니다.

토지 공부를 통해 이러한 경제적 흐름을 이해하게 되면, 더 합리적인 경제 활동을 계획하고 미래를 대비하는 데 도움이 될 것입니다.

사람들이 토지 공부를 어렵게 생각하지만, 사실 토지 관련 지식은 우리 일상생활 속에서 쉽게 접할 수 있는 것들입니다. 우리가 사는 집의 주소, 땅의 모양, 주변의 건물들 모두 토지와 관련이 있습니다. 어려운 용어들도 차근차근 배우고 익숙해지면 충분히 이해할 수 있습니다. 마치 외국어를 처음 배울 때처럼, 기본적 단어부터 시작하여 문장을 만들고 대화하는 것처럼 말입니다.

토지 공부는 단순히 지식을 쌓는 것을 넘어, 우리 삶에 대한 주체적인 태도를 가지게 합니다. 이것을 남의 일처럼 여기지 않고 스스로 정보를 찾아 판단하며, 필요한 경우 전문가와 대등한 입장에서 소통할 수 있어, 이는 곧 우리 삶의 중요한 부분을 스스로 결정하고 책임지는 힘을 기르는 과정입니다.

5

K 국토는 미래를 담는 그릇이고 약속

우리가 살아가는 이 소중한 국토는 단순히 지리적 공간을 넘어, 앞으로 펼쳐질 수많은 내일을 담아낼 거대한 '그릇'과도 같습니다. 이 그릇을 어떻게 빚고, 무엇으로 채워 나갈지는 우리 모두의 깊은 고민과 체계적 계획 없이는 완성될 수 없을 것입니다. 그리고 그 핵심에는 바로 국토기본법이라는 든든한 약속이 자리하고 있습니다.

2003년 이후 오늘에 이르기까지 국토기본법이 국토계획의 가장 높은 곳에서, 국토의 건전한 발전과 국민 모두의 복리 향상을 목표로 묵묵히 제 역할을 해 왔습니다. 생각해 보면 참 놀랍습니다. 70년대, 격동의 시기에는 '개발'이라는 단어 아래 사회 간접 자본을 확충하고 산업 발전을 그리는 데 집중했던 이 그릇이, 2000년대에 들어서는 '균형적 국토' '녹색국토' 그리고 '지속 가능한 발전'이라는 새로운 가치들을 담기 시작했으니 말입니다.

지금, 우리가 함께 만들어 가고 있는 '2040 제5차 국토계획'은 그야말로 우리의 삶과 가장 가까이 닿아 있는 계획이 아닐 수 없습니다. 일과 생활의 균형, 건강한 삶, 공유경제 그리고 풍요로운 여가문화 등 그동안 우리가 마주했던 지역 간의 격차와 단절을 해소하고자 하는 염원이 고스란히 담겨 있습니다. 이처럼 국토계획은 멀리 있는 정책이 아

123

니라, 매일매일 우리 국민 한 사람 한 사람의 삶에 직접적으로 스며들어 있습니다.

이 모든 계획의 중심에는 '균형발전'이라는 중요한 축이 있습니다. 국가와 지방자치단체가 각 지역의 고유한 특성을 살려 개성 있고 자립적 경쟁력을 갖추도록 돕고, 모든 국민이 안정되고 편리한 삶을 누릴 수 있는 국토 여건을 조성해야 한다는 강력한 의지입니다. 수도권과 비수도권, 도시와 농촌, 대도시와 중소도시 간의 크고 작은 격차를 해소하고, 삶의 기반이 취약했던 지역에 새로운 활력을 불어넣으며, 나아가 지역 간의 활발한 교류와 협력을 촉진하는 것은 우리 사회가 함께 나아가야 할 아주 중요한 방향입니다.

특히 2025년 이후, 지방시대위원회에서 제시하는 '비수도권을 위한 5극 3특 메가시티 구상'과 같은 구체적 노력은 이러한 균형발전의 오랜 염원이 마침내 현실로 구현되는 뜻깊은 시도가 아닐까? 생각합니다.

그리고 국토계획은 인간만의 공간을 넘어 자연과 공존하는 아름다운 삶터를 꿈꿉니다. '환경과의 조화'는 국토계획이 추구해야 할 또 다른 중요한 기둥이지요. 무분별한 개발을 경계하고, 우리 주변의 자연 생태계를 통합적으로 관리하고 보전하며, 훼손된 곳이 있다면 기꺼이 복원하는 시책들은 인간이 자연과 더불어 쾌적하게 숨 쉬는 환경을 조성하는 데 필수적입니다.

국토의 지속가능성을 정량적으로 측정하고 평가하는 지표들을 정책에 반영하는 과정은 국토관리의 효율성과 투명성을 높이며, 우리 후손들에게 건강한 환경을 물려주기 위한 책임감 있는 발걸음입니다.

아파트 너머로 땅으로

이처럼 K-국토는 단순한 영토가 아니라, 과거의 교훈을 거울삼아 현재를 성찰하고, 미래 세대의 삶까지 배려하는 우리의 깊은 지혜와 약속이 담긴 거대한 '그릇'입니다. 우리가 이 그릇을 어떻게 채워 나갈지는 바로 미래를 담는 그릇이고 약속입니다.

계획으로 층위로 지방시대로

국토계획을 체계적으로 수립하고 집행하기 위한 명확한 절차와 층위를 제시하는데, 국토계획은 이용·개발 및 보전을 할 때 미래의 경제적·사회적 변동과 발전 방향을 설정하고 이를 달성하기 위한 계획을 의미합니다.

이는 국토 전역을 대상으로 하는 국토종합계획을 최상위로 하여, 도·시군 종합계획, 특정 지역계획과 부문별계획은 이들 계획이 서로 조화를 이루며, 상위 계획이 하위 계획의 기본이 되는 위계적 관계이다. 국토종합계획이 20년을 단위로 수립되고, 다른 계획들도 이를 고려하여 수립 주기를 맞추는 것은 장기적 관점에서 일관된 국토 발전을 이루기 위함입니다.

이러한 계획들은 국토교통부의 주도 아래 수립됩니다. 중앙행정기관과 시·도지사는 이에 반영되어야 할 정책이나 사업에 관한 계획안을 제출하고, 국토교통부는 이를 바탕으로 작성합니다. 계획수립 과정에서는 공청회를 열어 일반 국민과 전문가의 의견을 수렴하고, 국토정책위원회와 국무회의의 심의를 거쳐 대통령의 승인을 받는 등 민주적 절차와 전문성을 확보하려 노력하며, 특히 최근에는 시·도지사가 특례로 초광역권 계획을 수립하고 변경할 수 있도록 하여, 비수도권의 자

아파트 너머로 땅으로

생적 발전을 위한 지역 주도의 계획수립을 가능하게 하고 있습니다.

이는 지역의 특성과 필요성을 반영한 맞춤형 발전을 유도하려는 중요한 변화이며, 수립된 계획은 단순히 문서로만 존재하는 것이 아니라, 실제 국토에 구현되어야 합니다.

이를 위해 중앙행정기관과 시·도지사는 이 내용을 소관 업무와 관련된 정책계획에 반영하고, 실행하기 위한 실천 계획을 수립하여 국토교통부에 제출해야 하고, 이 실천 계획의 추진 실적을 정기적으로 평가하여 그 결과를 국토정책 수립과 집행에 반영함으로로써 지속 가능한 국토 발전이 될 것으로 봅니다.

결론적으로 국토 기본법제는 국토의 현재를 진단하고 미래를 설계하는 중요한 청사진으로, 단순한 개발을 넘어 균형 잡힌 성장, 환경과의 조화 그리고 지속가능성을 추구하며 국민 모두의 삶의 질을 높이는 복잡다단의 이해관계 속에서 이러한 원칙을 지켜나가며 국토를 가꾸는 일은 끊임없는 노력과 지혜를 요구하게 됩니다.

이것은 지방에 기회 발전 특구에서 첨단전략산업으로 도심 융합 특구에 이르기까지 인구소멸 지역에 생활 인구를 더 늘려 갈 것으로 예상됩니다.

7

딛고 선 이 땅은 '토지국밥'

우리가 매일 발 딛고 서 있는 이 땅을 우리는 흔히 '내 것'이라고 여기곤 합니다. 소유권이라는 이름의 아래에서, 때로는 무한한 자원처럼 느껴지기도 하는데, 조금만 더 깊이 들여다보면 이 대지는 무한하지 않고 그 활용에는 반드시 질서와 지혜로운 규제가 필요하다는 걸 우리는 지나간 시간의 경험을 통해 절실히 깨달았습니다.

무질서한 개발이 결국은 난개발을 초래하고 자연환경을 훼손하고, 종국에는 우리의 삶의 질까지 깎아내리는 뼈아픈 역사로 남게 된다는 것입니다.

이러한 깊은 문제의식을 바탕으로 국토를 더 건강하고 지속 가능하게 지키고자 하는 약속이 바로 '토지이용규제 기본법'에 담겨 있습니다. 이 법은 단순히 토지를 규제하기 위함이 아닙니다. 토지이용과 관련된 다양한 지역, 지구 등의 지정과 그 관리의 기본 원칙을 세워, 규제의 투명성을 확보하고, 국민이 자신의 땅을 이용하면서 겪을 수 있는 불편함을 덜어 주어 우리 모두의 삶과 국민경제 발전에 이바지하려는 깊은 뜻을 품고 있습니다.

다른 어떤 특별한 규정이 있다고 하더라도, 이 법의 원칙을 따르도록 명시되어 있다는 점입니다. 각 지역·지구의 지정 목적과 기준 그리고

128

행위 제한 내용을 구체적이고 명확하게 규정함으로써, 규제의 예측 가능성을 높여 주는 친절한 안내서가 되어준다는 것입니다.

하지만 토지 규제의 현실은 때론 복잡하고 어렵게 느껴지기도 합니다. 이 법은 임의로 토지이용을 규제하거나 제한하지 않으며, 새로운 규제를 신설하는 것을 더욱 엄격하게 제한하겠다고 약속하고 있지만, 현실에서는 무려 100여 개의 법령에서 파생된 300개가 넘는 다양한 규제들이 땅을 둘러싸고 있습니다. 계획관리지역이나 자연녹지지역은 물론, 학교시설, 가축 사육 제한 시설, 군용지 시설, 폐수배출시설, 관광시설 등 셀 수 없이 많은 규제가 우리의 삶과 밀접하게 연결되어 있습니다.

몇 년 전 공인중개사 수강생이 이러한 기타 시설규제를 제대로 파악하지 못하고 토지를 취득하였으나, 개발행위 허가를 받지 못했다는 사례를 상담하면서 수강이 끝난 뒤에서야 이처럼 복잡한 규제의 중요성을 일깨워 준 일이 이었습니다.

그렇기에 새로운 토지 규제를 만들거나 변경하려 할 때는, 아무나 뚝딱 결정할 수 없습니다. 중앙행정기관이나 지방자치단체장은 법령이나 규칙으로 입법하기 전에 반드시 '토지이용규제 심의위원회'의 엄격한 심의를 거쳐야 합니다. 신설되는 지역·지구가 기존과 유사하거나 중복되지는 않는지, 명확한 목적은 무엇이며 지정 기준은 구체적인지 그리고 다른 지역·지구와 균형을 이루는지 등 다방면으로 종합적인 검토가 이루어지는 과정을 검토하게 되는 것입니다.

건축물의 건축, 공작물의 설치, 토지의 형질변경 등 개발 사업에 지장을 줄 수 있는 행위들은 관계 행정기관의 허가나 변경 허가를 받도록 구체적으로 정하고 있으며, 동시에 불필요한 규제를 줄이는 지혜도 담겨 있습니다.

이러한 과정은 단순히 행정적 절차를 넘어, 우리 사회의 민주성을 지키는 중요한 통로가 되며, 선거 때마다 민주적 행정을 약속하는 많은 리더의 목소리를 듣습니다. 그렇다면 그들의 공무담임권이 법규와 행정 절차에 맞춰 민주적으로 잘 행사되고 있는지는, 토지소유자나 시민들이 가만히 두고만 볼 일은 아닙니다. 규제 신설을 할 때는 주민들이 예고기간 동안 의견서를 제출할 수 있고, 그 결과는 제출자에게 통보됩니다. 이러한 절차는 토지이용에 직접적 영향을 받는 우리 주민들의 권리를 보호하고, 정책 결정 과정에 민주성을 더하는 매우 중요한 과정입니다. 또한, 지역·지구 등이 지정되면 그 내용을 명확히 알리기 위해 '지형도면'을 작성하고 고시함으로써, 자신의 땅이 어떤 규제를 받는지 명확히 알 수 있게 되어 불확실성을 해소하는 데 큰 역할을 합니다.

따라서 이러한 형식을 '토지국밥'이라 말하고 싶습니다. 그것은 돼지국밥이라는 메뉴가 우리에게 친근감을 주듯이 토지는 국토계획법이 밥처럼 중요하다는 뜻입니다. 그러므로 발을 딛고 선 이 땅은 그저 숫자로 나열된 무미건조한 자산목록이 아니라 이곳에는 수많은 삶과 이야기가 숨 쉬고 있으며, 미래 세대가 살아갈 터전이기도 하기 때문입니다.

이 제도를 이해한다는 것은 더 나은 미래로 향하는 시민으로서의 목소리를 내고 소중한 권리를 지켜 이 땅을 살아 있는 이야기의 공간으로 만들 수 있기 때문입니다.

아파트 너머로 땅으로

8

도시기본계획의 예정 용지가 도시지역으로

국토계획 제도는 국토를 효율적으로 관리하기 위하여 다양한 층위의 계획을 유기적으로 연결하고 있습니다. 마치 새가 하늘 위에서 아래를 본다는 뜻의 조감도나, 병 속에 물을 담을 때 쓰는 깔때기처럼 큰 것에서 작은 것으로 단계적으로 짚어 가듯이 국토의 미래 청사진을 제시하는 것입니다.

국토계획 아래 가장 넓은 범위의 계획은 둘 이상의 행정 구역이 서로 걸쳐지게 지정하는 광역도시계획으로 서울과 경기, 인천이나 동남권의 부산과 울산, 경남의 중추 도시들이 하나의 계획으로, 여럿이 얽혀 있는 도시가 함께 꾸는 꿈과 같습니다. 그리고 이 광역도시계획을 바탕으로 특별시, 광역시, 시군의 관할구역에 대해 수립하는 공간구조와 발전 방향에 대한 도시계획이 있습니다.

도시계획은 다시 두 가지 중요한 축으로 나누는 도시기본계획입니다. 이것은 해당 지역의 기본적 공간구조와 장기 발전을 제시하는 종합계획으로서, 도시의 나침반과 같은 역할을 하게 됩니다. 이 계획은 도시관리계획의 지침이 되는 것입니다.

도시관리계획은 도시기본계획의 방향을 구체화하는 것으로 개발하고 정비 보전하기 위하여 수립하는 계획으로, 용도지역·지구·구역의 지정 변경, 기반 시설의 설치·정비·개량 그리고 도시개발사업이나 정비사업, 지구단위계획 등 실제 토지이용에 직접적인 영향을 미치는 세부적인 사항들을 결정합니다.

이러한 계획들은 중앙행정기관이 법률에 따라 수립하거나 국가의 정책적 목적을 위하여 수립하는 국가계획과도 긴밀하게 연동됩니다. 국가계획의 내용이 도시기본계획이나 도시관리계획에 포함되어야 할 경우, 그 지역의 계획에 우선 적용될 수 있습니다. 가령 자동차나 철강은 울산에, 화학 친환경에너지는 전남에, 소형모듈원전이나 방위산업은 창원에 중심을 두는 것처럼 다양한 층위의 계획들이 서로 조화를 이루며 국토의 효율적 이용과 관리를 위한 큰 그림을 완성해 나가고 시가지 예정 용지를 도시지역으로 지정하여 나가는 것으로 기본계획이 주요한 행정계획이라고 말할 수 있습니다.

따라서 어떤 토지를 매매 한다면 깔때기 모양처럼 넓은 부분에서 좁은 부분까지 제도와 계획을 점진적으로 좁혀 가면서 분석해야 하는 것입니다.

아파트 너머로 땅으로

9

토지의 옷은 지역·지구·구역

계획 속의 아름다운 질서를 만드는 것이 무엇이며 이렇게 넓은 국토를 가만히 들여다보면, 마치 각각의 목적에 맞게 단정히 옷을 입고 있는 듯한 모습을 발견할 수 있습니다. 바로 용도지역, 용도지구, 용도구역이라는 개념들입니다. 이들은 단순히 토지에 제한을 가하는 것을 넘어, 땅에 특정한 기능을 부여하고 그에 맞는 '옷'을 입힘으로써 국토를 효율적이고 계획적으로 이용하기 위한 약속이었습니다.

지금의 도시화 현상과 비교하여 보면 상대적으로 수도권의 경우는 도시지역을 좁게, 비도시지역을 넓게 구분하였고, 지방의 경우는 도시지역을 넓게, 비도시지역을 좁게 하여 보전과 개발의 적정 편차가 넘어서는 인구 밀집과 소멸이라는 측면으로 다가왔습니다. '72년, '82년, '92년에 세웠던 국토종합계획과 도시계획은 결과론적으로 지금의 현실과는 들어맞지 않다는 것에 우리는 동의하여야 할 것입니다.

용도지역은 옷장의 가장 큰 칸을 차지하는데, 주거지역, 상업지역, 공업지역, 녹지지역처럼 토지의 본질적 쓰임을 정해 주고 그에 따라 건물 높이나 용적률 등을 제한하여 도시의 기능이 서로 부딪히지 않고 조화롭게 분화되도록 돕는 것으로, 토지를 경제적이면서 효율적으로 이용하자는 것이고, 동시에 우리 모두의 삶이 더욱 윤택해질 수 있도

133

록 공공복리를 증진시키는 기초적 토대가 되는 것입니다.

마치 전체적 스타일을 결정하는 '기본 재킷'과 같다 할까요? 그 위에 입혀지는 옷이 바로 용도지구입니다. 용도지역이라는 큰 틀 위에서 때로는 규제를 강화하거나 완화하여, 경관을 보호하고 재해를 예방하는 세밀한 관리가 가능하게 합니다. 예를 들어, 중요한 경관을 보호하기 위한 '경관지구'나 주거환경을 정비하기 위한 '취락지구'처럼, 특정 용도지역에 아름다운 무늬나 필요한 주름을 더하는 '액세서리'와 같다고 볼 수 있습니다.

마지막으로, 도시의 전체적 실루엣과 성장 방향을 조절하는 '코트' 같은 존재가 용도구역입니다. 시가지가 무질서하게 팽창하는 것을 막고, 계획적이고 단계적 토지이용을 하고자 토지이용의 종합적 조정과 관리를 위하여 지정됩니다. 개발제한구역, 도시자연공원구역 그리고 최근 더욱 중요해지고 있는 도시혁신 구역 등이 여기에 해당합니다. 이들은 도시의 미래를 좌우하는 매우 중요한 역할을 하는데, 이러한 용도별 구분은 단순히 재산을 제한하자는 족쇄가 아니라, 국토의 무분별한 난개발을 방지하고 각 지역의 고유한 특성을 살려 계획적 발전을 유도하자는 '지혜로운 장치'입니다.

이러한 큰 그림 안에서 국토계획이 구체적 현실로 나타나기 위한 다양한 개발 사업들이 규정되고, 도시의 혈관이자 신경망과 같은 도시계획시설도 빼놓을 수 없습니다. 도로나 공원, 학교, 하수도처럼 국민 생활에 필수적 기반 시설들이 바로 도시관리계획으로 결정된다는 것입니다.

이러한 시설들을 설치하고 정비 개량하는 사업뿐만 아니라, 주거 상업, 산업 등 복합적 기능을 가진 새로운 단지를 조성하는 도시개발사업이나 노후 불량 건축물을 정비하고 주거환경을 개선 정비하는 사업 역시, 도시의 기능을 회복하고 재생하는 새로운 성장 동력의 확보이고, 필수적 역할을 하게 되는 것입니다.

이 모든 원칙은 국가계획에 부합해야 한다는 전제 아래 광역도시계획이나 도시계획이 국가계획과 다를 경우에는 국가계획이 우선하며, 이렇게 하는 것은 국토 전체의 통일성과 일관성을 유지하기 위한 핵심 장치입니다. 동시에 국가계획을 수립하는 중앙행정기관이 지방자치단체의 의견을 듣고 충분히 협의해야 함으로써, 중앙과 지방의 조화를 추구하고 있습니다.

그러니 토지를 매수하거나 개발 계획을 세울 때, 이러한 '토지의 옷'에 대한 이해와 국가적 계획의 순서를 인지하지도 않고 뛰어드는 것은 마치 지름길인 줄 알고 갔다가 낭패를 보는 것과 같습니다.

토지는 단순히 이 자리에 있는 흙이 아니라, 복잡하지만 아름다운 질서 속에서 삶을 지탱하고 미래를 담아내는 살아 있는 공간이고 이 옷의 의미를 이해할 때, 우리는 비로소 토지와 현명하게 소통할 수 있을 것입니다.

10

공간 재구조화 계획으로 다각적으로

도시가 과밀화되니까 공간구조를 다시 짜보자는 것인데, 제도권으로 받아들인 것이 '24년 작년부터다. 건물 짓는 것을 넘어 도시 미래를 그리는 큰 그림이라고 할 수 있는 재구조화의 가장 큰 영향은 바로 신속하고 유연한 도시 공간 재편이 가능해진다는 점입니다. 기존 도시계획 수립이나 변경에는 많은 시간과 절차가 필요했지만, 공간 재구조화 계획을 통하면 이 기간이 단축되어 도시를 빠르게 재편할 수 있게 된다는 것입니다.

이는 변화하는 사회와 수요에 발맞춰 도시가 민첩하게 대응할 수 있는 기반을 마련해 주는 계획입니다. 그리고 혁신적 공간 창출을 지원한다는 점입니다. 예를 들어, 도시혁신 구역과 같은 새로운 용도구역을 지정하고 계획을 수립할 때, 공간 재구조화 계획이 필수적으로 활용되는데, 이 공간혁신 구역에서는 기존 도시계획 체계에서 벗어나 토지의 용도나 밀도에 얽매이지 않고 혁신적 공간 조성을 할 수 있다는 것입니다.

하지만 무분별한 개발을 막기 위한 장치도 마련되어 있는데, 주변 지역에 미치는 영향 검토를 의무화하여 구역 지정의 남발을 방지하고, 체계적 개발을 유도할 것입니다.

아파트 너머로 땅으로

이것은 도시의 지속 가능성을 높이는 데는 좋으나, 단순히 개발만 하는 것이 아니라, 그 주변 환경과 조화를 중요하게 생각한다는 의미입니다. 도시기본계획 중심에서 생활권 중심의 도시 발전계획으로 삶에 더 밀접한 공간을 중심으로 도시를 계획하는데, 시민들의 생활 만족도를 높이고 실제로 체감할 수 있는 쾌적하고 편리한 도시 환경을 만들 수 있도록 하는 것은 복합적이고 종합적 고려를 통하여 도시 개발의 질을 높이는 것입니다. 공간 재구조화 계획수립은 기반 시설, 경관, 환경에 미치는 영향은 물론, 도시 환경 개선과 정비, 도시 개발 수요와 지역에 미치는 사회적, 경제적 파급효과까지 다각적으로 검토합니다. 결국 공간 재구조화 계획은 신속 재편으로 혁신적 공간 창출, 생활권 중심의 종합적 미래 도시 개발의 새로운 방향을 제시하고자 하는 것입니다.

11

도시혁신 구역과 복합용도구역으로
시너지효과를

도시계획에서 구역이라고 하면 생각나는 것은 GB 구역과 도시자연공원구역인데, 이것은 도시계획으로 혁신적 공간을 조성할 필요가 있는 곳에, 지정하는 새로운 개념의 용도구역으로. 기존에는 도시계획이 '용도지역'이라는 큰 틀 안에서 엄격하게 규제되었으나 도시혁신 구역에서는 기존 도시계획 체계를 벗어나 토지와 건축물의 용도, 건폐율, 용적률, 높이 등을 자유롭게 결정할 수 있습니다. 새로운 상상력을 발휘할 수 있는 '프리스타일' 또는 White zone으로 볼 있으나, 자칫 개발이 과할 수 있는데, 수도권이나 대도시권 중심의 개발보다 지방시대로 나가기 위한 개발에 이러한 구역을 지정하면 좋을 것 같습니다.

그러나 급변하는 도시 환경과 새로운 수요에 빠르게 대응하기 위하여 기존의 경직된 규제로는 한계가 있었고, 도시혁신 구역은 이러한 한계를 넘어 유연하고 창의적으로 개발하자는 것이고, 특정 지역에 혁신적 비즈니스 모델, 주거 형태, 문화시설 등이 복합적으로 들어설 수 있도록 지원하여 도시 전체의 활력을 불어넣고 새로운 가치를 창출하고자 하는 것입니다.

또한 민간이 주도적으로 혁신 사업을 제안하고 추진할 수 있는 길이 열리게 되어 복잡한 절차와 규제에 묶였던 잠재적 개발 기회가 실현

될 수 있고, 가장 큰 특징으로는 도시혁신 구역 내에서는 용도지역, 용도지구, 용도구역 등 토지이용계획과 관련된 모든 규제를 받지 않고 토지·건축물의 용도, 건폐율, 용적률, 높이 등을 자유롭게 결정할 수 있다는 것입니다.

그리고 다른 특례를 적용받는 것은 주택법 주차장법 문화예술진흥법 '건축법, 공원녹지법' 등 다양한 관련 법규에 대한 특례를 받을 수 있고, 개발 사업을 더욱 유연하게 추진할 수 있습니다. 예를 들어 부설주차장 설치 기준이 완화되거나, 녹지확보 기준이 조정될 수도 있고, 업무, 주거, 상업, 문화 등 다양한 기능이 한데 어우러진 복합적 공간을 조성하는 데 유리합니다. 이 구역에서 도시개발법으로 사업을 할 때는 사업시행자 지정을 의제하고, 절차가 간소화되어 결과적으로 도시의 잠재력을 최대한 끌어내고, 새로운 시대를 맞는 유연하고 창의적 도시공간을 만들 수 있습니다. 이것은 판을 바꿀 수 있다는 뜻을 가진 게임체인저(Game Changer) 같은 역할이라고 볼 수 있습니다. ✦

그리고 복합용도구역(Mixed-Use District)은 이름에서 알 수 있듯이, 주거, 상업, 업무, 공공시설 등 여러 가지 용도가 결합하는 지역을 의미합니다. 쉽게 말하면 한 지역에 다양한 활동들이 어우러져 시너지 효과를 낼 수 있도록 하는 구역이라고 보면 되는데, 복합용도구역은 토지의 복합적이고 효율적 이용을 목적으로 합니다. 기존에는 '이 지역은 주거, 저 지역은 상업' 식으로 용도가 엄격하게 구분되어 있었지만, 복합용도구역은 이러한 구분을 허물어 복합적 기능을 담는 공간을 만들자는 것인데, 자칫 부작용은 없을까 우려가 됩니다.

지정의 요건은 산업구조나 경제 활동 변화로 다양한 용도가 복합적으로 필요한 지역에 하는데, 노후 건축물이 밀집하여 단계적 정비가 필요한 지역에 지정될 수 있고, 용적률은 주변 경관과의 조화나 복합화 촉진을 고려하여 기존 용도지역의 용적률 범위 내에서 적용되고, 무조건적 고밀 개발을 허용하는 것이 아니라, 주변과의 조화를 중요하게 생각한다는 점이 핵심입니다.

주거, 업무, 상업, 문화시설 등이 한 공간에 모여 있으면 사람들이 이곳에서 더 많은 시간을 보내게 되고, 이는 곧 도시의 활력으로 이어집니다. 직장과 주거가 가까워지면서 통근 시간이 줄어드는 등 제한된 토지 위에서 최대한의 가치를 창출하고, 비효율적 토지이용을 줄일 수 있는 것으로 이는 특히 도심의 유휴 부지나 노후 지역을 재생하는 데 효과적입니다.

MZ세대를 비롯하여 1인 가구 소규모 가구가 증가하고 인구 구조, 라이프스타일에 맞춰 다양한 주거 형태와 서비스 제공이 가능해지므로, 사람이나 물건을 불필요하게 이동하는 것을 줄이고, 도시기능이 복합되면서 자원 소비를 효율화하는 데 도움이 될 수 있을 것으로 보아집니다.

아파트 너머로 땅으로

12

입체 복합구역으로 주차장을

도시계획시설 입체 복합구역은 노후화되거나 활용도가 낮은 공원, 도로, 주차장 같은 도시계획시설의 위쪽이나 아래쪽 지하공간을 다양하게 활용할 수 있도록 허용하는 제도를 말합니다. 마치 겹겹이 쌓은 시루떡이나 케이크처럼 하나의 시설 위에 다른 기능을 얹거나 새로운 공간을 만드는 것을 상상해 보시면 좋을 것 같습니다.

공원 지하에는 주차장을 만들고, 그 위에 공원 시설을 유지하면서 문화시설이나 상업시설을 결합하는 식이라고 생각하면 되겠습니다. 이것은 도심이 더 이상 새로운 부지를 확보하기 어려운 경우가 많은데, 이미 계획된 부지로 묶여 있어 효율적 활용이 어려웠고, 오랜 시간 사용하다 보니 노후화 도시계획시설이 많아졌습니다.

이것을 철거하거나 전면 재개발하기보다는 기존 시설을 유지하면서 입체적으로 재활용하는 방안이 필요해집니다. 앞으로는 개발보다는 보수하고 정비하는 계획이 늘어날 것입니다.

하나의 공간에서 여러 기능을 수행하게 함으로써 토지이용의 효율성을 극대화하고, 시민들의 편의를 높일 수 있습니다.

인천시가 중복결정한 시설 수가 787개로 가장 많고, 대부분 공원이나 녹지 하부에 주차장 확보를 목적으로 입체적 결정을 하는데, 민간

제3부 토지 어렵지 않다

이 소유한 부지에 도시계획시설을 설치하는 것도 가능하게 하는 방식
으로 민간과의 협의를 통해 도시계획시설을 만들 수 있도록 유연성을
부여한 것입니다. 공원 부지 내에 카페나 상업시설 등 민간이 운영하
는 시설이 들어설 수 있도록 하고, 새로운 부지를 찾기 어려운 도심의
한계를 극복하고, 낡아 가는 도시시설에 새 생명을 불어넣는 '스마트
도시재생 전략'으로 주목받고 있습니다. 특히, 지방의 소도시는 큰 기
회가 될 수 있다고 생각하며, 공공용지의 지하부를 활용해 주차 공간
을 확보하거나 다양한 다목적 공간을 조성한다면, 작은 불편 함들이
해소되고 도시의 매력이 한층 더 빛날 수 있을 것으로 보입니다.

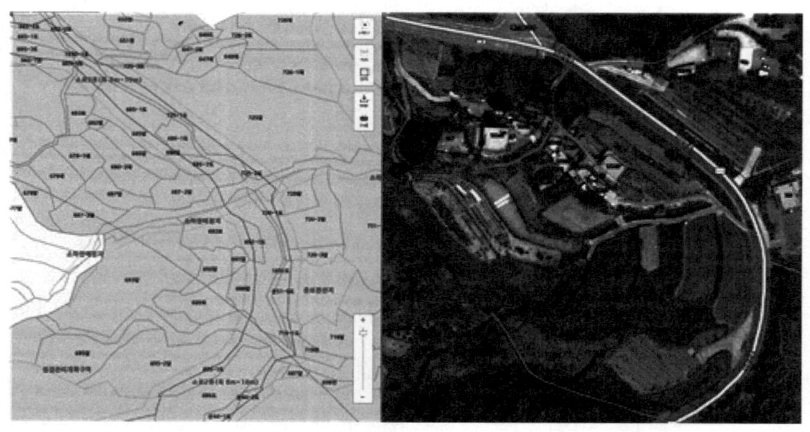

아파트 너머로 땅으로

13

토지기록은 땅으로 가는 신분증으로

50년 전쯤 기억으로 생각됩니다. 옷장 서랍 속에서 황토색의 얇은 종이봉투가 들어 있는 땅문서를 보았습니다, 서류의 종류가 많아서 그런지 그 봉투는 악어 입처럼 봉투 입구가 짝 벌어져 있었습니다. 전공자나 비전공자 할 것 없이 토지 관련 공부를 시작하면서 먼저 마주하는 것은 바로 토지 관련 서류들입니다. 복잡하고 어렵게 느껴질 수 있지만, 알고 보면 크게 다르지 않습니다. 마치 사람에게 주민등록증과 가족관계증명서가 있듯이, 땅에도 자신의 신분과 권리관계를 증명하는 서류가 있습니다. 그중 첫 번째가 바로 지적공부입니다.

이것은 공적 장부로서 땅의 물리적 현황을 기록해 놓은 것으로 땅의 기본적 정보가 담겨 있습니다. 대표적으로 토지·임야대장, 지적·임야도 등이 있습니다. 토지·임야대장은 땅의 소재지, 지번, 지목, 면적, 그리고 소유자의 이름과 주소, 개별공시지가 등이 기록되어 있습니다.

그러니까 땅의 소재지는 주소, 지번은 땅의 고유번호, 지목은 땅의 사용 목적을 적은 표식인 셈입니다. 땅의 이름과 고유번호 격인 지번이 생긴 시기를 보고 땅의 나이를 알 수 있으며, 그 크기는 면적을 보고 알 수 있습니다. 누가 주인인지도 적혀 있는, 땅의 가장 기본적인 자기

143

소개서와 같습니다.

그리고 지적·임야도는 땅의 모양과 경계를 그림으로 보여 주는 네이버 지도 같이 수평적으로 그려 놓은 도면입니다. 여러 필지의 땅들이 어떻게 나누어져 있고, 도로와 하천 등 주변 지형과 어떻게 연결되어 있는지를 한눈에 파악할 수 있고, 마치 사람의 얼굴 사진처럼, 땅의 생김새를 보여 주는 그림입니다.

이렇게 지적공부를 통해 우리는 어떤 땅이 어디에 있고, 크기는 얼마나 되며, 현재 어떤 용도로 사용되고 있고, 누가 소유자인지에 대한 기본적 사실관계를 확인할 수 있습니다. 토지거래를 하거나 토지 관련 정보를 얻을 때, 가장 먼저 살펴보아야 할 기초적이고도 중요한 서류가 바로 이 지적공부입니다. 땅과의 모든 만남은 그 땅의 모습을 비춰 주는 거울과도 같은 지적공부에서부터 시작되는 것입니다.

-땅은 언제든지 변신한다-

사람이 태어나 자라면서 모습이 변하듯, 땅도 가만히 있지 않습니다. 시간이 흐르고 사람들의 필요에 따라 땅의 모습이나 쓰임새가 달라지곤 합니다. 넓은 바다를 메워 새로운 땅이 생기기도 하고, 울창했던 산이 마을이나 밭으로 바뀌기도 하고, 큰 땅을 여러 조각으로 나뉘거나 작은 땅들이 하나로 합쳐지기도 합니다.

이렇게 땅에 대한 공식적 기록, 즉 지적공부에 등록된 땅의 정보가 바뀌는 것을 전문 용어로 '토지의 이동(異動)'이라고 부릅니다. 땅들이

아파트 너머로 땅으로

실제로 걸어 다니는 것이 아니라, 땅에 대한 정보가 '변한다'는 뜻이 되 겠습니다.

땅의 이러한 변화는 마치 땅의 '생애주기'나 '변신 과정'과 같습니다. 어떤 땅은 세상에 처음으로 그 존재를 알리기도 하고, 어떤 땅은 옷을 갈아입거나 몸을 나누고 합치기도 합니다.

바다를 메워 육지가 되거나, 땅으로 인식되지 않았던 토지가 측량을 통하여 비로소 땅으로 등록될 때, 우리는 이를 '신규등록'이라고 부릅 니다. 지적공부에 땅의 이름과 주소가 처음 생기는 역사적 순간이 되 는 것입니다. 하지만 바닷가가 아닌데도 지적공부에 등록되지 않았던 '미등록 토지'가 뒤늦게 발견되는 경우가 있습니다.

이렇게 수십 년, 길게는 100년 넘게 '숨겨져 있던' 땅들이 정부의 조사 를 통해 비로소 지적공부에 신규 등록되는 것입니다. 이 땅들은 대부 분 국유재산으로 되지만, 만약, 개인 소유의 땅이라면, 후손들이 뒤늦 게 자신의 땅들을 찾게 되는 드라마틱한 상황이 벌어지기도 한답니다.

30년쯤 되었을까!! 경계복원측량 결과서를 보고 임야 경계에 대한 의 문이 풀렸던 일이 있었습니다. 전국 어디에서나 이와 비슷한 사례는 있을 수 있으나, 사천의 경우는 바닷가 해안선과 지적공부가 서로 맞 지 않은 빈지라는 바닷가 땅들이 있었는데, 임야조사가 1918년부터 측량을 시작하였으나 산허리 하단부의 임야는 대개 임야대장 면적에 포함이 되지 않았던 곳이 많았습니다.

그것은 임야조사사업을 한 뒤에 바닷가 해안을 대대적으로 매립공사 를 시작하면서 매립준공이 끝난 토지는 토지대장에 답으로 등록하고,

산허리 하단부 비탈진 곳은 지적도나 임야도 그 어디에도 포함되지 않은 미등록 토지였습니다.

그걸 모르는 임야 소유자는 산비탈을 개간하여 만든 계단식 밭이 자신의 임야에 포함된 줄 알고, 경계복원측량을 실시하게 된 것인데, 측량 결과 그 부분이 미등록 토지로 확정되면서 국(산림청) 소유가 되어버린 사례가 있었습니다. 정말 머쓱하고 민망할 정도가 되었답니다. 요즘 MZ들의 말로 '머쓱타드'입니다.

이같이 임야에 속하여 있을 것이라고, 생각했던 것이 누락이라니!! 토지기록이 얼마나 중요하며, 긴 시간이 지난 후에도 소유권에 영향을 미친다는 것을 알 수 있었습니다. 그러나 산속의 임야였던 땅이 시간이 흘러 밭이나 집터로 바뀌는 경우가 있습니다. 임야대장과 임야도에 등록되어 있던 땅을 토지대장과 지적도로 옮겨 등록하는 것을 등록전환이라고 합니다.

산림으로 관리되던 땅이 이제는 사람이 살고 농사를 짓는 '보통 땅'으로 '신분 전환'을 하는 셈이 된 것입니다.

14

크면 작게 틀어지면 고쳐서

재산상속으로 땅을 나누어 갖거나, 조금씩 떼서 팔려고 하면 하나의 필지를 두 필지 이상으로 가르는 토지분할 절차를 거칩니다. 마치 큰 케이크를 여러 명이 나누어 먹기 위해 자르는 것과 비슷할 것으로 생각하면 됩니다.

반대로, 여러 필지로 나뉘어 있던 땅을 하나로 '합치는' 경우도 있습니다. 여러 개의 작은 땅을 한 사람이 모두 소유하게 되어 관리를 편하게 하거나, 큰 건물을 짓기 위해 여러 필지를 하나의 넓은 땅으로 만들 때 토지합병을 합니다. 흩어진 퍼즐 조각들을 맞춰 하나의 큰 그림을 만드는 과정과 같다고 할 수 있습니다.

땅의 쓰임새가 바뀌는 것도 중요 변화입니다. 농사짓는 논은 '답'이라 하고, 밭을 '전'이라고 하는데, 이런 곳에 건축물을 지어 주택이나 카페가 들어서면 지목이 대로 바뀌게 되고, 공장은 지목을 공장용지라고 하는데, 이곳이 다른 용도로 변경될 때, 지적공부상의 '지목'을 바꾸는 지목변경 절차를 거치게 됩니다. 그러니까 땅에다가 새로운 '옷을 입히거나' '직업을 바꿔 주는' 셈이라고 생각하면 좋을 것 같습니다.

집을 짓거나 땅을 사고팔려면 내 땅이 어디까지인지 찐 확인이 필수이고, 더 넓게 쓸 거면 합치고, 잘게 나눌 거면 쪼개고 하는 것을 법

147

적으로는 통틀어 토지 이동이라 부르고, 이럴 땐 지적측량으로 땅의 Size를 재야 한답니다. 이렇게 하려면 소유자가 시·군·구청에 측량 신청을 하면 100년 전 토지조사사업을 할 때 만들어 놓은 지적도를 바탕으로 측량에 필요한 도서류를 만들어서 경계복원측량이나 분할 측량을 하게 된다는 것입니다.

그때 얇고 깨끗한 흰 미농지를 지적도 위에 덮어 놓고 강하고 뾰족한 연필로 등사하는데 필지의 경계선을 따라 선을 누르고 눌러 경계선대로 '본을 뜬다'라고 할까? 그렇게 하고 나면 켄트지(kent paper)에 놓고, 다시 측량할 수 있는 도서류를 만들게 됩니다.

이러한 절차와 방법들은 기술적 숙련을 요구하는 섬세한 작업으로써, 그것도 해당 토지를 기준으로 지상거리가 반경 100미터쯤은 넘도록 넓게 작성하는데, 이러한 토지 이동이라는 행정처분 과정은 기술적 도구적 오차가 누적되어, 실제와 다른 경우가 간간이 있었습니다.

물론 이것은 지적 행정 전산화가 완성되지 않았던 25년 이전의 경우이며, 특히 토지의 경계가 지적도에 표시된 것과는 다를 때에는 심각한 문제가 생기게 되는 것입니다. 지적도상으로 보았을 때 여기까지인데 실제로는 옆집 담벼락이 내 땅 경계를 넘어 들어와 있었거나, 진정한 토지 면적을 잘못 적어놓아 도상의 면적보다 토지대장에는 몇천 ㎡가 많아져 있으니 정정 대상이라고 하는 억척같은 소식을 받게 되는데, 최근 울산시의 어떤 소관청에서 안내통지를 받아 보았다는 소유자가 있었습니다. 특히 경계가 잘못 등록되어 연접소유자와 심각한 경계 분쟁으로 이어지는 흔한 원인 중 하나라고 볼 수 있으니 잘 살펴야 할 것입니다.

이웃과 아무 문제 없이 지내다가도, 땅을 팔거나 집을 짓거나, 개발하려 할 때 지적공부와 실제 현장의 불일치가 드러나면서 갈등이 시작되곤 합니다. '내 땅'이라고 생각했던 경계가 지적도와 다르다면 큰 혼란과 함께 감정적 다툼이 발생하기 쉽습니다.

이러한 오류를 바로잡는 것은 등록 사항 정정입니다. 여러 차례 소유권이 바뀌었다면, 무엇이 진짜 경계였는지, 왜 오류가 발생했는지 밝혀내는 과정이 매우 복잡하고 어렵습니다. 소송이나 경계 확인을 구하는 절차를 통하여 바로잡는 과정에서 마음고생이 따르나, 2012년부터 2030년까지 지적 재조사 사업으로 정부가 바르게 정리하는 사업을 진행하고 있다는 것은 틀어지고 비틀어진 것을 바로 잡는 길이라고 볼 수 있습니다.

15

구불구불한 것은 반듯하게

도면에 그려진 토지의 경계가 이리로 저리로 구부러지게 그려져 있는 모양의 땅은 뭔가 경계가 분명하지 않아 보이고, 우선 보기에도 거부감이 들어 쉽게 정이 들지 않습니다. 구불구불 한 토지를 가지고 있는 토지소유자가 집을 한번 지어 보려고 해도 선 듯 내키지 않습니다. 그래서 땅의 이용 단위를 정형화(整型化)할 필요가 있다는 것입니다.

토지조사를 할 당시의 논밭이나 대지의 모양을 측정하여 그려놓은 것을 지적도라고 하는데, 토지 가격이 오르고, 건축물의 용도가 다양하고, 최유효 토지이용을 하려면 필지 단위 모양이 삐뚤어져 있거나 좁거나 길거나 하면 정형화가 아니 되어, 건축했을 때 집의 형태, 부설주차장, 도로 등이 반듯하지 않았습니다.

미국 지도를 보면 그들의 '주별(State)' 경계가 반듯할 정도로 격자형으로 그어져 있는 것을 볼 수 있는데, 결국 각각의 토지 필지들도 격자에 가깝게 되어 있다는 것입니다. 우리의 경우는 그렇지 못하며, 인근 땅 주인이 팔려고 한다면야 다행이라고 할 수 있으나 매매가 성사되지 않는다면 현행법으로는 다른 방법이 없습니다.

따라서 불규칙적으로 된 토지를 반듯하게 정리하여 이용해야 한다는 문제 제기를 25년 전 학위 논문에서 제안하였으나, 토지 경계가 정형

150

화되지 않은 상태에서 건축 행위를 하든, 나대지로 이용하든 간에, 3차원적으로 건축물이 그렇게 들쭉날쭉하게 되어 도시관리와 토지이용 효율화가 현저히 떨어질 것이기 때문입니다.

-반듯하게 다시 그리기-

그리고 효율적 토지이용이라고 하는 것은 땅 모양이 복잡하여 건축이나 개발이 어렵게 되어 비효율적일 수 있다는 것으로 반듯한 땅은 건물을 짓거나 농사를 짓는 등 다양한 용도로 활용하기가 편리합니다. 결국 바른 경계는 관리하기 쉬울 뿐만 아니라 토지거래나 세금 부과 등 행정 처리의 정확성도 높아집니다.

경계가 분명하면 이웃 사이의 소유 분쟁을 예방할 수 있으며, '여기부터 여기까지가 내 땅'이라는 것이 명확하면 불필요한 갈등을 줄일 수 있습니다. 그것뿐만 아니라 땅의 이용 단위를 정형화하면 도시계획이나 개발 사업을 보다 체계적이고 효율적으로 추진할 수 있어 현대 사회에서는 효율적 토지이용과 관리를 위한 개인의 재산권을 명확히 보호하고 분쟁을 예방하기 위한 토지이용 단위를 정형화하려는 노력이 계속되고 있습니다. 지적 재조사 사업은 바로 이러한 노력의 일환이라고 할 수 있습니다.

16

토지를 쪼개서 붙여서 이용으로

부동산은 부동성이라 움직여서 가지고 갈 수도 옮겨갈 수도 없다는 뜻인데, 지리적으로 고정되어 있으니까, 돌덩이나 쇠붙이처럼 자유롭게 이동시킬 수 없습니다. 그리고 용도지역이나 크기 형상, 접촉된 도로가 이미 다른 부동산과 붙어 있어 생활권이나 상권은 내 맘대로 바꿀 수도 없습니다.

토지분할을 통하여 땅을 파는 기획부동산도 있고, 지분등기로 한 필지를 여러 사람이 소유하는 상속 토지도 있습니다. 합병은 부동성이라는 태생적 한계를 극복하기 위하여, 토지를 좁히거나 넓게 만들어 쓸 수 있는 것으로는 단지, 인접 토지와 분할을 하거나 합병하는 것뿐입니다.

우리가 하나의 나무막대기를 자르고 휘어서 많은 것을 만들어 쓰듯, 분할과 합병은 자연적으로 생긴 물결모양의 다랑이 논밭이나, 경사가 심한 토지들을 사용하기 좋게, 좁다랗거나 휘어져 있는 부정형의 토지 형상을 바르게 고쳐서 정방형을 만들고, 들어가는 도로를 내는 것도 결국, 분할이라는 절차를 통하여 교환이나 매수를 하여야 합니다.

옆집은 건축한 지가 오래된 건물인지 지구단위계획으로 공동 개발지로 지정되어 있는지, 도로에 접하지 않은 맹지인지, 다수의 필지를 같

은 사람이 소유하는지, 토지대장 등을 통해 토지를 살펴보는 것이 필
요할 것입니다.

예를 들어 인접 필지가 맹지일 경우는 향후 진입도로 확보를 위하여
토지분할을 고려해 볼 수 있고, 지구단위계획으로 지정돼 있다면, 단
독 개발이 어렵다고 보고 옆집 건물이 낡아 있다면 매수하여 내 땅과
합병으로 개발해 볼 수 있습니다. 결국 분할과 합병은 최유효 처방이
라 할 수 있습니다.

<h1 style="text-align:center">17</h1>

등기사항증명서 천 원의 권리로

등기부는 땅의 권리관계를 기록해 놓은 공적 장부입니다. 누가 이 땅의 소유자인지, 이 땅을 잡혀서 돈을 빌린 적은 있는지 없는지는 저당권으로, 다른 사람이 이 땅을 사용할 권리 즉, 지상권, 지역권 등이 있는지 없는지 살피고, 땅을 둘러싼 법적 권리관계가 상세히 기록되어 있습니다.

마치 사람의 가족관계증명서나 재산 관련 서류처럼, 땅에 얽힌 법적 관계를 보여 줍니다. 등기부는 보통 세 부분으로 나뉩니다. 표제부는 땅의 물리적 현황, 즉 소재지, 지번, 지목, 면적 등이 기록됩니다. 지적 공부의 내용과 일치해야 하고, 갑구는 땅의 소유권에 관한 사항의 기록인데, 누가 언제 이 땅의 소유자가 되었는지, 소유권이 이전되어 내려온 내력이 어떻게 기록되어 있는지가 나타납니다.

을구는 소유권 이외의 권리, 즉 저당권, 전세권, 지상권 등 소유자가 아닌 다른 사람이 가진 권리에 관한 사항이 기록됩니다. 이 땅을 담보로 금융기관 등에서 대출을 받았는지, 다른 사람이 이 땅을 사용할 권리가 있는지 등을 확인할 수 있습니다.

아파트 너머로 땅으로

이를테면 정부나 자치단체가 대학에서 산단까지 '천 원의 아침밥' 정책을 내놓았듯이 땅의 권리를 알려고 하면 천원으로 등기사항증명서를 떼어 보아야 할 것입니다. 가장 큰 이유는 바로 '내 땅'을 안전하게 지키고 활용하기 위해서입니다. 땅을 사고팔거나, 땅 위에 건물을 짓거나, 혹은 땅을 담보로 돈을 빌릴 때, 이 땅에 어떤 권리들이 얽혀 있는지 정확히 알지 못하면 예상치 못한 문제에 휘말릴 수 있는데, 돈 주고 산 땅이 알고 보니 다른 사람이 소유권을 주장하거나, 은행 대출을 받으려는데 이미 다른 빚으로 땅이 묶여 있는 경우가 발생할 수 있습니다.

땅의 권리관계는 땅의 가치와도 직결됩니다. 여러 복잡한 권리가 얽혀 있는 땅은 활용이 어렵고 분쟁 소지가 있어 가치가 떨어질 수 있습니다. 반대로 권리관계가 깨끗하고 명확한 땅은 안전하게 거래되고 활용될 수 있어 가치가 높게 평가됩니다.

토지권리분석은 단순히 전문가들만 하는 어려운 일이 아닙니다. '내 땅'에 관심을 가지고 땅에 얽힌 기본적인 권리관계를 파악하려는 노력이 '땅에 대한 지혜'입니다.

땅에 얽힌 권리 중 가장 기본적이고 중요한 것은 바로 소유권입니다. 소유권은 땅을 법적으로 완전히 지배하고 사용할 수 있는 권리로, 땅의 주인으로서 제도적 장치 아래에서 마음대로 사용하고, 수익을 내고 다른 사람에게 팔거나 물려줄 수 있는 가장 강력한 권리라 할 수 있습니다.

하지만 땅 위에는 소유권 외에도 다양한 권리들이 존재할 수 있습니다. 마치 한 집에 여러 가족이 함께 살면서 각자 다른 권리가 있듯이 말입니다. 지상권은 남의 땅 위에 건물을 지을 권리로 지상권은 다른 사람의 땅 위에 건물이나 공작물, 수목 등을 소유하기 위해 그 땅을 사용할 수 있는 권리로, 예를 들어, 땅 주인과 계약을 맺고 그 땅 위에 건물을 지어 소유하는 경우인데, 건물 소유자는 땅에 대한 지상권을 가지게 됩니다. 땅 주인은 바뀌어도 지상권자는 계약 기간 동안 땅을 사용할 권리를 가집니다.

지역권은 내 땅의 편익을 위해 남의 땅을 이용할 권리인데 지역권은 내 땅 즉, 요역지 편의를 위해 다른 사람의 땅 즉, 승역지를 이용할 수 있는 권리로, 예를 들어서 내 땅이 도로에 바로 접해 있지 않아 옆 땅을 통해 공도로 나가야 할 때, 옆 땅에 '통행 지역권'을 설정하여 합법적으로 옆 땅을 지나다닐 수 있다는 것입니다.

전세권은 땅이나 건물 전체를 사용하고 수익을 내는 권리인데, 전세권은 전세금을 지급하고 다른 사람의 땅이나 건물 전체를 일정 기간 사용하고 수익을 낼 수 있는 권리입니다. 주로 건물에 설정되지만, 땅에도 설정될 수 있습니다.

저당권은 빚을 갚지 못할 때 땅으로 대신 갚게 할 권리인데, 저당권은 돈을 빌려주는 채권자가 빚을 갚지 못하는 채무자의 땅을 담보로 잡는 권리로, 땅 주인은 저당권이 설정된 상태에서도 땅을 계속 사용하고 수익을 낼 수 있지만, 빚을 갚지 못하면 저당권자가 그 땅을 경매에 넘겨 빌려준 돈을 회수할 수 있습니다.

은행에서 주택 담보 대출을 받을 때 해당 땅에 저당권이 설정됩니다. 이 외에도 임차권은 월세나 전세 계약을 통해 땅이나 건물을 사용할 권리 등 다양한 권리들이 땅에 얽혀 있을 수 있습니다. 이러한 권리들은 서로 복잡하게 얽히고설켜 땅의 가치와 활용에 영향을 미치게 된다는 것입니다. 따라서 천 원의 아침밥처럼 등기사항증명서를 확인하여야 할 것입니다.

-지적대장과 등기사항증명서 같이 봐야-

이러하듯 지적공부는 땅의 사실관계인 위치, 면적, 모양 등을, 등기부등본은 땅의 권리관계인 소유권, 저당권 등을 보여 주는 두 서류는 서로 보완적인 관계에 있으며, 어떤 땅에 대하여 정확히 알려면 반드시 두 서류를 모두 확인해야 합니다. 예를 들어, 지적공부상 소유자와 등기부등본상 소유자가 다르다면 문제가 있는 땅일 가능성이 높습니다. 처음에는 낯설고 복잡하게 느껴질 수 있지만, 지적공부와 등기사항증명서를 보는 방법을 익히는 것은 토지거래나 토지 관련 문제에 있어서 가장 기본적 능력입니다. 인터넷을 통해 쉽게 열람하거나 발급받을 수 있으며, 관심 있는 땅은 직접 서류를 떼어 보는 연습을 해 보는 것도 좋을 것입니다.

18

지목은 토지의 Category

이제 땅에 붙여진 '이름표'를 살펴볼 차례로, 토지의 이름표는 땅이 어떤 목적으로 사용되고, 어떤 규제를 받는지 등을 알려주는 중요한 정보입니다. 대표적 이름표가 바로 지목과 용도지역입니다.

지목은 땅의 주된 사용 목적에 따라 분류해 놓은 카테고리이고, 총 28가지의 지목이 있으며, 마치 사람에게 직업적 영역을 알 수 있는 이름표가 있듯이, 땅에도 어떤 일을 하는 땅인지 알려주는 표식입니다.

전 田은 물을 일상적으로 이용하지 않고 곡물이나 원예작물을 재배하는 땅으로서 즉, 밭이라고 하는데 국토 면적의 7.4%인 7,451㎢나 되고, 답 畓은 물을 일상적으로 이용하여 벼나 연뿌리 등을 재배하는 땅, 즉 논이라고 하는데, 국토 면적의 10.8%인 10,895㎢이고, 대(垈)는 영구적 건축물 가운데, 주거, 사무실, 점포와 같이 사람이 살고 있는 건축 부지에 붙어 있는 부속 시설물의 부지로, 국토 면적의 3.4%인 3,420㎢이다. 흔히 '대지'라고 부르는 집터나 상가를 말합니다.

임야(林野)는 산림을 이루고 있는 수림지, 죽림지, 암석지, 습지, 황무지 등으로서 국토 면적의 63%인 63,328㎢이다. 산이나 숲을 생각하면 될 것입니다. 그 외 공장용지, 학교용지, 유원지, 도로, 하천, 주차장, 주유소 용지 등 다양한 지목이 있습니다.

158

지목은 그 땅이 현재 어떻게 이용되고 있는지를 보여 주기도 하지만, 앞으로 어떻게 이용될 수 있을지를 보여 주기도 합니다. 가령, 내가 소유하고 있는 지목 '임야'에 집을 짓고 나면 지목을 '대'로 바꾸어야 하는 절차가 있어야 하는데, 그것은 형질변경으로 법적 제약이나 비용이 들 수 있으며, 자세한 것은 형질변경에서 다루겠습니다.

19

용도지역으로 도시관리계획으로

용도지역은 국토계획법에 따라 전 국토를 토지의 이용 실태 및 특성, 장래의 토지이용 방향 등을 고려하여 구분해 놓은 지역입니다. 지목이 땅의 현재 또는 주된 사용 목적이라면, 용도지역은 도시 전체의 계획 속에서 그 땅이 어떤 기능을 수행하도록 지정되었는지를 나타냅니다. 마치 도시를 여러 구역으로 나눠, 각각 구역마다 어떤 종류의 건물만 지을 수 있는지, 얼마나 높게 지을 수 있는지 등을 정해 놓은 것과 같습니다. 크게 도시지역, 관리지역, 농림지역, 자연환경보전지역으로 나누고, 각 지역은 다시 세부적 용도지역으로 구분됩니다.

도시지역은 주거, 상업, 공업, 녹지지역으로 다시 나누고, 인구와 산업이 밀집되어 있거나 밀집될 것으로 예상되는 지역입니다. 우리가 흔히 생각하는 도시는 대부분이 여기에 해당합니다. 관리지역은 도시지역의 인구와 산업을 수용하기 위해 도시지역에 준하여 체계적으로 관리하거나 농림업의 진흥, 자연환경 또는 산림의 보전을 위하여 관리할 필요가 있는 지역입니다. 도시와 농촌의 중간적 성격을 가지는 셈입니다.

농림지역은 도시지역에 속하지 아니하는 농지법에 따른 농업진흥 지역이나 산지관리법에 따른 보전산지 등으로서 농림업을 진흥시키고 산림보전을 위하여 필요한 지역입니다. 주로 농지나 산림이 많은 지역으로, 자연환경보전지역은 자연환경, 수자원, 해안가, 생태계, 상수원, 문화재보전과 수산자원의 보호·육성 등을 위하여 필요한 지역으로 개발이 엄격히 제한되는 지역이고, 제한적으로 수산자원보호구역을 지정하여 이용과 개발을 허용하고 있습니다.

용도지역은 어떤 종류의 건축물을 지을 수 있는지, 건축물의 높이와 땅에 건물이 차지하는 비율은 얼마인지 등을 결정하는 매우 중요한 규제로 예를 든다면, 주거지역에서는 공장이 불가하고, 상업지역에서는 높은 건물을 지을 수 있지만 녹지지역에서는 건축 행위가 크게 제한된다는 것으로 봐야 합니다.

-비도시지역에서 도시지역으로-

도시라는 거대한 캔버스에서 우리의 삶은 각자의 색깔로 채워지고 있으며, 빌딩 숲을 이루는 상업 지구의 활기나 주거 단지의 평화나 묵묵히 산업을 지탱하는 공업 지대의 땀방울 그리고 도시의 숨통을 트이게 하는 푸른 녹지까지 이 모든 그림은 무질서하게 섞지 않고 하나의 아름다운 풍경을 이루는, 눈에 보이지 않는 가장 중요한 지혜의 규칙이 숨어 있답니다. 바로, 용도지역제라고 불리는 도시계획의 섬세한 숨결입니다.

국토교통부나 시장 군수가 마치 숙련된 화가처럼 고심 끝에 지정하고 변경하는 이 용도지역은, 전국 토지를 저마다의 목적에 맞게 구분하는 작업입니다. 어떤 땅에는 편안한 보금자리가 들어서고, 어느 땅에는 활기 넘치는 상점가가 들어서며, 어떤 땅에는 자연 그 자체로 보전될 수 있도록 건축물의 용도와 규모, 면적과 높이까지 세심하게 규제하는 것입니다.

하나의 토지는 원칙적으로 하나의 지역에만 속해야 한다는 대원칙 아래에서 도시는 차곡차곡 질서를 갖춰 나갈 것입니다.

다만, 지역과 지구, 구역이 서로 중첩되어 도시의 다채로운 스토리를 써 내려가기도 하고, 국토는 그 특성과 지향점을 고려하여 농촌지역의 관리, 농림, 자연환경보전지역이 도시지역으로 지역을 상향시킬 수 있는 것입니다.

아파트 너머로 땅으로

20

건축은 용도지역을 Follow 해야

도시를 용도지역이라는 큰 붓으로 그림을 그렸다면, 이제는 그 그림 안에 자리할 건축물 하나하나에 어떤 이야기를 담을지, 어떤 숨결을 불어 넣을지 고민할 차례입니다. 바로 용도지역에 따라 건축 제한이라는 눈에 보이지는 않은 도시의 아름다움과 조화를 지켜내는 세밀하고도 중요한 약속들이 있는데, 이러한 약속들 때문에 우리는 각자의 삶의 공간에서 편안함과 안정감을 느낄 수 있습니다.

건축 행위는 용도, 종류, 규모에 대하여 엄격하게 정해집니다. 이는 마치 도시 설계의 가장 기본적 도면과 같아서, 어느 건물도 제멋대로 세워질 수 없도록 도시의 안정적 토대를 마련해 주는 중요한 기준이 됩니다. 용도지구에서의 건축 제한을 할 때, 법률에 특별한 규정이 없다면 시·군 조례를 통해 구체화 되고, 중앙 정부가 지향하는 큰 틀 안에서 지역 특성과 주민 생활을 반영하는 맞춤 제작이나 개조한다는 뜻의 '커스터마이징(Customizing)'이라는 결국 소유자가 받아들여야 하는 섬세한 규제라고 할 수 있습니다.

가장 중요한 원칙은 바로 '지정 목적에의 적합성'입니다. 편안한 휴식을 위한 주거지역에 소음이 심한 공장이 들어설 수 없고, 자연을 보전해야 하는 녹지 공간에 고층 빌딩이 솟아오르기 어려운 이유가 바로

163

이것인데, 도시 각 부분이 본연의 기능을 다하도록 돕는 참된 지혜가
담긴 원칙입니다.

따라서 건물의 용도나 종류, 규모를 변경하려고 할 때 이 모든 원칙을
벗어날 수 없고, 변경 후에도 원래의 지정 목적과 건축 제한에 부합해
야 한다는 것이 도시의 연속성을 지키고, 무분별한 변화로부터 도시
를 보호하는 중요한 장치가 되어 줄 수 있기에 건축은 결국 용도지역
에 따라서 간다고 할 것입니다.

아파트 너머로 땅으로

21

때로는 유연하게 때로는 더 단단하게

하지만 세상만사가 그렇듯, 도시를 계획할 때도 예외는 존재합니다. 예외들은 오히려 도시의 다양성과 유연성을 존중하는 지혜로운 모습이기도 한데, 취락지구나 개발진흥지구, 복합용도지구처럼 특수한 목적을 가진 곳은 해당 지정 목적에 맞는 별도의 지침이 적용됩니다. 소규모 마을의 삶을 보듬고, 특정 산업의 발전을 장려하고, 여러 기능이 어우러져 시너지를 내도록 돕는 것으로 이는 획일적 규제 대신, 지역의 특수성을 고려하는 유연함의 미학이라고 볼 수 있습니다.

또한, 농업진흥 지역이나 보전산지 그리고 초지 같은 농림지역은 각자의 생산 활동과 보전이라는 목적에 따라 농지법, 산지관리법, 초지법 등 관련 법규의 적용을 받아서, 자연환경보전지역 내의 공원구역, 상수원보호구역, 지정문화재나 그 보호구역, 해양보호구역 등도 각각 자연공원법, 수도법, 문화재보호법, 해양생태계법 등 고유한 법률에 따라 특별한 보호를 받습니다. 이는 자연과 문화유산의 소중한 가치를 지키기 위한 약속이자, 미래 세대에게 물려줄 보물을 보호하는 책임감이 깃든 조치라고 생각됩니다.

특별히, 보전관리지역이나 생산관리지역에서는 정부의 주요 관계자들이 해당 지역의 보전 필요성을 인정할 경우, 관련 법규에 따라 건축

제3부 토지 어렵지 않다

물의 용도, 종류, 규모 등을 더욱 엄격하게 제한할 수도 있습니다. 이는 도시의 성장을 조절하며 환경을 보호하고 균형 있는 발전을 도모하려는 섬세한 노력의 일환이기도 합니다.

용도지역별 건축 제한의 구체화하는 용도, 건폐율, 용적률이 있으며, 이것은 우리가 체감할 수 있는 구체적 모습으로 나타납니다. '건축법'이 건축물의 용도를 무려 29가지로 분류하고, '국토계획법'은 이를 용도 제한, 건폐율, 용적률 개념으로 규정하는데, 복잡하게 들릴 수 있지만 이 숫자들은 도시의 모습을 결정짓는 마법 같은 기준이고, 건폐율은 대지 위에 건물이 얼마나 '앉아 있을 수 있는지'를, 용적률은 건물이 얼마나 '높이, 그리고 넓게 쌓아 올려질 수 있는지'를 정해 준답니다. 덕분에 도시는 답답하게 건물이 들어차지 않고, 적절한 공지와 햇살을 품으며 조화롭게 숨을 쉰다고 할 수 있습니다. 자세한 내용은 법령의 별표에 아주 세세하게 명시되어 있어, 전문가들은 이 표들을 참고하며 도시의 미래를 계획합니다.

지목과 용도지역은 모두 토지의 이용과 관련된 정보이지만, 서로 다른 관점에서 땅을 규정합니다. 지목은 현재 또는 주된 사용 목적을, 용도지역은 도시계획에 따른 기능과 건축 규제를 나타내므로, 어떤 땅을 제대로 이해하려면 지목과 용도지역을 함께 확인해야 합니다. 예를 들어, 지목이 '전'인 땅이라도 용도지역이 '도시지역에 있는 주거지역'이라면 농사보다는 주택 건축이 더 적합한 땅일 수 있을 것이니까 말입니다.

이러한 토지 용어들을 익히는 것은 마치 새로운 언어를 배우는 것과

아파트 너머로 땅으로

같습니다. 처음에는 낯설지만, 하나씩 그 의미를 알아가다 보면 땅이
우리에게 들려주는 이야기를 이해할 수 있게 됩니다. 땅의 이름표를
알면 그 땅의 가치와 잠재력을 더 정확히 파악할 수 있고, 이는 현명한
토지이용 결정으로 이어질 것입니다.

제3부 토지 어렵지 않다

22

도시지역은 세세하게 지구단위계획으로

All-important 이거 정말 찐 중요한데, 지방자치단체에서 토지업무를 담당할 때 지구단위계획이라는 제도가 생겼습니다. 옛 도시계획법의 상세계획구역과 건축법의 도시 설계 구역이 2003년 국토계획법으로 들어오면서 '지구단위계획구역'이라고 하였는데, 이를테면 도시지역의 어떤 용도지역 안에서 건축물을 신축하고자 하다면 세세하게 더 구체적으로 이용행위를 강하게 하거나, 완화하게 할 수 있도록 하여, 토지이용의 합리화와 도시기능을 증진하고, 도시미관을 개선하는 등 좋은 환경을 확보하려고 이 제도를 시행하게 되었습니다. 토지를 매수할 때는 반드시 살펴야 할 것이며, 시·군의 도시계획부서에서 담당하고 있습니다.

이것은 도시관리계획으로 고시일로부터 3년 이내에 결정 고시가 나지 않거나, 주민 제안의 경우는 5년 이내 공사를 착수하지 않으면 효력을 잃게 되는 것으로, 시장·군수가 도시개발구역, 택지·산업단지 개발, 관광단지 등 다양한 정비구역을 지정하고, 정부가 바뀌거나, 민선 시장 군수 구청장이 바뀌어 질 때마다 수도권이나 지방에 신도시를 개발하겠다고 발표하고 있는 이런 곳이 대부분 해당이 된다고 볼 수 있습니다.

주택용지는 건축물의 층수, 주차장 출입구, 건축물의 층별 용도, 인접 도로에서 건축물을 띄워서 지어야 하는 것을 도형과 지침으로 고시하고 있으며, 공인중개사가 토지 매매를 중개할 때, 이것을 다 밝히고, 당사자도 질문을 하지 않으면 지나칠 수 있는 아주 '찐중요'입니다.

특히, 개발제한구역이 해제되거나 녹지지역에서 주거·상업·공업지역으로 변경되는 곳에는 토지이용 증진이 필요한 곳이니까, 계획적 개발이나 관리가 필요하여 지정 대상이 된다는 것이고,

또한, 특정 요건을 충족하는 계획관리지역, 개발진흥지구, 용도지구를 폐지하고 이 계획으로 대체하려는 지역도 의무적으로 지정해야 하며, 용도지역·지구를 세분화하거나 변경하고, 기반 시설의 배치와 규모, 건축물의 용도나 건폐·용적률· 높이 제한, 건축물 배치· 형태·색채, 환경 경관 교통 등 토지이용의 합리화와 기능증진에 필요한 다양한 사항도 여기에 포함이 됩니다.

지구단위계획구역 내에서는 건축물 건축, 용도변경, 공작물 설치 등을 할 때는 해당 계획에 맞게 하여야 하나, 지구단위계획이 수립되지 않은 때는 예외가 적용되고, 용도지역·지구 안에서의 건축 제한, 건폐율·용적률, 조경, 대지와 도로의 관계, 높이 제한, 공개공지 확보, 주차장법 규정 등을 지침이 정하는 범위 안에서 완화 적용할 수 있도록 한 것도 있습니다.

이처럼 특정 지역의 개발과 관리가 매우 중요한 법적, 행정적 장치이며, 토지이용의 효율성과 환경적 조화를 동시에 추구하는 복합적 성격을 가지는 것이니까 찐찐 중요합니다.

23

농지로 땅으로 지방으로

솔직히 땅 살 때 생길 수 있는 골치 아픈 일들은 누구에게나 생기게 마련입니다. '호갱'이 되는 상황을 싹 다 방지하고, '찐'으로 대처해야 하는데, 음 뭐랄까 우리가 내 집을 마련하거나 건물주가 될 때 이것저것 따져 보는 것처럼, 땅을 '겟(get)'할 때, 무조건 확인해야 할 필수 코스랑 핵심 주의 사항이 있답니다.

처음엔 엥? 뭐 이리 복잡해? 할 수 있는데 기본 중의 기본 개념만 탑재해 두면 큰 사고 치는 건 막을 수 있답니다. 토지 공부하는 가장 실질적 이유 중 하나는 바로 땅을 취득할 때 발생할 수 있는 문제를 예방하는 것입니다. 집이나 건물을 살 때처럼 땅을 사고파는 과정에도 반드시 확인해야 할 절차와 주의 사항들이 있습니다. 복잡하게 느껴질 수 있지만, 기본적 내용만 알아 두어도 큰 실수를 막을 수 있습니다.

땅을 취득하는 과정은 보통 다음과 같은 단계를 거칩니다. 먼저 마음에 드는 땅을 찾고, 그 땅에 대한 정보를 확인하고, 매매계약을 체결하고, 소유권 이전 등기를 하는 것입니다. 이 과정에서 가장 중요한 것은, 토지 정보를 확인하는 자세라고 할 수 있습니다.

해당 토지의 지적공부를 통해 정확한 면적, 지목, 소유자 등을 확인하고, 등기부를 통해 소유권 외에 저당권이나 다른 권리가 설정되어 있지는 않은지 반드시 살펴보아야 합니다. 만약 등기부 을구에 복잡한 내용이 있다면 전문가의 도움을 받는 것이 좋습니다.

특히, 토지이용계획확인서를 통해 해당 토지의 용도지역, 용도지구 용도구역은 필수이고, 법적 기타 규제로 가축 시설, 공장 시설, 성장 관리구역, 환경시설, 지구단위계획, 도로 시설 계획 등을 쭉 확인하는 것은 필수적입니다. 이 증명서는 그 땅에 어떤 건물을 지을 수 있고 없는지, 개발행위에 제한은 없는지 등을 알 수 있습니다. 임야의 경우는 경사도 임목 축척도, 표고 높이 등을 CHECK 해야 할 것입니다.

농지를 취득할 때는 한 가지 더 중요한 절차가 있습니다. 바로 농지취득자격증명서라는 농취증을 발급받는 것입니다. 농지법에서는 경자 유전의 원칙을 실현하기 위해 농사를 지을 의사가 있는 사람에게만 농지를 소유할 자격을 헌법 제121조에서 부여하고 있습니다. 따라서 농지를 취득하려는 사람은 해당 농지가 있는 시·구·읍·면장에게 농지취득자격증명서 발급을 신청하여 자격을 증명해야 합니다.

이 농취증을 발급받기 위해서는 농업 경영계획서를 제출하거나 주말·체험 영농 계획서를 제출하는 등 농지를 취득하려는 목적과 농업 경영 의사를 증명해야 합니다. 이 제도는 투기 목적의 논밭은 사지 말고, 실제 농사짓는 사람에게 농지가 돌아가는, 식량 안보와 농업의 공익적 기능을 유지하는 데 중요한 역할을 하는 것입니다.

이러한 '농취증' 없이는 농지를 사고팔아도 등기사항증명서에 매수자의 이름을 올릴 수 없어 소유권이전등기를 못 하게 됩니다. 농지를 거래할 때 반드시 이 제도를 확인해야 합니다. 그리고 토지의 형상과 지

제3부 토지 어렵지 않다

리적 여건 등을 고려하여 지목이 농지라고 다 이런 절차를 거치는 것은 아니며, 건전한 경제발전을 저해하고 수도권과 지방의 격차를 해소하기 위한 바리케이드의 하나라고 할 수 있습니다.

특히, 수도권 일극 체제의 양극화를 해체하는 대안들이 많이 나오고 있으나 인구와 산업을 이동시키는 유인책으로 문화휴양과 관광산업의 지원 정책을 하후상박의 개념으로 수도권은 박하게 지방은 후하게 하고, 농업진흥 지역 밖의 농지는 이용 절차를 간소화하여야 하겠습니다.

특히, 2010년 이후 산지관리법 부칙 개정으로 임야가 다른 목적으로 무단 개간되어 양성화 시켜준 토지는 농지제도가 말하는 우량 농지가 아니고, 경사가 가파른 비탈 경사지이고, 한계농지로 분류되는 영농 여건 불리 농지가 대다수입니다.

한계농지 조정을 통하여 누구든 목적과 용도가 맞으면 쉽게 취득하고 개발할 수 있도록 소유 이용 완화를 통하여 지역소멸과 인구 분산을 유도하면 좋겠습니다. 특히, 체육 문화관광시설이 지방으로 내려올 수 있도록 농지취득 절차와 사후관리 등 토지이용 정책변화가 필요하다고 하겠습니다.

이러한 것 외에도 특정 지역은 토지거래허가구역으로 지정되어 시장 군수 구청장 허가 없이는 토지 거래가 안 되는 경우가 있고, 예를 든다면, 정부가 공업 단지개발 계획을 지정하고, 신도시를 개발하거나, 서울의 아파트값이 급속히 오를 경우, 이러한 규제를 통하여 투기를 예방하고 국토의 효율적 관리를 위하여 마련된 제도가 있습니다.

토지 취득은 서두르지 않고 관련 서류를 꼼꼼히 확인하여 필요한 경우 전문가의 도움을 받는 것이 매우 중요하며, 토지 공부를 통하여 기본적 지식을 갖고 있다면, 전문 용어 소통이 훨씬 수월하며 자기를 스스로 보호할 수 있다고 말할 수 있습니다.

제3부 토지 어렵지 않다

개발행위로 형질변경으로 건축물로

개발행위허가라는 단어를 들어 보셨을까요? 이게 내 땅이라고 하더라도 내 맘대로 무엇을 좀 하려고 하면 꼭 받아야 하는 공식 인증 같은 것입니다. 간단히 말해 이런 걸 하려면 무조건 허가받는다는 말씀이라서, 건물을 올리거나 이런저런 뭣을 설치할 때 내 집이나 상가 공장 건물 같은 것을 부수고 새로 짓거나 싹 다 올릴 때 필요한 것입니다.

담벼락 옹벽이나 커다란 광고판 같은 인공 구조물을 박아 넣을 때도 이거 필수입니다. 이거 없으면 나중에 철거되고, 땅 모양을 성형 수술하는 것을 형질변경이라고 하는데, 이게 진짜 '개발 허가의 핵심'이자 Number One이며, 흙을 깎거나 채워서 땅을 평평하게 만드는 거 있죠? 일명 정지 작업이나 아스팔트나 시멘트 쫙 깔아서 땅을 '맨들맨들'하게 바꾸는 것도 여기에 해당하는 것입니다.

심지어 바다를 메워서 땅으로 만드는 간척사업까지 다 '형질변경'이랍니다. '얼굴 고치듯' 땅을 바꾸는 거라, 생각하면 이해 완전 가능하답니다. '땅에서 흙이나 돌 캐낼 때'도 그냥 막 하면 안 됩니다. 허가받아야 하고, 땅 쪼갤 때 큰 땅 하나를 여러 개의 작은 땅으로 분할을 할 때도 승인받아야 한답니다. 물건 잔뜩 쌓아둘 때는 땅에 그냥 물건만 쌓아놓는 것도 그 규모가 크면 허가가 필요하다는 사실! 아시기를 바랍니다.

아파트 너머로 땅으로

결론은, 땅에 뭔가 크게 변화를 주거나 새로운 걸 만들어 내려면 대부분 이 '개발행위허가'라는 문을 통과해야 한다는 겁니다. 특히 땅 모양 바꾸는 것이 제일 많다고 하니, 그거는 찐 중요 별 다섯 개입니다! ✨

개발행위허가에는 건축물이나 공작물의 설치, 형질변경, 토석 채취, 토지분할, 물건을 쌓아놓는 행위를 말하는데, 먼저 건축물의 건축이나 공작물의 설치는 주택 상가, 공장 등 건축물을 짓거나 담장 옹벽, 광고탑 등 인공 구조물을 설치하는 행위를 말하고, 토지의 형질변경은 흙 깎기, 흙 쌓기 등 절성토로 땅을 고르는 행위, 공유수면의 바다를 매립하는 행위로 가장 많은 허가는 결국 형질변경입니다. 특히, 농지나 임야를 다른 용도로 바꾸는 가장 흔한 행위입니다. 토석 채취는 흙, 모래, 자갈, 바위 등을 파내는 행위를 말하고, 토지분할은 녹지지역, 관리지역, 농림지역, 자연환경보전지역 등에서 관계 법령에 따라 인허가를 받지 않고 토지를 분할하는 것을 말하며,

건축물이 있는 대지를 일정 면적 이하로 분할하는 것도 포함됩니다. 물건을 쌓아놓는 행위로는 녹지지역, 관리지역, 자연환경보전지역 안에서 1개월 이상 물건을 쌓아 놓는 행위 5가지를 통틀어 개발행위허가 대상이라고 말합니다. 개발행위허가는 신청부터 준공까지 여러 단계를 거치며, 단계마다 관련 법규와 기준에 충족해야 합니다.

특히 토지의 형질변경은 농지전용허가나 산지전용허가 등 별도의 인허가가 선행되거나 동시에 진행되어야 하는 경우가 많습니다. 개발행위를 하려는 사람은 개발행위허가 신청서와 함께 사업 계획서, 설계도서, 환경 오염 방지 계획서 등 필요한 서류를 관할 시장 군수 구청장

에게 제출하여, 관련 부서 협의 및 심의를 거치는데, 신청서가 접수되면 개발행위가 도시계획, 건축, 지적, 환경, 산림, 농지 등의 법규에 적합한지 확인하기 위하여 부서와의 협의가 진행됩니다.

필요한 경우 도시계획위원회 심의를 거치기도 하고, 허가나 불허가 결정의 경우는 협의나 심의 결과를 바탕으로 지자체는 허가 기준으로 계획의 적정성, 기반 시설확보 여부, 주변 환경과의 조화 등에 따라 허가 여부를 결정하고 신청인에게 통보합니다. 개발행위허가로 공사가 잘 이뤄졌는지 확인하는 준공 검사를 신청해야 하며, 준공이 나고 나면 지목변경 등 후속 절차를 진행할 수 있습니다.

-개발행위는 다섯 가지 맛으로 check-

앞서 언급한 5가지는 check 필수이고, 조수류·수목 등의 집단서식지인가, 우량 농지 등의 보전 및 역사 문화적 목적에 따른 원형보전의 필요가 없어야 합니다. '찐' 중요한 것은 토지형질 변경과 토석 채취는 도시계획조례가 정하는 기준에 당연히 적합해야 하고, 토지의 경사도, 임상(林相), 표고, 인근 도로에서의 높이, 배수 등을 시군 조례를 보고 check 해야 합니다.

용도지역별 개발행위 규모, 건축 제한 기준, 개발행위허가 제한, 도시계획사업 부지 등에 들어가지 않아야 하고, 개발행위로 건축이나 공작물이 주변 자연경관을 훼손하지 아니하고, 높이·형태 및 색채가 주변 건축물과 조화를 이루어야 합니다.

아파트 너머로 땅으로

물론 개발행위가 이뤄지고 나면 당해 지역이나 주변 지역에 대기오염 등의 우려가 없어야 하고, 특히, 대지와 도로의 관계는, 도시계획조례로 정하는 건축물의 용도·규모·층수 또는 주택 호수 등에 따른 도로의 너비, 차량의 소통 기준에 적합해야 하는 것은 필수 필수입니다.

25

산속 임야, 개발을 통해 대지로

우리가 어떤 땅에 건물을 짓거나, 새롭게 길을 내는 개발행위를 떠올릴 때, 산속의 임야는 또 다른 차원의 고민을 안겨 줍니다. 겉보기에 광활하고 아무렇게나 쓸 수 있을 것 같은 임야라 할지라도, 그 안에는 예측할 수 없는 자연의 섭리와 복잡한 법적 장치가 겹겹이 쌓여 있기 때문입니다.

개발행위란 무엇이며, 특히 임야의 개발은 어떤 의미를 지닐까요? 단순히 땅을 바꾸는 것을 넘어, 자연과 인간이 조화를 이루는 길을 찾아야 합니다. 임야 개발은 말 그대로 산림을 본래의 목적이 아닌 다른 용도로 사용하기 위해 토지형질을 바꾸거나 시설물을 설치하는 일련의 행위를 말합니다.

주택을 짓고, 도로개설을 하거나, 다른 용도의 부지로 전환하는 게 여기에 해당합니다. 이러한 행위에는 반드시 '산지관리법'이라는 특별한 법의 허가를 받아야만 합니다. 임야에서의 개발행위는 특성상 일반적 개발보다 더욱 세심한 검토와 절차가 요구되고, 건축물이나 시설물을 설치할 때는 주로 산에 주택, 펜션, 창고 등을 짓는 것을 포함하며, 골프장이나 수목원 같은 대규모 시설도 마찬가지입니다. 이러한 건축행위는 단순히 개인의 바람만으로는 이루어질 수 없으며, 엄격한 규정을 따르지 않으면 법적으로 제재를 받게 됩니다.

농업인은 임업용 보전산지 내에 농가주택을 지을 수 있는 예외 조항이 있습니다. 일반적으로 대지 200평을 기준으로 건폐율 20%, 용적률 80%를 적용하여 약 40평 규모의 2층 건물을 건축할 수 있어, 농업 활동에 큰 도움이 되는 혜택이라 할 수 있습니다.

산지는 크게 '보전산지'와 '준보전산지'로 나뉘며, 개발 가능성은 이 분류에 따라 크게 달라집니다. '보전산지'는 생태적 가치가 높아 엄격하게 보호되므로 개발이 매우 제한적이거나 부분적으로만 허용됩니다. 반면 '준보전산지'는 상대적으로 규제가 덜하여 개발 가능성이 더 높은 편입니다.

여기서 핵심 변수가 바로 '표고'와 '경사도'입니다. 산의 높이와 경사가 일정 기준 이상으로 가파르면 개발이 불가하며, 그 기준은 지자체마다 다릅니다. 일반적으로 개발행위 허가를 받을 수 있는 임야는 경사도가 25도 미만이며, 진입 도로로부터 개발할 임야까지의 표고가 대개 50미터 이하여야 하고, 임야에 얼마나 많은 나무가 밀집해 있는지를 나타내는 '임목 축척' 역시 개발 가능성을 판단하는 중요한 요소가 됩니다.

이처럼 임야 개발에는 단순한 건축허가를 넘어, '산지전용 허가'나 '국토계획법에 따른 개발행위 허가' 등 복합적 법적 절차가 동반되기 때문에 전문적 지식이 필요합니다. 따라서 임야를 매입하고 개발하려면 시·군 조례와 산림자원조성관리법 등을 숙지하고, 자연에 대한 깊은 이해와 존중을 바탕으로 접근해야 합니다. 산지의 개발은 경제적 이익을 넘어, 미래 세대에게 물려줄 자연유산을 어떻게 보전하고 활용할 것인가 하는 중요한 질문을 우리에게 던지고 있습니다.

제3부 토지 어렵지 않다

26

건축물을 짓는 대지의 조건은

먼저 안전한 대지를 갖춰야 하는 대지는 그저 흙과 돌멩이로 이루어진 공간이 아니니까 그렇습니다. 그래서 대지를 다루는 일은 언제나 신중하고 섬세해야 합니다. 법이라는 이름의 든든한 울타리 안에서 마치 오래된 정원을 가꾸듯, 대지와 건축의 관계를 지혜롭게 조율하는 것이야말로 진정 아름다운 공간을 만드는 첫걸음일 것입니다.

집을 짓기 전에 땅에 물어봅니다. 너는 얼마나 튼튼하니? 대지의 안전은 바로 이 질문에서 시작되는 것입니다. 건축물이 아무리 견고해도 대지가 불안정하다면 그 노력은 의미가 없을 테니까 그렇습니다.

그래서 건축법은 대지가 인접한 도로면 보다 낮지 않아야 하고, 흙이 비에 쓸려 무너지거나 축축하게 젖어 건물에 해를 끼치지 않도록 물을 잘 관리하는 것과 땅이 흔들리지 않도록 단단히 붙잡아 주는 옹벽을 세우거나 비탈면을 안전하게 다듬는 것도 대지가 우리에게 주는 가장 기본적 약속을 지키는 과정입니다.

-대지 안에서 조경으로 공개공지로-

그리고 빌딩 숲을 걷다 보면 푸른 나무 한 그루가 얼마나 소중한지 새

아파트 너머로 땅으로

삼 깨닫게 됩니다. 건축법은 일정 규모 이상의 건물을 지을 때, 대지 안에 의무적으로 나무와 꽃을 심어 사람들에게 쾌적하고 아름다운 환경을 제공하려는 노력입니다. 어떤 곳은 의무 대상에서 제외되기도 하지만, 도시를 더욱 풍요롭게 만드는 조경의 역할은 그 무엇보다 중요하고, 이는 자연과 인간이 함께 숨 쉬는 공간을 만들기 위한 최소한의 약속입니다.

도심 속 큰 건물 앞을 지나다 보면 어느새 작은 쉼터가 나타나는 경우가 있습니다. 벤치가 놓여 있고 시원한 나무 아래에서 사람들이 쉬어 가는 곳이 바로 '공개공지'입니다. 법은 특정 건축물에 대해 대지면적의 일부를 누구나 이용할 수 있는 열린 공간으로 제공하도록 합니다. 이렇게 마련된 공간은 도시의 숨통을 열어 주고, 시민들에게 편안한 휴식을 제공하는 역할을 합니다. 때로는 이러한 공개공지를 확보하면 용적률이나 건축물 높이 제한을 완화해 주는 혜택도 주어져, 도시 공간 활용과 공공의 이익이 균형을 이루도록 돕습니다. 이곳은 건물주의 작은 양보가 도시 전체의 큰 여유로 바뀌는 마법 같은 공간이라 할 수 있겠습니다.

제3부 토지 어렵지 않다

27

대지와 도로 그리고 용도지역이 걸리는 경우

모든 대지는 길을 통해 숨 쉬고, 길은 다시 외부 세계와 대지를 잇는 생명선과 같습니다. 길이 없는 땅은 마치 망망대해의 외로운 섬과 같아, 아무런 활동도 일어날 수 없기 때문입니다. 건축법에서 건축물의 대지가 반드시 도로에 접하도록 규정하는 것 역시 이러한 연결의 중요성을 보여 줍니다. 이는 단지 사람들이 건축물로 드나들기 위한 것을 넘어, 위급한 상황 발생 시 소방차나 구급차 같은 구조대가 접근할 수 있는 최소한의 통로를 확보하기 위함입니다.

도로는 건축의 시작이자 끝이며, 안전하고 효율적인 도시 공간을 만드는 근본적인 약속이라 할 수 있습니다. 특히 건물의 규모가 커질수록 더 넓은 도로에 접해야 하는 것은 필수적 안전과 편의의 원칙입니다. 일반적으로 4미터 이상의 도로에 최소 2미터 이상 접해야 하지만, 막다른 골목길의 경우 그 길이에 따라 요구되는 도로 폭이 달라지기도 합니다. 이렇게 중요한 도로의 지정, 폐지, 변경은 결코, 쉽지 않은 과정입니다.

허가권자가 도로를 지정하고 관리하는 과정은 매우 신중하며, 때로는 오랜 시간 주민들이 사용해 온 사실상의 통로가 법적으로 정식 도로로 인정받기도 합니다. 이는 길 하나하나에 우리 모두의 삶과 역사가 얽혀 있기 때문입니다. 길이 있고 대지가 연결되며, 그 위에 건축물이 자리 잡으면서 비로소 도시는 살아 숨 쉬는 유기체처럼 기능하게 됩니다.

지정된 도로를 없애거나 형태를 바꿀 때는 해당 도로를 통하는 이해 관계자의 동의를 구하는 것이 원칙이며, 도로가 단순히 물리적 통로를 넘어, 그 주변 사람들의 일상과 긴밀하게 연결되어 있음을 의미합니다. 개인의 소유를 넘어선 공동의 자산으로서, 도로는 우리 사회가 지켜 나가야 할 중요한 가치인 셈입니다.

건축물을 지을 때 도로와 대지 사이에 그어진 '건축선' 역시 중요한 경계입니다. 이는 건물이 도로를 침범하지 않도록 설정된 투명한 약속과도 같습니다. 일반적으로는 대지와 도로의 경계선이 건축선이 되지만, 도시의 미관을 아름답게 가꾸고 기능을 향상하기 위해 시장, 군수, 구청장이 특정 지역에 건축선을 따로 지정할 수도 있습니다.

이 건축선은 건물의 튀어나온 부분뿐만 아니라 창문이나 출입구까지도 지켜야 할 엄격한 기준이며, 이는 땅과 길, 그리고 건축물 사이의 질서와 조화를 위해 반드시 지켜야 할 약속입니다. 대지와 건축에 관련된 법규들은 단순히 건축을 제한하는 규제라기보다는, 우리가 안전하고 쾌적하며 아름다운 삶터를 공유하기 위한 지혜로운 약속이라 할 수 있습니다. 땅은 그 자체로도 가치가 있지만, 건물이 들어서고 사람이 머물 때 비로소 진정한 의미를 발하게 되듯이, 이러한 법규들은 땅과 사람, 건축이 함께 어우러져 살아갈 수 있는 길을 제시합니다.

땅은 단순한 평면이 아닙니다. 마치 여러 겹의 옷을 입은 듯 다채로운 성격을 지니기도 합니다. 건폐율과 용적률은 그 땅이 지닌 잠재력을 가늠하는 중요한 지표이며, 때로는 땅을 효율적으로 나누거나 합치는 과정에서도 신중함이 요구됩니다. 건물들이 서로에게 그림자를 드리우지 않고, 도시의 숨통을 틔워주는 중요한 약속들 또한 이 안에 담겨 있습니다. 이는 곧 건축을 통해 우리의 삶을 더욱 풍요롭게 만들고, 지속 가능한 도시 환경을 조성하려는 노력의 일환이라 볼 수 있습니다.

가끔은 한 필지가 두 가지 이상의 용도지역에 걸쳐 있는 경우가 더러 있습니다. 어쩌면 여러 종류의 색실로 짜낸 옷감처럼, 토지 일부분이 다른 용도를 품고 있는 것인데, 예를 들어, 부산이나 마산처럼 해변을 따라 길게 형성된 대상형 도시에서는 도로 폭이 넓은 쪽은 상업지역으로, 뒤편의 좁은 도로 쪽은 주거지역으로 나뉘어 있는 토지를 흔히 볼 수 있습니다.

이 경우 어떤 용도지역의 법규를 따라야 할까요? 기본적으로는 각 지역의 특성에 맞는 법규를 따르는 것이 원칙입니다. 하지만 전체 대지 면적 중 작은 부분이 특정 용도지역에 걸쳐 있다면, 예외적으로 전체 대지에 대해 가장 넓은 면적을 차지하는 용도지역의 법규를 적용하고, 건축용적은 각 용도지역의 비율대로 적용하게 되어 있습니다.

특히 미관지구나 방화지구에 걸쳐 있는 경우는 더욱 특별한 기준이 적용됩니다. 이런 곳에서는 대지 전체에 강화된 규제가 적용되어, 도시의 아름다움이나 안전을 지키는 데 더 큰 비중을 두게 됩니다. 이처럼 도시의 복잡성을 깊이 이해하고 합리적인 기준을 세우는 것이 바로 대지에 대한 우리의 깊은 고민이자, 건강한 도시를 만들어 가는 중요한 지혜입니다.

아파트 너머로 땅으로

28

대지 밀도·분할 제한·높이 제한

건폐율 용적률은 대지에 건축물을 얼마나 빽빽하게, 그리고 얼마나 높게 지을 수 있는지 결정하는 아주 중요한 기준으로 건폐율은 대지면적 대비 건축물이 대지를 덮는 비율입니다. 예를 들어 건폐율이 50%이고 대지가 100평일 때 건축물이 차지하는 바닥면적은 50평을 넘을 수 없다는 뜻입니다.

이는 건물 주변에 여유 공간을 두어 채광, 통풍 등을 좋게 하고 화재가 발생하면 대피 공간을 미리 마련하는 등 안전과 쾌적성을 확보하기 위해서입니다.

용적률은 대지면적 대비 건축물 각 층 바닥면적의 합계 비율로, 용적률이 높을수록 대지 위에 더 많은 층수를 올릴 수 있게 되는 것인데, 시군구에 따라서 그 비율이 들쭉날쭉하고 인구가 증가하는 곳이 높다는 것은 토지의 이용도를 증가시키는 것으로 볼 수 있으나, 인구가 감소되는 소도시에서는 노는 땅이 많은데도 용적율이 높은 것은 조례제정 규정을 살펴야 할 것으로 보입니다.

이는 도시의 밀도를 조절하고 인구 집중을 관리하는 중요한 기준으로, 용도지역의 특성과 시군구의 조례에 따라 허용되는 건폐율, 용적률이 크게 달라지고 이는 각 지역의 스카이라인과 생활환경을 결정하는 핵심 요소가 되며, 지하층 면적이나 지상 주차장 면적은 용적률 산정에서 제외되는 경우가 있으니, 건물의 실질적 사용 공간을 더 효율적으로 확보할 수 있도록 돕는 유연함도 있습니다.

대지를 너무 작게 쪼개면 어떤 문제가 생길까? 도로도 접할 수 없고, 건물을 지을 수도 없는 비효율적인 땅이 될 수 있는데, 건축법에서는 대지의 최소 분할 면적을 정해 두어 땅이 무분별하게 작아지는 것을 막습니다. 특히 건축물이 있는 대지는 더 엄격한 기준이 적용됩니다. 건물을 지탱하고 남은 공간이 너무 협소해 건축 기준에 미달하게 되는 상황을 방지하기 위해서입니다. 이는 땅의 가치를 보존하고, 건강한 도시 환경을 유지하기 위한 최소한의 안전장치인 셈이라고 보면 되겠습니다.

대지 안의 공지도 여유를 두어야 하는데, 건물은 그저 꽉 채워 짓는 것이 능사가 아니라 건물과 인접 대지 경계선 사이에는 반드시 일정한 거리를 두어야 합니다.

이를 '대지 안의 공지'라고 하는데, 떨어지는 거리를 확보함으로써 건물 내부의 채광과 통풍을 좋게 하고, 화재가 발생하여도 불길이 옆 건물로 번지는 것을 막으며, 이웃 간의 사생활을 보호하고, 도시미관에 도움을 줍니다. 용도나 규모에 따라 확보해야 하는 공지의 너비가 달라지니, 이는 건물이 이웃과 더불어 살아가는 지혜를 알려 주는 규정입니다.

때로는 건물들이 마치 쌍둥이처럼 서로의 벽을 맞대고 지어지는 경우가 있습니다. 이를 '맞벽 건축'이라는데, 상업지역이나 미관 유지가 필

아파트 너머로 땅으로

요한 지역에서 도시 공간의 효율성을 높이고, 일체감 있는 가로 경관을 조성하기 위해 허용됩니다.

서로 맞닿은 벽면에는 창문이나 개구부를 설치할 수 없으며, 화재 확산을 막고자 특별하게 방화 구조를 갖추어야 합니다. 맞벽 건축은 제한된 땅을 최대한 활용하면서도 도시의 미적 기준과 안전을 동시에 만족시키려는 고민의 결과물입니다.

특히 주거지역에서 건축물의 높이 제한은 매우 중요하며, 내 집 때문에 옆집 창으로 들어가는 햇살을 빼앗지 않기 위한 약속이고, 이것은 주거지역 안에서 건축할 때, 북쪽 방향 인접 대지 경계선으로부터 내 땅 안쪽으로 일정 거리를 띄워 건물을 짓거나, 건축물 각 부분의 높이가 인접 대지 경계선으로부터의 거리에 비례하여 일정 높이 이상을 넘지 못하도록 규정하고 있습니다. 이것은 주거환경의 쾌적성을 확보하고, 이웃 간의 빛을 나눔으로써 서로 배려하고 살아가는 공동체 의식을 건축에 담아내는 아름다운 규정이라 할 수 있습니다.

29

건축물 SIZE는 기록물을 보아야

건축제도를 적용받은 건축물들을 낱낱이 기록한 공적인 장부로서, 건물의 "출생신고서 또는 주민등록증"과 같은데, 건물의 모든 중요한 정보가 체계적으로 기록되어 있습니다. 이 정보들은 건물의 법적 상태와 물리적 현황을 파악하는 데 필수적입니다.

기본 정보인 토지 소재 지번으로 건물의 정확한 주소와 지번 기록을 알 수 있고, 건물 명칭 및 번호가 있는데 아파트나 오피스텔처럼 이름이 있는 건물은 그 명칭과 동, 호수 등이 기재됩니다.

그리고 대장 종류로 일반건축물대장과 여러 세대가 모여 있는 집합건축물대장으로 구분됩니다. 집합 건축물대장은 아파트와 같이 건물 전체의 정보를 담은 '표제부'와 각 세대의 정보를 담은 '전유부'로 나누고 고유번호는 각 건축물에 부여된 고유한 식별 번호입니다.

건축물 현황은 건물의 물리적 상태와 그 규모에 대한 상세 정보인데, 대지면적은 건물이 지어진 토지의 총면적을 말하는데, 토지대장 면적과 건축허가를 받으면서 건축선 후퇴를 적용받은 경우는 다를 수 있습니다. 건축면적은 건물의 외벽 중심선으로 둘러싸인 부분의 수평 투영 면적, 즉 건물이 땅을 덮고 있는 면적입니다.

바닥면적은 각 층 또는 그 일부로서 벽, 기둥 등의 중심선으로 둘러싸인 부분의 수평 투영 면적으로 각각 층별로 기재된다는 것이 특이하며, 연 면적은 각 층의 바닥면적 합계를 말하는데, 지하층, 주차장 등은 용적률 산정 시 제외될 수 있습니다.

건폐율은 대지면적에 대한 건축면적의 비율이고, 용적률은 대지면적에 대한 연 면적의 비율이고 건축물의 높이는 건물의 최고 높이를, 층수는 지하층은 포함되지 않습니다. 또한 구조는 건물을 지은 주요 재료와 구조 방식인데 우리가 흔히 사용하는 철근콘크리트조, 벽돌조, 철골조 등을 말합니다.

주 용도와 부속용도는 건물이 어떤 목적으로 사용되는지 예를 든다면 단독주택, 공동주택, 제1종 근린생활시설, 사무실 등 부수적인 용도가 기재되며, 지붕과 외벽의 종류도 기록되고, 건물의 지붕과 외벽에 사용된 재료도 기록되고, 사용승인일은 건물이 건축허가대로 지어졌음을 확인받고 정식으로 사용할 수 있게 된 날짜입니다.

소유자 현황은 성명과 주소, 주민등록번호가 기재되고, 소유권 변동이나 권리관계의 상세 정보는 등기사항전부증명서에서 확인해야 합니다. 특기사항과 기타 정보는 불법 위반 건축물과 증축하거나 용도 변경 한 것이 표시됩니다.

이는 매우 중요한 정보이므로 반드시 확인해야 하고, 건축물 현황도는 건물의 평면도나 단위 세대 평면도 등이 포함될 수 있으나, 이는 소유자의 동의를 얻거나 특정 조건이 있는 임차인이 신청하거나 경매 등으로 이것을 본다면 열람 발급이 가능합니다.

지역, 지구, 구역은 해당 대지가 속한 법적 용도지역, 지구, 구역의 명칭을 기재하고, 건물의 건축 가능 여부나 규모에 영향을 미칩니다. 이처럼 건축물대장은 건물의 물리적, 법적 현황을 한눈에 파악할 수 있는 매우 중요한 문서로 특히 부동산 거래 시에는 반드시 확인해야 할 필수 서류입니다.

아파트 너머로 땅으로

30

건축이 가능한 도로는

도시의 길은 단순한 선이 아니라 삶이 드나드는 문턱이고, 집과 도시가 숨을 맞추는 통로입니다. 길을 따라 바람이 드나들고, 소방차가 밤에도 다니고 아이들이 노는 공간이기도 합니다, 그래서 길의 기준은 편의가 아니라 안전과 공공성에서 시작됩니다.

건축의 세계에서 길은 이름을 하나 더 얻습니다. 건축법상 도로라고 모두가 오가는 현실의 통행로를 법의 언어로도 길임을 입증해야 비로소 집이 도시와 연결됩니다. 일반적으로 보행과 자동차가 안전하게 다닐 수 있는 폭 4미터가 그 기준으로 작동합니다. 이는 단순한 수치가 아니라 구조와 가시성, 회차와 피난을 한 번에 고려한 최소 조건입니다.

막다른 길은 예외처럼 보이지만, 사실은 기준을 더 섬세하게 만든 사례들인데, 출구가 하나뿐인 구조에서는 길이와 상황에 따라 폭을 2미터에서 6미터까지 차등해 요구하며, 한 사람이 돌고 차가 돌아나갈 수 있는 여유인데, 길의 폭은 평온할 때는 불필요해 보이지만, 비상시에는 생존의 간격이 된다는 것입니다.

그렇다고 현장에서 통행로가 곧바로 '건축이 가능한 길'이 되는 것은 아니며 도시계획으로 정해진 도로나, 관계 법령에 따라 고시된 도로는 이름이 분명합니다. 반면 오래된 농로, 사유 통로 같은 사실상의 도로는 여전히 잠정적입니다. 이때 행정은 '위치지정'이라는 절차로 현황도로의 공적 지위를 부여합니다. 한 장의 공고가 더해지는 순간, 익숙했던 동네 길이 집과 도시를 잇는 공식의 통로가 되며, 확인의 과정은 생각보다 구체적입니다. 종이 위의 선을 믿되, 현장의 폭과 경사, 가시를 다시 봐야 하고, 전신주 하나, 도랑 폭 몇십㎝가 유효 폭을 갉아먹기도 합니다. 도면과 실측이 일치할 때 길은 설득력을 얻고, 설계는 그 설득 위에서, 결국 길의 자격은 숫자와 장면이 함께 증명합니다. 길이 공적 지위를 얻는 동안 이웃과의 관계도 함께 정돈됩니다. 사용 승낙이라는 호의만으로는 내일의 변수를 감당하기 어렵습니다. 통행지상권이나 지역권처럼 등기로 남는 약속은 길의 지속성을 보장합니다. 누구의 길도 아니면서 모두의 길이 되게 하는 기술은 권리의 문장입니다.

작은 문구 하나가 트럭을 돌려 나갈 수 있는 회차가 가능하고, 겨울밤의 긴급차량을 막지 않으며, 좁은 길이 주는 그늘은 이루 말할 수가 없이 불편한데, 진입이 어려우면 건축물 공사비가 오르고, 장비의 동선이 꼬이며, 소방과 피난의 시간마저 길어집니다. 확장을 전제로 한 건축선 후퇴는 대지의 쓸 수 있는 면적을 줄이고, 계획의 꿈을 조금씩 깎아냅니다. 그래서 매입보다 먼저 길을 확인하고, 설계보다 먼저 안전을 우선하고, 길을 보면 집이 덜 흔들린다는 말이 있습니다.

도시의 길은 결국 합의의 산물로 행정은 기준을 통해 안전을 지키고, 이웃은 권리로 지속할 것을 약속하며, 설계는 디테일로 위험을 줄이

아파트 너머로 땅으로

는 것입니다. 폭 4미터라는 한 줄의 숫자, 막다른 도로의 차등 기준과 지정이라는 절차가 서로 맞물릴 때, 길은 더 이상 우연이 아닌 공공이 되어 그 위에서 집은 문을 열고, 일상은 도시와 잇닿습니다.

우리가 다루는 길은 허가를 넘어, 동네의 신뢰를 설계하는 것이며, 길이 집에 닿는 순간 도시도 그 집에 닿습니다. 그 연결이 정확하고 안전할수록 삶은 조용히 더 넓어집니다. 실무적으로 막다른 도로에서 자주 생기는 이슈를 한번 상상하여 보면, 유효 폭이 미달 되는 길에 전주 30cm가 있고, 도랑 40cm가 있다면, 도로 4m가 3.3m로 폭이 작아 전주 이설이나 덮개를 덮는 것은 어떻습니까?

31

건축으로 도로대장으로

건축이 가능한 도로라는 것은 단순히 차량이나 사람이 다니는 것을 넘어, 건축물이 대지에 접해야 한다는 법적 요건을 갖춘 도로를 말합니다. 건축법 도로의 기본 요건은 건축법상 도로로 인정받기 위해서는 기본 요건을 충족해야 합니다.

너비 4미터 이상의 보행과 차량 통행이 가능한 도로이어야 하고, 막다른 도로는 길이에 따라 2미터에서 6미터 이상을 말합니다. 국토계획법, 도로법, 사도법 등 관련 법령에 따라 신설 변경 고시된 도로는 건축법상 도로로 인정되고, 건축허가나 신고할 때, 시장·군수·구청장이 위치를 지정 공고하는 도로는 건축법상 도로가 되는데, 시장 군수들의 재량권이 강한 처분이라고 볼 수 있습니다.

건축법상 법정 도로는 국토계획법의 도시계획시설 결정도로, 도로법의 고속도로, 일반국도, 시도, 지방도, 군도가 있고, 농어촌도로정비법 도로나 사도법상 도로가 있다. 도로 관리대장에 등재되어야 합니다. 현황도로나 사실상의 도로라는 것은 주민이 오랫동안 통행로로 이용하고 있는 사실상의 도로를 말합니다. 원칙적으로 건축법상 도로로 인정받기 어려우나, 건축허가 시 지자체장의 판단에 따라 건축법상 도로로 지정될 수 있으며, 이 경우 해당 도로 소유자의 동의가 필요할 수 있습니다.

건축이 가능한 도로를 확인하는 방법은 가장 확실하게 건축이 가능한 도로인지 확인하는 방법으로 토지이음(eum.go.kr) 시스템에서 '토지이용계획확인서'를 열람하면 해당 토지에 접한 도로가 도시 계획시설 도로로 지정되어 있는지 확인할 수 있습니다. 도시 계획시설 도로는 대부분 건축법상 도로로 인정되고, 이음 지도에서 지적도와 도로 현황을 함께 보아, 도로의 폭이나 형태를 개략적으로 파악할 수 있으나, 시장 군수 구청장에게 문의하는 것이 정확한 방법입니다.

토지가 속한 시·군·구청의 건축부서에 직접 문의하는 게 좋으며, 건축허가가 가능한 도로에 접했는지, 현황 도로가 건축법상 도로로 지정 가능한가를 문의할 수 있습니다.

특히 현황도로의 경우, 지자체마다 적용하는 조례 규칙이 조금씩 다를 수 있으므로 확인해야 합니다.

특히 복잡한 현황도로나 맹지는 전문가의 도움이 필수이고, 접하지 않은 땅은 원칙적으로 건축허가가 나지 않습니다. 맹지에 건축하려면 도로를 개설하거나 인접 토지소유자의 동의를 받아 도로로 지정해야 하는 복잡한 절차가 있어야 하는데, 현황도로의 불확실성은 실제 도로처럼 사용되더라도 법적으로 도로가 아닐 수 있습니다. 건축허가 때에 소유자의 동의가 필요하거나, 시장 군수 구청장이 도로로 지정하지 않으면 건축 행위를 못 할 수 있습니다. 도시 계획시설 도로의 장단점은 투자의 호재가 될 수도 있지만, 토지 일부가 도로에 저촉되는 경우 쓸 수 있는 토지 면적이 줄어들어 손실이 발생할 수도 있다는 것을 알아야 합니다.

32

도로는 건축 기준으로
덤프트럭이 들어가는 도로

가장 중요한 것은 단순히 눈에 보이는 '길'이 아니라 법적으로나 건축법에서 도로로 인정하는가입니다. 좁은 도로에 접한 토지는 건축허가 과정에서 여러 난관에 부딪힐 수 있으므로 건축허가는 건축물의 대지가 너비 4미터 이상의 도로에 2미터 이상 접해야 한다고 앞서 여러 차례 밝혔습니다.

접하고 있는 도로의 폭이 4미터 미만이거나, 2미터 이상 접하지 않았다면 원칙적으로 건축허가가 나지 않습니다.

그렇다고 국도변이나 자동차전용도로는 건축이 가능한 도로가 아니며, 막다른 도로의 경우는 길이에 따라 필요한 최소 도로 폭이 2m, 3m, 6m로 달라지므로, 해당 도로가 이 기준을 충족하는지 확인해야 합니다. 그리고 현황도로는 한계가 있는데, 오랫동안 주민들이 사용해 온 현황도로 즉, 사실상 도로라 할지라도, '건축법상 도로'로 인정받지 못한다면 건축허가가 나지 않을 수 있습니다.

이 경우 도로 소유자에게 사용 승낙을 받거나, 지자체장이 도로로 지정해야 하는 복잡한 절차가 필요합니다. 건축선 후퇴라고 하는 것은 도로 확장을 위하여 건축선을 지정하는데, 만약 현재 폭이 4미터 미만이나, 장래에 도로를 확장할 계획이 있는 경우, 건축물을 지을 때 '건

아파트 너머로 땅으로

축선 후퇴'가 필요할 수 있습니다. 이는 도로 중심선에서 일정 거리를 띄워 건축물을 배치해야 한다는 의미입니다.

이 경우 대지면적 손실이 따르는데, 건축선 후퇴가 발생하면 실제 건물을 지을 수 있는 대지면적이 줄어들어, 원하는 규모의 건축물을 짓지 못하거나 토지의 활용도가 떨어질 수 있습니다. 이는 토지 가치에도 영향을 미치므로, 좁은 도로는 레미콘, 덤프트럭, 굴착기 등 대형 공사 차량 진입과 회전을 어렵게 만듭니다. 이 때문에 공사 기간이 길어지고, 장비 사용료나 인건비 등 공사 비용이 증가할 수 있고, 건축 자재를 현장까지 운반하는 데도 어려움이 있습니다.

이는 건축허가 할 때 중요한 고려 사항이고 좁은 도로는 주차 공간 확보를 어렵게 하여, 건축물 사용자의 불편을 초래하고 인근 주민의 원성이 될 수 있습니다.

공사 중 좁은 도로 때문에 통행에 큰 불편을 주고 좁은 공간에서 발생하는 공사 소음과 먼지는 주변 주거환경에 직접적 영향을 미쳐 이웃과의 분쟁으로 이어질 수 있을 수 있으며, 건축허가가 어렵거나 공사 비용이 많이 소요되는 토지는 매매가 쉽지 않아 환금성이 떨어지고, 접근성이 떨어지고 건축 제약이 많아 시장 가치가 낮게 평가됩니다.

해결 방법은 토지 매입 전 반드시 관할 시·군·구청 건축부서나 도시계획부서에 문의하여 해당 토지의 도로 현황과 건축 가능 여부를 확인하고 가능성을 따져 보는 것이 중요합니다.

33

도로에서 건축으로 일상으로

도로는 두 겹으로 관리한다고 보면 되겠습니다. 하나는 도로 자체를 만들고 지키는 법이고, 다른 하나는 그 도로 위를 다니는 질서를 다루는 법입니다. 전자는 도로의 설치·관리·보전을 다루는 도로법이고, 후자는 통행과 안전에 초점을 두는 도로교통 체계 같은 것으로 무엇을 위해 보느냐에 따라 시선이 달라집니다.

공물이라는 개념도 그렇습니다. 공공용물은 시민 모두에게 직접 허용하는 것으로, 도로·공원·하천 같은 것들을 말하고, 공용물은 행정주체가 자기 업무 수행을 위하여 보유·사용하는 물건들입니다. 도로를 다루는 법의 성격은 공익을 앞세우는 공법으로 행정은 때때로 개인 의사와 무관하게 길을 정하고, 도로구역을 확정하며, 점용을 허가하거나 제한하고, 유지·수선을 명할 수 있습니다. 필요하면 통행을 금지할 수도 있습니다. 그러니까 도로법·건축법으로 관련 체계를 세우는 것은 우월적 권한이 누구의 편의가 아니라 모두의 안전과 효율을 위한 장치입니다.

길에도 역사가 있는데, 조선 성종 때 지금의 법전 같은 경국대전에서 도성 안팎의 길을 구분하여 폭에 따라 큰길·중간길·좁은 길로 나눴습니다. 1938년 일제강점기의 도로령, 1961년 도로법, 건축물의 대지는 보행과 자동차 통행이 가능한 너비 4m 이상의 도로에 접해야 한다는 건축법 제44조를 근거로 하고, 일반적으로 최소 2m 이상 대지가 도로에 맞닿는 길이를 확보하는 것이 규범적이고, 지형상 자동차 통행이 불가능한 구간이나 막다른 도로라면 별도 구조·너비 기준이 적용됩니다.

해당 건축물의 출입에 실질적 지장이 없는 법령상으로 공지로 보는 광장·공원·유원지 등은 건축이 금지되고 통행에 지장이 없는 공간, 농지의 농막 등 소규모 시설은 접도 의무가 완화될 수 있습니다. 규모가 큰 건축물은 더 엄격한데, 연 면적이 어떤 기준을 넘는 건축물과 공장은 소방·피난·물류 수요를 보아 너비 6m 이상의 도로에 4m 이상 접하도록 하는 것은 쾌적함과 위험을 줄이기 위한 장치이고, 반대로 축사·작물재배사 등은 조례로 완화될 수 있습니다.

국토계획법, 도로법, 사도법 등 관계 법령에 따라 신설·변경한 고시된 길이나 건축허가 신고 과정에서 시장·군수·구청장이 위치를 지정 공고한 지정 도로, 지형적 한계가 있거나 막다른 도로는 다르게 적용됩니다.

막다른 도로는 도시의 작은 섬 같은 것으로 출구가 하나뿐인 길은 소방·피난·일상 통행에 불리함을 안고 시작합니다. 그래서 법은 그 길이와 위치에 따라 더 넓은 폭, 회차 공간, 장애물 없는 공간을 요구며, 끊김을 인정하되 안전을 포기하지 않는 태도입니다.

진입로는 어떻게 확보하는가의 방법은 몇 가지로 정리되는데, 이미 개설된 타인의 도로와 연결을 통해 진입로를 구성하는 방식으로, 법정 도로인지, 사도인지, 사권이 얽혀 있는 도로인지 확인이 필요하고, 법정 도로라면 통상 별도의 사용 승낙 없이 공적 이용이 가능하지만, 진·출입의 물리적 연결과 안전시설은 별도 협의 대상이고, 인접 토지 소유자의 사용 승낙을 받아 통로를 만드는 방식입니다.

통행 지상권 설정, 교환·분할, 비용 분담 등 민법적 장치를 명확히 해 두어야 분쟁을 줄일 수 있고, 소하천이 가로막는 경우 점용허가를 받아 복개·교량 등으로 연결하는 방식도 있으며, 수리 안전, 홍수 시 유량 확보, 구조 안전 검토를 받고, 점용 기간·원상복구 조건 등 행정 조건을 정확히 확인해야 합니다.

진입로 확보의 핵심은 '길의 공적 지위'와 '사권 관계'를 동시에 명료하게 하는 일이며, 한쪽만 단단히 하여도 다른 쪽의 빈틈이 현실을 흔들 수 있습니다. 고시·지정의 절차로 공적 지위를 확보하여 통행권·지상권으로 사적 권리관계를 안정화하는 이 두 가지 축이 맞물려야 대지는 비로소 도시와 안전하게 접속합니다.

아파트 너머로 땅으로

34

민간자격증으로 걸어서 토지까지

토지와 관련한 문제는 복잡하고 전문적 지식을 요구하는 주로 토지공법과 등록에 이어 경계측량과 건축, 지방세와 부담금 등 다양한 분야가 얽혀 있기 때문입니다. 이럴 때 전문가의 도움을 받는 것은 그야말로 '현명한 한 수'라고 할 수 있는데, 정확한 정보와 전문적 조언을 통해 불필요한 시행착오를 줄이고, 합리적 결정을 내릴 수 있습니다. 복잡한 문제는 역시 '전문가 쌤'과 함께하는 것이 필요한 것 같아요!

토지분쟁을 막으려면 공인중개사는 매매 물건 및 현장 조사, 법무사는 등기 및 법률적 절차, 변호사는 소송 및 법률 대리를 제공합니다. 토지 경계에 문제가 있다면 지적 측량사에게, 건축과 개발은 건축사와 토목기사가, 토지의 A에서 Z까지 기본적이고 일반적 토지공법 이해와 Solution은 민간자격 '토지권리분석사'가 있습니다.

이것은 '21년 국토부 장관 승인과 자격기본법에 근거하여 정부출연연구기관 한국직업능력연구원이 사)한국토지연구원에 민간자격증 발급 권한을 부여했는데, 이것은 나날이 토지이용 분야가 중요해지고 everything rally 현상으로 자산 가격이 올라가는 사회적 문제가 나타나고, 국민의 사회경제적 지위를 높이고 능력 중심의 사회를 구현하고자 이 자격이 승인되었습니다.

대학의 평생교육원 '직업능력교육과정'을 수강하거나, 기본적 지식으로 자격취득은 가능할 것으로 보입니다. 각 분야의 전문가들이 토지 문제를 효율적으로 해결할 수 있는 경험과 지식은 예상치 못한 위험을 피할 수 있는 역할을 하게 될 것으로 보이나, 하지만 전문가에게 모든 걸 다 맡기는 것은 능사가 아니며, 토지 공부를 통해 기본적 지식을 갖춰놓으면 그들과 소통하기가 쉽고, 설명이나 궁금한 점을 질문하거나 정보나 의견에 대하여 비판과 검토의 힘이 생길 것이며, 결국 내가 가진 기본 지식이 전문성과 결합하여 가장 좋은 결과를 얻을 수 있습니다. 따라서 토지 공부는 일회성으로 끝나는 것이 아니라, 스스로 꾸준히 배우고 익히려는 자세가 중요합니다. 내가 살고 있는 땅, 내가 관심 두고 있는 곳을 알게 될수록 시민 역량을 키울 수 있을 것입니다.

아파트 너머로 땅으로

35

소유자가 분명하지 않은 미등기 토지

토지조사는 100년 전에 다 마쳤으나 아직도 '이 땅 주인은 나야' 하고 등기하지 않은 땅들이 있습니다. 다시 말하자면 부동산 등기공시제도로 등기부에 '소유권 보존 등기가 되어 있지 않다'는 것입니다.

토지조사는 토지의 종류, 면적의 규모, 가격의 조사, 소유자의 조사 등을 다 마쳤으나 등기하지 않은 땅 그러니까 토지대장과 등기부가 1:1이 아니라는 말인데, 작년 말 기준으로 국토 면적의 0.54%에 해당하는 544㎢가 그렇다는 것입니다. 이러한 토지에 소유권 분쟁이 발생하고 내 땅의 권리를 되찾겠다고 국가상대로 소유권 확인 소송과 판결을 받는 등 시간과 비용이 많이 들어가고 있습니다.

정부에서 한시적으로 부동산소유권 이전등기 특별조치법을 통하여 간편하게 등기할 기회를 주었으나 아직도 그렇게 되어 있었으니 '25년 국민권익위원회는 미등기 토지 국유화 특별법 제정을 예고하였는데, 그 규모가 전체 필지의 1.6%인 63만 필지로, 공시지가 기준으로 2조 2천억 원 정도로 그것은 당시 소유자가 사망, 월북 등의 이유로 100년 넘게 등기가 이뤄지지 않은 미등기 사정(査定) 토지를 국가가 관리하도록 하는 특별법으로 법무부를 비롯한 관련 정부 기관이 제도개선에 나서고 있습니다.

국유화가 된 뒤에라도 소유자가 나타나면 되돌려주고, 나머지는 국가가 관리한다는 것인데, 땅값이 비싼 서울 명동에도 미등기 사정 토지 3필지 1천 41㎡가 있고, 지역별로는 영남 28만, 호남 19만, 제주 6만 7천 필지 순으로 많았고, 과거엔 등기하지 아니하여도 매매계약서만으로 경작권과 소유권 이전이 되었지만, 1960년 개정민법 시행으로 등기하지 않은 사례가 많아 미등기 토지는 공공이나 민간개발 사업 구역에 포함되면 소유권을 확인할 수가 없어 사업이 지연되거나 취소되는 경우가 많았습니다.

이러한 것을 비롯하여 가족이나 이웃이 얽혀 있는 분쟁의 경우, 서로에게 깊은 상처를 남길 수 있어 소송보다는 대화와 타협을 통해 문제를 해결하려는 노력이 중요합니다. 이때 고려해 볼 수 있는 방법이 바로 중재나 조정과 같은 대체적 분쟁 해결 절차입니다.

조정은 중립적 제3의 조정 위원의 도움을 받아 분쟁 당사자들이 서로 대화하고 양보하며 합의점을 찾아가는 과정으로 조정 위원은 당사자들의 이야기를 듣고 해결 방안을 제시하며 합의를 끌어내는 역할을 하고,

중재는 당사자들이 미리 합의하여 중재인에게 분쟁 해결을 맡기고, 중재인의 결정에 따르기로 약속하는 방식입니다. 중재판정은 법원의 확정판결과 같은 효력이라고 볼 수 있어 중재나 조정은 소송에 비해 보통 시간과 비용을 절감할 수 있으나, 당사자들이 직접 참여하여 유연하고 창의적 해결책을 모색할 수 있다는 장점이 있습니다.

이러한 방법을 선택하기 전에 몇 가지 중요한 사항들을 신중하게 고

아파트 너머로 땅으로

려해야 합니다. 당사자들의 참여 의지가 가장 중요한데, 중재나 조정은 기본적으로 당사자들이 자발적으로 참여하고, 서로의 입장을 경청하며 합의점을 찾으려는 마음이 있을 때만 성공할 수 있습니다.

어느 쪽이라도 완강하게 자신의 주장만 고집하거나 대화를 거부한다면 절차 진행 자체가 어렵습니다.

그리고 분쟁의 성격과 복잡성을 고려해야 하는데, 토지 문제는 법률적 권리뿐만 아니라 오랜 역사, 가족사나 마을 공동체의 관계 등 복합적 요소가 얽혀 있는 경우가 많은데, 중재나 조정은 이러한 복합적 측면을 함께 고려하여 해결책을 모색할 수 있습니다. 법원의 명확한 '판결'을 통해 누가 옳고 그런지를 분명히 가리고 싶은지, 아니면 서로 조금씩 양보하더라도 '원만하게 합의'하여 문제를 끝내고 싶은지에 따라 적합한 방법이 달라집니다.

결국, 미등기 토지로 인한 소유권 분쟁은 소송, 특별조치법, 중재나 조정 등 다양한 해결 방법을 모색할 수 있으나, 어떤 방법이 최선인지는 분쟁의 구체적인 상황, 당사자들의 관계와 의지 그리고 원하는 결과의 형태 등을 종합적으로 고려하여 신중하게 결정해야 할 것입니다. '내 땅'의 권리를 지키는 것은 때로는 이러한 복잡한 과정과 현명한 선택이 필요합니다.

36

토지거래는 경계 check부터

옆집 담장이 내 땅 안으로 들어왔다고? 이웃과 내 땅 경계를 몰라서 남의 땅을 무단으로 점용한 일이 더러 생깁니다. 정부가 '70년대 새마을사업으로 농촌지역의 흙담을 허물고 마을 안길을 넓히고 초가지붕을 함석지붕으로 개량했던 때가 있었는데, 당시 절차적 방법을 내놓지 아니하고 행정 지도를 통하여 따르다 보니까 눈에 보이는 것만 우선 바꿔놓기가 급급하였다.

이웃과 토지를 매매하면 이전등기를 거쳐야 하고, 토지를 일부 매매하였다면 분할하고, 토지 용도가 바뀌면 지목변경을, 작은 대지를 크게 쓰려고 이웃 토지를 사면 토지합병을 하여야 하는 것입니다.

나의 토지에 건축물을 지어도 좋다는 제대로 된 승낙서도 등기문서도 없이 말로서 의사를 밝혔으나, 시간이 흐르고, 사람이 바뀌니 어쩌란 말인가!! 도로를 개설하여 점유하는 형태가 되어도 도로부지를 도로로 지목변경하지 않은 땅이 많습니다. 지금까지도 도면상의 경계는 그대로고 현장만 도로라 이게 뭐지!!

지적 도면에 도로경계선이 없어 토지 정보를 알려면 항공사진을 뒤적거리고 거리뷰로 식별만 할 정도이니, 사유지에서 사실상의 현황 도로로 변화되었으나, 지적대장을 정리하고, 국가나 자치단체 소유로

아파트 너머로 땅으로

이전등기를 하지 않고 있습니다.

지금 MZ세대를 비롯하여 도시에 사는 사람들은 이것을 이해하지 못할 뿐만 아니라 있어서는 안 될 일을 새마을 운동이라는 명목으로 진행하게 되었습니다. 읍면 지역의 법정마을에 지정된 자연취락지구는 농촌적 토지이용이 더 많을 수 있으나, 도시 사람이 어쩌다 그곳에 집을 사서 개량하거나 공경매로 소유권을 낙찰받아도 토지 정보가 현실과 달라 정신적 물질적 고통을 받게 되는 경우가 있습니다.

어쩌면 마을주민에서 이웃까지 제2차 공경매가 남아 있다고 할 정도로 어렵습니다. 당시 정부는 이런 일을 마무리하지 않고, 사람들이 많이 모여 사는 도시정책에만 관심을 두었습니다. 내가 토지 행정사무를 오랫동안 하면서 시민과 상담하거나, 도시에서 귀촌이나 귀농하려고 토지를 사거나, 상속 토지나 증여받은 토지를 이전받아서 이용하려고 하여도, 첫 단추부터 엇박자가 난다는 것입니다.

이제부터라도 바르게 정리할 대안을 내놓았으면 좋을 것 같습니다. 이러한 토지에 관한 Study를 통하여 기본 지식을 갖추는 것이 중요한데, 현실 속 토지 문제가 때로는 예상치 못한 복잡한 양상을 띠기도 합니다. 특히 토지를 둘러싼 분쟁은 단순한 재산 다툼을 넘어, 오랫동안 함께 살아온 이웃 간의 관계를 파괴하고 깊은 상처를 남기기도 합니다.

'땅'이라는 물리적 공간이 사람과 사람 사이의 관계에 얼마나 큰 영향을 미칠 수 있는지를 보여 주는 안타까운 사례들이 많습니다. 가장 흔하게 알고 있는 것 하나는 바로 토지 경계 문제이고, 내 땅과 이웃 땅의 정확한 경계가 어디까지인지 불분명하거나, 지적도상의 경계와 실제 사용하는 경계가 다를 때 분쟁이 시작됩니다.

측량공학적 기술적 진화로 시간이 지나가면서 변형된 지형, 혹은 이웃의 묵시적 합의의 경계가 새로운 건축이나 지역 개발 과정에서 문제로 나타나는 경우가 많습니다. 토지분쟁은 당사자들에게 엄청난 스트레스와 시간, 비용을 소모하게 만듭니다. 소송으로 이어지면 몇 년씩 재판이 진행되기도 하고, 그 과정에서 이웃 관계는 완전히 파탄 나 회복하기 어려운 상태가 됩니다. 이웃이 신축건물을 지으면 주위 환경이 좋아지고 토지 가격도 인상되어 다 같이 자산가치가 올라갈 수 있는데, 낡은 건축물의 소유자가 딴지를 걸고 시비를 거는 경우가 있는데, 땅을 둘러싼 욕심과 오해, 소통의 부재가 만들어 내는 비극이라고 할 수 있습니다.

이러한 토지분쟁 사례는 우리에게 중요한 교훈을 줍니다. 토지 경계나 소유권 문제는 미리미리 확인하고, 이웃과 투명하게 소통하는 것이 얼마나 중요한지를 깨닫게 합니다. 토지 관련 문제에 직면했을 때 감정적으로 대응하기보다는 차분하게 사실관계를 파악하고 전문가의 도움을 받아 합리적으로 해결하려는 노력이 필요함을 보여 줍니다.

아파트 너머로 땅으로

37

이 땅의 찐 소유자는 누구인가

간간이 다른 사람의 이름을 빌리거나 땅을 사 놓고도 이전등기를 해 가지 않은 사람들이 더러 있었습니다. 그러니까 Y·S 정부 때 '95년 7월 1일 부동산 실권리자 명의에 관한 제도가 생기게 되면서 정하여진 특례기간 동안 사실상의 소유자 명의로 되돌려 가지 않아 그 이후 토지분쟁이 다양하게 생겼으며, '누가 이 땅의 진정한 주인인가?'라는 소유권 자체를 둘러싼 문제가 때로는 경계 분쟁보다 훨씬 복잡하고 해결하기 어려울 때가 있었습니다.

소유권 문제는 법적 절차의 미비로 불법 행위와 얽히면서 예상치 못한 갈등을 일으키고 있습니다. 가장 흔하게 발생하는 소유권 문제 중 하나는 상속으로 인한 토지 공유 관계로 여러 사람의 공동 소유가 됩니다. 공동 소유는 각자의 지분만큼 권리를 가지지만, 땅을 처분하거나 개발하는 등 중요한 결정을 내릴 때는 공동 소유자 전원의 동의가 필요합니다.

만약 공동소유자들 간에 의견이 일치하지 않거나 연락이 닿지 않는 경우, 그 땅은 사실상 아무것도 할 수 없는 '맹지'처럼 되어 버리기도 합니다.

공동 소유자 간의 분할 문제나 사용 수익에 대한 다툼은 가족 관계를 해치는 불씨가 되기도 하며, 명의신탁과 같은 문제도 소유권 분쟁의 원인이 됩니다. 실제 땅 주인은 따로 있지만, 세금 회피나 법적 규제를 피하고자 다른 사람의 이름으로 등기를 해놓는 경우입니다.

이러한 명의신탁은 원칙적으로 불법이며, 나중에 실제 소유자가 명의를 빌려준 사람에게 땅의 소유권을 돌려달라고 요구할 때 복잡한 법적 다툼으로 커지게 됩니다. 명의를 빌려준 사람이 땅을 마음대로 처분하거나, 명의를 빌려준 사람에게 채무 문제가 생겨 땅이 압류되는 등 예상치 못한 피해가 발생하기도 합니다.

타인의 토지를 무단으로 점유하여 사용하거나, 농지가 아닌 임야를 농지로 만들어 쓰거나, 농지를 다른 용도로 전용하여 불법적 토지이용을 하는 것 역시 소유권 문제가 발생합니다.

땅 주인이 이러한 사실을 뒤늦게 알게 되면 원상복구를 요구하거나 손해배상을 청구하게 되고, 이는 소송으로 이어지기도 합니다.

국가나 공공기관이 도로 건설, 신도시 개발 등 공익사업을 위해 개인의 토지를 강제로 취득하는 토지 수용 과정에서도 복잡한 문제와 갈등이 발생하는데, 정부가 제시하는 보상금액이 토지소유자의 기대에 미치지 못하거나, 보상 절차에 불만이 있을 때 소유자는 강하게 반발하며 소송을 제기하기도 합니다. 토지 수용은 개인의 재산권과 공공의 이익이 충돌하는 지점에서 발생하는 예민한 문제이고,

이처럼 토지 소유권과 관련된 문제들은 단순히 누가 땅을 가졌는지를 넘어, 가족 관계, 법률 지식 그리고 사회 시스템의 허점과 얽히면서 복잡한 현실 속 이야기들을 만들어 냅니다.

아파트 너머로 땅으로

이러한 사례들은 토지거래나 소유관계에 있어서 투명하고 정확한 절차를 따르는 것이 얼마나 중요한지를 다시 한번 일깨워 주는데, 대개 부동산을 사 놓고 이사를 하여도 소유하고 있는 등기부상의 소유자 주소이전 등기를 하지 않아, 소유자의 권리나 의무를 다하지 않은 경우가 많고, 이 땅의 찐 소유자가 누구인가 듣게 되는데 이런 일은 없어야 할 것 같습니다.

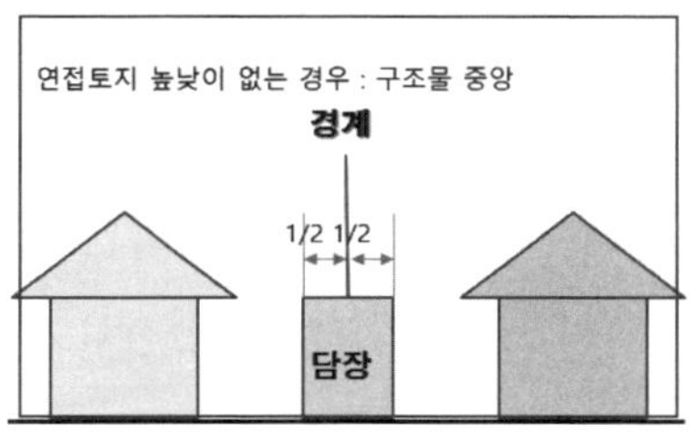

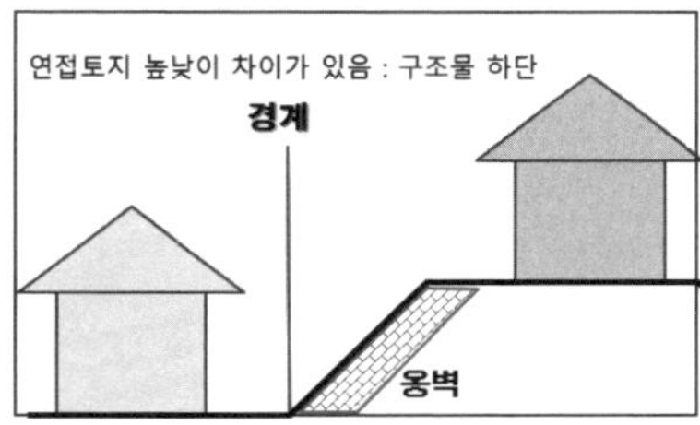

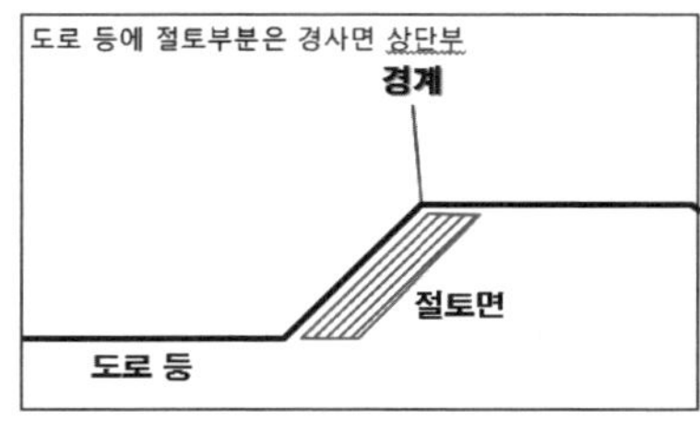

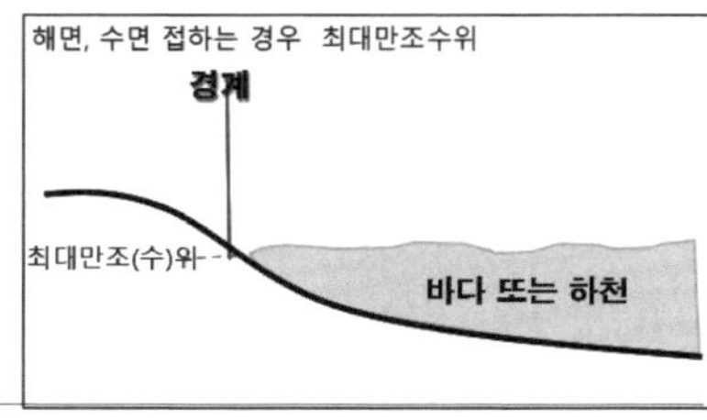

38

내돈내산으로 호갱은 벗어야

땅으로 가는 길은 여기에서 시작되는 것이라고 하여도 틀린 말은 아닐 것입니다. 완전 핵심 콕콕 짚어 보면 우리가 살면서 겪는 거래 중에 감히 원탑이라는 하는 것이 바로 부동산 거래가 아닐까요? 아파트 사고팔고 땅 사고팔고 하는 거 말입니다. 그냥 옷 한 벌 사는 거나, 카페에서 아아 한 잔 사 마시는 거랑은 class가 다르잖습니까? Real.

이거 내돈내산은 정말 큰돈이 오가는 거니까, 진심으로 꼼꼼하게 알아보고 신중에 신중을 기해야 하는 거, 이런 건 완전 국민룰입니다. 상대방에게 내가 어수룩하게 보이면 낮잡아 보고 이용당하는 호갱은 되기 싫잖습니까?

근데 이게 참 안타깝게도 그렇게 조심한다고 했는데도 뜻밖의 변수에 부딪히거나, 심지어 뒤통수 맞는 일들이 생각보다 잦다고 합니다. 헉, 이게 머선129 하는 상황들이 현실에서 종종 벌어진다는 겁니다. 괜히 잘못해서 피눈물 흘리는 분들이 있다는 것. 이 지점이 왜 그토록 토지 관련 공부가 중요한지를 폭풍 공감되는 순간이랄까요?

흔한 것 하나는 공경매로 여러 차례 유찰되어 값이 싸다고, 허위 과장 광고로 최고의 투자 기회, 개발 호재가 만발하고 시세보다 저렴한 급매 등에 현혹되어 충분한 확인 없이 계약을 진행했다가 낭패를 보는

212

경우가 많습니다. 특히, 온천이 나온다고 바둑판 형태로 토지를 분할한 곳이나, 산을 깎아서 바다를 메우고 택지를 만든다는 정보가 실행되지 않은 경우가 더러 있었습니다.

그리고 지적도와 실제 경계가 다른 것을 모르고 땅을 샀다가 이웃과 분쟁에 휘말리는 사례가 발생하고, 서류상의 내용과 실제 현황이 다른 경우도 주의해야 합니다. 건축물대장에는 단독주택으로 되어 있지만 실제로는 여러 가구가 살고 있고, 다세대 건물로 4층을 지어 1층은 주차 공간인데도 거기를 주택으로 임대하는 경우가 있고, 불법 개조한 건물이나, 지적도상 도로는 있지만 실제로는 막다른 길이거나 좁아서 차량 통행이 어려운 경우 등이 있습니다.

이러한 불일치는 건축허가를 받거나 토지이용을 할 때 큰 문제를 불러올 수가 있고, 토지이용계획확인서와 지구단위계획은 신도시에서는 필수이고, 계약 내용 불일치나 특약 사항 미확인도 위험 요인입니다. 구두로 약속했던 내용이 계약서에 명시되지 않았거나, 계약서의 복잡한 특약 사항을 제대로 이해하지 못하고 서명했다가 불이익을 당하는 경우가 있습니다.

계약서는 법적 효력을 가지므로, 내용을 읽고 이해한 후 서명해야 하며, 위험 요소가 있는 거래는 신중하고 철저한 확인 과정을 거쳐야 합니다. 단순히 가격만 보고 섣불리 결정하거나, 전문가에게 의존하지 말고 스스로 기본적 정보는 반드시 본인이 확인하여야 '호갱' 소리는 벗습니다.

39

분쟁으로 측량으로 경계로

진짜 땅 때문이거나 건물 때문에 어이없고 터무니없는 상황에 부딪히는 경계, 이거 완전 남 일 같지 않습니다. 누구나 닥칠 수 있는 현실이며, 헉 이걸 왜 나한테만이라고 할 수도 있지만, 사실 이게 '국민룰'처럼 흔한 일이라니까요? 근데 여기서 찐 고수와 초보가 갈립니다. 문제 딱 터졌을 때 '어떻게 들이대느냐'가 '진짜 정답'이라고 말할 수 있습니다. 토지와 관련한 분쟁이나 거래할 때 위험으로 직면하는 것은 누구에게나 일어날 수 있는 일입니다.

중요한 것은 문제가 발생했을 때 어떻게 대처하느냐이고, 감정적으로 흥분하거나 섣부른 판단을 내리기보다는, 차분하게 상황을 파악하고 해결을 위한 지혜를 모으는 것이 필요합니다.

가장 먼저 필요한 것은 정확한 사실관계를 파악하는 것으로, 특히 토지 경계 분쟁의 경우는 지적도나 임야도만으로는 실제 경계를 정확히 알기 어려운 경우가 많습니다. 이럴 때는 지적 측량사에게 의뢰하여 경계복원측량을 실시하는 것이 필수적입니다.

측량을 통해 법적으로 인정되는 정확한 경계선을 확인하고, 이를 바탕으로 이웃과 대화하거나 다음 단계를 진행해야 합니다. 정확한 측량 결과는 분쟁 해결의 가장 기본적인 출발점입니다. 문제가 복잡하

아파트 너머로 땅으로

거나 법적 다툼이 예상될 때는 법률 전문가의 도움을 받는 것이 현명합니다. 변호사는 법적 권리관계를 분석하고 소송 절차를 안내하며, 소송을 통해 문제를 해결하는 데 도움을 줄 수 있습니다. 법무사는 등기 문제나 간단한 법률 절차에 대해 도움을 줄 수 있습니다.

전문가와의 상담을 통해 자신의 상황을 정확히 진단받고, 어떤 법적인 절차를 밟아야 할지 조언을 구하는 것이 중요합니다. 하지만 모든 분쟁이 소송으로 가야 하는 것은 아닙니다. 조정이나 합의를 통해 문제를 해결하려는 노력도 중요하나, 법원의 조정 절차를 이용하거나, 3자의 중재를 통해 당사자 간의 대화를 시도하는 것입니다.

특히 이웃 간의 분쟁이라면 관계 회복을 위해서라도 대화와 양보를 통한 합의가 더 나은 결과를 가져올 수도 있습니다. 물론 합의 과정에서도 자신의 권리를 정확히 알고 불리한 합의를 하지 않도록 주의해야 합니다.

토지 관련 문제에 대처할 때 가장 경계해야 할 것은 감정적 대응입니다. 화를 내거나 상대방을 비난하는 것은 문제 해결에 전혀 도움이 되지 않으며, 오히려 상황을 악화시킬 뿐입니다. 냉정함을 유지하고 사실과 법규에 근거하여 논리적으로 접근하는 자세가 필요합니다.

결국 토지분쟁 해결을 위한 지혜는 정보 파악과 전문가의 현명한 활용 그리고 대화와 합의를 위한 노력에 있습니다. 그리고 이러한 모든 과정의 바탕에는 토지 공부를 통해 쌓은 기본적인 지식이 자리하고 있습니다.

스스로가 토지를 알면 알수록, 문제에 직면했을 때 당황하지 않는 힘이 생기며, 토지 문제는 단순히 재산 문제를 넘어, 우리 사회의 투명성과 정직성, 사람 간의 관계에 대한 중요한 메시지를 던져 주며, 지적 측량사는 등록된 공적 장부를 바탕으로 폭우가 내려 토지가 소실되거나, 하천이 범람하여 논바닥이 형체를 알 수 없을 정도로 흐려진 경계를 복원시켜 주는 것이므로 경계 분쟁이 해결되는 것과 같습니다.

아파트 너머로 땅으로

40

토지분쟁은 어디에서나 일어난다

토지 경계의 분쟁은 복잡한 소유권 문제나 부동산 거래할 때 발생할 수 있는 다양한 위험 사례를 앞에서 살펴보았습니다. 이 이야기들은 토지 문제가 단순히 법률이나 제도, 혹은 경제적인 가치에만 국한된 것은 아님을 분명히 보여 줍니다. 토지는 우리 삶의 가장 기본적 터전인 만큼, 그를 둘러싼 문제들은 인간관계와 신뢰 그리고 사회의 투명성과 깊이 연결되어 있습니다.

땅을 둘러싼 욕심과 오해는 사람과 사람 사이의 신뢰를 깨뜨리고 공동체를 와해시키는 비극을 낳기도 합니다. 토지를 대할 때, 그 땅의 가치만큼이나 그 땅과 연결된 사람들의 관계를 소중히 여기는 마음이 필요함을 깨닫게 됩니다. 또한, 토지 관련 사례들은 투명하고 정직한 토지거래 문화의 중요성을 강조합니다. 허위 광고나 불투명한 정보, 그리고 편법적 거래 방식은 결국 누군가에게 피해를 주고, 사회 전체의 신뢰를 떨어뜨립니다.

모든 거래 과정에서 사실을 숨김없이 공개하고, 관련 서류를 꼼꼼히 확인하여 법적 절차를 준수하는 정직한 태도가 필요하고, 이는 개인의 안전한 거래를 위해서도, 그리고 건강한 부동산 시장과 사회를 위해서도 필수적입니다.

토지 공부를 통해 이러한 사례들을 접하는 것은 단순히 흥미로운 이야기를 듣는 것을 넘어, 토지 문제의 현실적 측면을 이해하고 스스로 보호하는 힘을 기르는 과정이다.

어떤 위험이 있을 수 있는지 미리 알고 대비하는 것과, 전혀 모르는 상태에서 문제에 직면하는 것은 큰 차이가 있습니다. 사례를 통해 배우는 교훈은 우리가 앞으로 토지 관련 결정을 내릴 때 더욱 신중하고 현명하게 행동하도록 이끌어 줄 것입니다.

토지는 우리 삶의 근원이자, 사회를 비추는 거울이며, 때로는 복잡한 인간사가 얽히는 무대입니다. 토지 관련 사례들을 통해 우리는 땅이 가진 다양한 얼굴을 마주하고, 그 속에서 우리 삶과 사회에 대한 깊은 통찰을 얻을 수 있었으면 좋겠습니다.

제4부

살아가는 공간 땅으로

1

집은 공간이다

집은 토지 위에 세워진 가장 기본적 건축물이지만, 그 의미는 단순히 비바람을 피하는 물리적 공간을 넘어섭니다. 집은 우리 삶의 중심이자 가장 사적이고 소중한 공간으로 하루의 고단함을 내려놓고 휴식하며 가족과 추억을 쌓아가는 보금자리입니다.

사람이 태어나 자라고 꿈을 키우며 따뜻함을 느끼는 집은 사람의 정체성을 담는 그릇이기도 하고, 어떤 집에 살고 있는지, 집을 어떻게 꾸미는지는 취향과 가치관을 반영하고, 때로는 미래 투자 대상이 되기도 하고, 경제적 안정감을 주는 기반이 되기도 하는 것입니다. 이처럼 집은 개인의 삶에 깊숙이 뿌리내린 다층적 의미를 지니고 있습니다.

하지만 집은 단순히 개인적 공간으로 머무르지 않습니다. 이웃과의 관계, 임대차 관계처럼 타인과 맺는 사회적 관계까지, 집은 다양한 관계가 얽히고설키는 장소입니다. 전세나 월세처럼 임차인으로서 거주하는 경우, 집주인 임대인과 우리가 집이라는 매개체로 연결되어 끈끈한 계약서로 시작되지만, 이 관계가 핵 순조롭게 이어지려면 서로에 대한 믿음과 리스펙이 정말 중요하답니다.

도시지역의 토지 가격은 매년 오르는데, 왜인가 특히 주거 상업 공업지역의 경우는 인상 폭이 다른 토지에 비하여 크고, 그것은 도시계획

220

으로 지정할 수 있는 도시계획시설 51개가 거의 잘 갖춰져 있으며, 생활의 편리성과 높은 빌딩이 계속 늘어가고 주거보다 상업 공업용 건물들의 숫자가 늘어납니다. 지목별 면적도 도시적 용도로 매년 늘어나고, 1인당 주거 면적이 지방 도시보다 2배 이상 차이가 납니다. 따라서 이렇게 도시적 서비스를 잘 받을 수 있는 곳이어야 주변 지역에서 점이지대로 점이지대에서 중심지로 점점 도심 안으로 들어가게 되는 편리성이 있는 곳과 집이라는 공간을 함께 가꾸어 나가면서 임대인과 임차인은 서로에게 긍정적 영향력을 주고받는 것입니다.

이렇듯 살기가 편하고 쾌적해야 좋은 관계를 만들어 갈 수 있는데, 우리가 어떤 형태의 집에 살고 그 안에서 어떤 사람들과 어떤 방식으로 관계를 맺는지는 삶의 질과 행복에 큰 영향을 미칩니다. 집은 물리적 환경뿐만 아니라 그 안에서 만들어지는 관계의 질서가 중요하기 때문에 임대인과 임차인 사이의 도덕성과 신뢰성을 바탕으로 생성되는 ‘집은 사는 공간’이라고 말하고 싶습니다.

2

사회변화가 토지의 용도를 변화시켜

지방 도시는 인구가 줄어들고 고령화가 시작되면서 차량 운전자도 줄어들어 가고 토지이용의 변화도 시작되었습니다. 우선 한 가지만 살펴보자, 친환경 전기자동차가 나오면서 주유소 시설을 철거하고 커피숍 등 상업용 건축물로 토지 용도가 전환되거나 컨버전(conversion)하는 곳이 많아지고 있습니다.

매년 몇백 개가 넘는 주유소가 폐업되면서 다른 용도로 전환되는 일반적 배경은 친환경 차량과 알뜰 주유소 증가를 꼽을 수 있고, 주유소 폐업은 시설물 철거비와 토양 오염의 정화 비용 등 약 2억 원이 발생할 수 있다는데 주유소 용지를 다른 용도로 바뀌어 가는 주요 배경의 원인이기도 하답니다.

대체로 주유소는 기본적 차량 접근성이 좋고, 대로변에 위치하는 등 교통량이 많은 요지에 자리 잡은 경우가 많습니다. 이러한 입지적 장점 때문에 폐업 후에도 다른 상업시설로 전환될 잠재력이 높다고 평가됩니다.

주유소 용지의 부지 전환의 일반적 사례는 지역별로 다다르겠으나 구체적으로 특정 지역을 명시하기는 어렵지만, 오랫동안 주유소로 활용되던 토지에 건물을 신축하여 스타벅스 등 커피전문점을 입점시키는

222

사례가 많았음을 확인할 수 있고, 이는 주유소 운영의 한계에 봉착했을 때, 부지의 잠재력을 활용하여 수익성 높은 상업시설로 전환하는 대표적 경우라고 할 수 있습니다.

새로운 수익 창출을 위하여 기존 주유 사업으로 수익성이 저하될 경우, 커피숍과 같은 소비재 상점은 안정적 임대 수익이나 직접적 운영으로 수익 창출을 할 수 있는 대안이라고 보아 낡은 주유소가 철거되고 현대적 디자인의 상업시설이 들어서면, 도시 미관이 개선되는 효과를 기대할 수 있습니다.

지역사회의 반응은 일반적으로 긍정적 측면에서는 우선 편의 증진으로 주민들에게 새로운 시설이 생기면서 생활 편의성이 높아졌다는 좋은 반응이 있을 수 있고, 낡은 시설이 정비되고 토양 오염 가능성이 제거되면서 환경이 개선되었다는 평가를 받을 수 있습니다. 그러나 한편으로는 교통 혼잡 증가나 주차 문제, 기존 상권과의 갈등 등이 발생할 가능성도 있습니다.

-신도시는 다르다-

수도권 주유소 용지 토지이용 변화 자료를 보면 그 변화 양상과 도시 공간 내에서의 잠재적 가치를 탐색했다는 점이 핵심이었는데, 구체적으로 연도별로 용도변경이 되었던 통계가 직접적으로 나오지는 않았으나 주유소 용지의 용도변경이 중요한 도시 문제라는 걸 '빼박' 보여주는 것 같습니다.

이는 곧 도시 안에서 토지 용도 변경이 정말 꾸준하게, 그리고 다이내믹하게 이루어지고 있다는 찐 증거로도 볼 수 있습니다. 단순히 건물이 하나 사라지는 것을 넘어, 도시공간 재편성과 새로운 가치 창출이 이루어지고 있다는 의미로 다가옵니다.

이러한 변화들이 도시를 어떻게 바꾸어 나가고, 미래 주거 형태나 생활 방식에 어떤 영향을 미칠지 정말 흥미로운 관찰 포인트가 될 것 같습니다.

신도시에 있는 주유소의 용도변경은 어려운데, 신도시나 공단 지역의 주유소는 분양 당시부터 토지 용도가 지정되어 있어 다른 업종으로 전환하려면 용도변경이나 도시계획시설 변경을 받아야 하는 경우가 있고, 용도변경 신청은 일정 기간이 지나야 하는 경우가 있습니다.

최근 강남구 삼성동의 한 주유소가 2,000억 원이 넘는 큰 금액에 팔려 오피스텔 부지로 토지이용이 변화되고, 도심 안의 주유소 용지가 고가에 매각되어 고밀개발이 이루어지는 대표적 사례로 볼 수 있고, 신도시는 제약이 따르나 기존도시의 토지이용 변화는 사회변화에 따라 계속되고 있다는 것을 말해 주는 것입니다.

아파트 너머로 땅으로

3

임대차는 공유주택의 개념으로

기본적으로 삶이라고 하는 공간은 집이고, 모든 사람이 자기 집을 소유하고 살아가는 것은 아니지만, 많은 사람이 전세나 월세 형태의 남의 집에서 살아가고, 이 과정에서 임대인과 임차인이라는 관계가 형성됩니다. 이 관계는 법적인 계약으로 시작되지만, 그 계약이 원만하게 유지되고 서로에게 긍정적 경험을 주고받기 위해서는 법적 테두리를 웃도는 도덕성과 신뢰가 필수적이라고 봅니다.

또한 공유주택의 개념에서는 명확성과 투명성은 계약이라는 측면에서 가장 중요하며, 요즘 일시적 지방 근무나 해외 이주를 하면서 짐을 버리기도 보관하기도 어려울 때가 있는데, 어쨌든 최소 1개월이나 더 길다면 짐을 어디엔가 보관해야 할 때는 바로 임대창고를 선택하게 됩니다.

그러니까 개인 창고를 빌리는 것인데, 서울 등 집값이 천정부지로 치솟는 상황에서 공간은 좁고, 짐이 많은 사람을 위해 지하나 임대가 잘되지 않는 버려진 공간을 창고 목적으로 임대 해주는 곳이 생겨나고 있습니다. 예전에는 창고라고 하면 거미줄에 어두컴컴하고 뭐 그런 분위기였는데 이제는 아주 깔끔하게 에어컨 공기 청정시설까지 갖춰 주택의 근처 1.5㎡ 정도를 임대했는데 월 임대료가 저렴하여 바로 이

225

거다 계약하자 하는 세상으로 변화여 가고 있습니다.

공유주택개념은 거래에 참여하는 당사자 간의 신뢰와 책임 시스템을 구축하는 중요한 도구이고, 임대인의 재산을 타인에게 일정 기간 사용하도록 허락고 임차인은 그 대가로 임대료를 내는 사용자 관계로, 단순 경제적 거래처럼 보일 수 있지만, 임차인은 그 집이 단순한 건물이 아닌 삶의 보금자리입니다. 임대인은 자신 재산을 관리하는 것을 넘어, 타인의 소중한 삶의 공간을 제공하는 책임감을 가진다는 것으로, 최근 몇 년간 우리 사회를 떠들썩하게 했던 전세 사기와 같은 사건들은 임대인과 임차인 관계에서 도덕성과 신뢰가 무너졌을 때 얼마나 큰 비극이 발생하는지를 여실히 보여 주고 있었습니다.

임대인의 부도덕한 행위로 인하여 평생 모은 보증금을 날리고 길거리에 나앉게 되는 많은 임차인의 이야기는 우리 모두에게 큰 충격을 안겨 주었습니다. 이는 일부의 임대인들이 자신의 이익만을 위하여 타인의 삶의 터전을 담보로 부도덕한 행위를 저지른 결과입니다. 이러한 사례들은 임대인에게 요구되는 책임감과 윤리 의식의 중요성을 강조합니다. 임대인은 임차인이 안전하게 거주할 수 있는 환경을 제공하고, 계약 내용을 성실히 이행하고 임차인의 사생활을 존중해야 한다는 것입니다.

자신 재산이라는 이유로 임차인의 삶의 공간을 함부로 대하거나, 계약 기간 중 부당한 요구를 하거나 보증금 반환 의무를 회피하는 행위는 법적인 문제를 넘어선 비도덕적 행위입니다.

마찬가지로 임차인에게도 성실한 계약 이행과 책임감 있는 태도가 요구됩니다. 임차인은 계약에 따라 임대료를 제때 내고, 임대인의 집을 소중히 다루며 계약 기간이 끝나면 원래 상태로 되돌려주는 책임이 있게 됩니다.

집을 함부로 사용하거나, 계약 내용을 위반하거나 임대인의 동의 없이 무단으로 구조를 변경하는 등의 행위는 임대인에 대한 신뢰를 저버리는 것이며, 건강한 임대차 관계는 임대인과 임차인이 서로의 입장을 서로 이해하고 존중하며, 계약 내용을 넘어선 상호 배려와 신뢰를 바탕으로 이뤄질 때 가능합니다.

법적 강제력만으로는 모든 문제를 해결할 수 없습니다. 임대인은 임차인의 보금자리를 존중하고, 임차인은 임대인의 재산을 소중히 다루는 도덕적 태도가 우리 사회의 주거 안정을 위한 중요한 기초가 될 것입니다. 집은 단순한 거래 대상이 아닌, 사람의 삶이 담긴 공간으로 그 공간을 매개로 맺어지는 사람의 관계가 건강하게 유지될 때, 우리는 비로소 진정한 안식과 행복을 찾을 수 있을 것이며, 공유적 개념이 뿌리내릴 것 같습니다.

4

아파트 편리하고 안전한가?

도시 풍경을 이야기할 때 빼놓을 수 없는 것이 바로 하늘 높이 솟아 있는 고층 아파트 단지들입니다. 제한된 토지 위에 많은 사람이 거주할 수 있도록 설계된 아파트는 분명 장점은 있으며, 지하철이나 버스 등 대중교통 이용이 편리한 도심이나 역세권이 이뤄진 곳이 많고, 단지 내에 놀이터 헬스장 도서관 등 다양한 커뮤니티 시설이 잘 갖춰져 있어 편리한 생활을 누릴 수 있습니다.

체계적 관리 시스템 덕분에 건물 유지보수나 보안 문제에 대한 개별적 걱정을 덜 수 있다는 점도 매력적이나. 이러한 편리함의 뒤에는 우리가 간과해서는 안 될 여러 가지 고민과 문제점들이 숨어 있어 고층 아파트 생활은 때때로 삶의 질과 행복에 대한 근본적 질문을 던지게 합니다.

-안전 문제와 승강기 문제입니다-

인구 증가가 추락하고 있습니다. 관할구역의 인구가 줄어들어 가고 있다는 것을 기초자치 단체가 정부 국정 과제에 반영해 달라고 건의한바 있는 지방의 한 중심도시에서도 몇 년 전 50층 높이가 넘어가는

아파트 너머로 땅으로

유명메이크의 아파트가 버젓이 들어서 있습니다. 부동산 중개사가 중개대상물을 설명하려고 올라가 밖을 바라보니 구름과 안개만 보여 황급히 내려왔다는 뒷얘기가 있으며, 나 역시 고층 아파트 밑으로 차를 타고 지나가 보면 건축물이 내게로 쏠리는 현상을 느끼거나 지진이나 화재 같은 비상시적 상황을 연상하면 두렵고, 엘리베이터가 멈추거나 계단을 이용해야 할 때 느끼는 막연한 불안감은 고층 거주자들이 늘 안고 사는 고민일 것입니다. 높은 곳에서 아래로 내려다볼 때 느끼는 고소 공포증은 일상적 불편함이 될 수 있을 것이며, 출퇴근 시간이나 특정 시간에는 엘리베이터를 기다리는 줄이 길어지고, 노후화가 시작되면 잦은 고장이나 점검은 생활에 큰 불편을 초래하고, 수십 층을 오르내리는 시간은 생각보다 길고, 바쁜 현대인들에게 또 다른 스트레스 요인이 될 수 있습니다.

-노후 아파트 유지보수와 자연과의 단절-

아파트가 대규모로 공급된 지가 수십 년이 지나면서, 40년 이상의 노후 아파트들이 늘어나고 있습니다. 이러한 아파트들은 안전 문제나 시설 노후화로 인해 대규모 수리나 재건축이 필요하지만, 복잡한 이해관계와 막대한 비용 문제로 해결이 쉽지 않은 경우가 많은데, 오래된 구축 아파트는 대체로 연령이 많은 노인 세대가 살고, 일정 수입원이 없는 경우는 미래의 주거 불안정성이라는 큰 숙제를 안고 있습니다. 고층 아파트에서는 땅을 밟거나 자연을 가까이 느끼기가 어렵습니다.

획일적 구조와 층층이 쌓인 공간은 이웃과 자연스러운 교류를 제한하고 익명성을 강화합니다. 누가 옆집에 사는지, 위층이나 아래층에 누가 사는지조차 잘 모르는 경우가 많아 공동체 의식이 약해지고 서로에게 무관심해지기 쉽습니다. 편리성 속에 숨겨진 고립감은 아파트 생활의 또 다른 그림자라고 할 수 있습니다.

이러한 문제를 겪으면서 이것이 우리가 진정으로 원하는 삶의 공간인가? 하는 질문을 던지기 시작했습니다. 편리함만을 좇다가 놓치는 가치는 없는지, 땅에 발을 딛고 자연과 소통하며 이웃과 정을 나누는 삶의 가치는 잃어버리고 있는 것은 아닌지 되돌아보게 되는 것입니다. 따라서 아파트는 편리하고 안전한가를 생각하게 됩니다.

아파트 너머로 땅으로

5

노후 주택에서 다가구주택으로

노후 단독주택이 점점 바뀌어 가고 있습니다. 담장과 정원을 헐어내고 주차장을 넣고 다가구 주택이 마치 타운하우스와 같이 1층, 2층, 3층으로 세대별 독립공간으로 각각의 층위에서 2가구가 생활할 수 있도록 주차와 점포를 넣은, 4가구 정도가 거주할 수 있게 바뀌가고 있습니다. 신도시는 건물 높이와 용도가 엄격히 구분되고, 가구 수의 제한도 있으나 외벽과 지붕은 simple로 도색과 안전은 higher로 MZ세대가 선호하도록 바꾸어지고 있습니다.

이것은 도로에 무단으로 세워둔 차량을 자기 집안의 주차시설에 옮기게 되므로 도로의 공익적 기능을 회복하고 AI시대 자율주행이 가능하도록 대비하는 것입니다. 기존의 단독주택이 안고 있는 사물인터넷, 유통배달과 구매패턴, 자동차주차의 변화를 받아들이기 쉽지 않았으며, 30년 이전에 지어진 것은 75%가 노후화되어 주거 불편이 클 것 같습니다.

-도시미관 효과-

'72년 국토종합개발계획이 시행되면서 수도권을 비롯한 지방에 산업단지를 조성하고, 산업단지에는 배후도시를 만들거나 기존도시에는

231

토지구획정리사업을 하였습니다. 1필지의 주택은 150㎡에서 250㎡ 내외로 담장 안에는 정원수를 심고 화단을 만들어 잔디를 깔아 보행자 보폭에 맞도록 납작한 돌을 깔아서 느긋하게 살던 시절은 이제 사회변화로 흔적을 지우게 됩니다.

건축 나이가 30년, 40년 넘어가면 스마트한 주택구조가 들어서기 어렵습니다. MZ세대는 시니어세대(Senior Citizen)가 보유하고 있는 기존 주택을 토지에 무게를 두고 그것을 허물어 내고 새로 짓거나, Remodeling하여 아파트로부터의 불안정 요소를 걷어내는즉, 수익형 부동산으로 가보자는 것입니다.

낡은 주택은 공간 활용도가 떨어짐으로 Senior세대와 MZ세대가 토지를 공유하는 조건으로 토지 가격과 신축하는 건축비를 평가하여 지분등기 및 층별로 구분소유할 수 있는 다세대나 다가구주택으로 전환될 수 있다고 생각합니다.

이것은 세대 간 Win-win 할 수 있는 통합 주거모형인데, 청년은 경제적 활동으로 자금을, Senior는 토지를 가지고 있어 아파트 형태의 Modern 한 건축 구조에서 다시 거주할 수 있을 것으로 보아, 정책의 이름을 '토지는 처음이지 SeMz(셈지)모델'이라고 하겠습니다.

이것은 전체 소유자들의 동의가 필요하고 장시간 소요되는 도시재개발이나 가로주택정비사업을 뛰어넘는 '자립형 단위 사업'으로 정책효과가 빠르게 나타날 수 있습니다. 1인 가구 증가 추세에 맞는 대안이라고 볼 수 있으며, 정부가 구체적 대안을 내놓는다면 모두가 만족할 것으로 보입니다.

아파트 너머로 땅으로

또한 도시 미관과 주차 문제가 개선되어 주택 안으로 자동차를 이동시켜서 고질적 주차 불편을 낮추고 주민 생활 편의성을 높이는 환경 개선에 중요한 전환점이 될 것이며, 개방된 공간에서 이웃 간의 소통을 통하여 자연스럽고 활기찬 도시 환경을 조성할 수 있을 것입니다. 이러한 접근 방식은 단순히 주거 형태를 넘어서는 주민의 삶의 질까지 고려한 바람직한 도시재생의 한 형태라고 볼 수 있어 나는 아파트의 단점을 여기서 찾고자 독자 여러분에게 '강추'합니다.

-층수 제한이 조금 풀렸다-

신도시는 기존 도심과 다르고, 용도지역에 따라 다 다르나 최근 부동산 시장의 큰 변화 중의 하나가 건축물 층수 제한의 완화입니다. 기존 2층으로 제한되었던 층수를 3층(12m)까지 지을 수 있도록 허용하되, 주차장의 확보를 의무화하고 주택 형태의 다양화와 공간 활용도를 높여 근린생활시설 점포를 넣을 수 있어, 라면이나 커피 한잔 사 마시고 싶어도 상업시설까지 가는 불편을 이런 도시구조가 불편을 덜어 주는 것 같습니다.

따라서 주거와 상업의 단절을 바로 잡을 수 있는 것은 시소게임처럼 주거환경을 저해하지 않는 범위 내에서 소매 휴게음식점이나 제과점 같은 근린생활시설이 들어서고, 주민 편의와 지역 경제를 활활 타게 만들어 줄 직주근접형 주거환경을 조성하여 저층 주택의 주거지역에서 '살고 싶어 하는 직주근접형 주거환경'으로 바꿔나가는 것입니다.

6

농업진흥 지역 밖으로 땅으로 주택으로

계속 줄어드는 논밭이 주거시설을 비롯하여 산업시설, 업무시설로 해마다 점점 감소하고, 전용되는 농지가 타목적으로 나가는 과정에서 농지전용허가와 농지전용 신고로 나뉩니다. 주택을 짓는 경우는 대부분 농지전용허가 대상에 해당하고, 농지전용허가는 농지를 농업 외의 다른 용도로 사용하기 위하여 시장·군수·구청장으로부터 허가를 받는 절차입니다.

농지전용 신고는 비교적 단순하여 허가 대신 신고로 진행될 수 있으나, 일반적으로 주택은 허가 대상입니다. 농지전용 절차는 주택 건축의 경우는 주택용지로 변경하는 농지전용허가 신청을 하게 되는데, 이러한 신청서 등 필요 서류를 준비하여 관할 시·군·구청 농지 관련 부서에 내게 됩니다.

물론 이것은 개발행위허가 때 첨부되기 때문에 앞에서 언급했던 절차를 따르면 되나 그 속내를 알아보겠습니다. 사업계획에는 건축하고자 하는 주택의 규모와 용도, 배치 계획과 진입로, 상하수도 등 기반 시설 계획을 상세히 적어야 합니다. 그리고 나면 행정청에서 서류 검토와 현장 조사를 하게 되고, 적정성 검토와 현장 조사를 통해 농지의 현황, 주변 환경, 기반 시설 여건 등을 확인합니다.

아파트 너머로 땅으로

이 과정에서 관련 부서인 건축, 환경, 도로, 지적부서 등과 협의가 진행될 수 있으며, 일정 규모 이상의 농지전용이나 농업진흥 구역 내 농지전용 등은 농지관리위원회의 심의를 거쳐야 할 수 있습니다. 농지전용허가 과정에서 심사 결과 적합하다고 판단되면 승인되며, 허가 시에는 농지보전 부담금 납부, 개발행위허가 등 추가적인 조건이 붙을 수 있고, 이는 농지전용으로 인해 감소하는 농지 면적에 대한 보전 비용으로, 해당 농지 공시지가 액의 30%를 납부하는데, 최고 부담은 농지 1㎡에 5만 원입니다.

그러나 '24.7.1. 이후부터 농업진흥 지역 밖의 농지는 20%로 낮아지면서 정부는 연간 약 3천540억 원의 세수 결손을 가져오게 된다고 하였습니다. 물론 농업인에게는 예전부터 면제되었고, 허가를 받으면 건축법에 따라 착공합니다. 그리고 주택 건축이 완료되어 사용승인을 받으면, 해당 토지의 지목을 전, 답, 과수원 등에서 지목을 대로 변경 신청해야 합니다.

농지전용으로 주택을 건축할 때 주요한 조건은 농업인 주택의 경우는 비교적 완화된 조건으로 농업인 주택은 농업인이 농업경영에 필요한 시설과 함께 거주할 목적으로 짓는 주택으로, 일반주택보다 전용 조건이 완화되어 있으며, 대상자는 농업인이어야 하고, 농업에 종사하는 자격 요건을 갖추어야 합니다. 이를테면 한 세대에 660㎡(200평) 이하로 농업진흥 구역에서도 가능하고, 전용 부담금도 면제될 수 있습니다.

그러나 해당 농업인의 농업경영에 필요한 시설이고, 주거 목적 외의

제4부 살아가는 공간 땅으로

다른 용도로 사용될 수 없습니다. 농업인 주택으로 전용된 농지는 일정 기간 다른 용도로 변경할 수 없으며, 농업보호 구역에서는 면적이 1,000㎡까지 가능합니다. 따라서 농업진흥 지역 밖의 땅으로 주택을 지어서 지방시대로 가 보는 것은 어떨까!! 생각합니다.

아파트 너머로 땅으로

7

농지를 주택으로 농지전용으로

일반주택을 짓고자 한다면 농업 종사자가 아닌 비농업인은 농지전용 조건이 까다롭습니다. 농업진흥 지역에서는 일반주택건축을 위하여 농지를 전용하는 것은 매우 제한적이고, 농업보호 구역과 농업진흥 구역 밖의 농지나 농업진흥 구역 안이라도 도로, 용수로 등과 접하여 농업적 이용 가치가 낮은 자투리 농지는 허용될 수 있습니다.

농업진흥 구역 밖의 농지는 상대적으로 전용이 쉬우나 개발행위허가 기준에 맞는 도로, 상하수도, 경사도 등을 충족해야 하며, 무분별한 개발을 막기 위하여 전용 면적 제한이 있고, 주택 건축에 필요한 도로, 상하수도, 전기 등 기반 시설의 확보 가능성이 중요하게 요구됩니다.

농업진흥 구역 밖의 농지보전 부담금은 공시지가의 20%나, 농지전용 허가로 주택을 짓는 경우는 해당 토지는 5년간 다른 용도로 변경할 수 없으며, 만약 용도변경이 필요한 경우, 별도의 승인을 받아야 하고, 지자체마다 농지전용이나 개발행위허가가 세부적으로 다를 수 있으니 시·군·구청에 직접 문의하여 정확한 정보 확인이 필요합니다.

항상 그렇듯이 농업진흥 지역은 농지를 효율적으로 이용하고 보전하기 위해 지정된 지역으로, 농업진흥 구역과 농업보호 구역으로 나뉩니다. 농업진흥 구역은 농업 생산성이 높은 우량 농지로, 원칙적으로 주택 건축을 위한 농지전용은 매우 제한되고, 농업인 주택이나 농업 생산에 직접 필요한 시설 외에는 일반주택 건축은 거의 불가능하다고 보아야 합니다.

농업보호 구역은 농업진흥 구역의 용수원을 확보하고, 수질 보전 등 농업 환경을 보호하기 위하여 지정된 지역으로서, 농업진흥 구역보다는 규제가 덜하고 일반주택 건축이 가능하다고 보면 되겠습니다. 따라서 농지를 주택으로 전용하여 나만의 공간을 지어 보는 것은 어떨까!! 생각합니다.

아파트 너머로 땅으로

8

일반주택으로 농가주택으로

앞에서 언급하였지만 농업인 주택과 일반주택의 차이는 농지전용을 통한 건축 적용 조건과 제한이 크게 다릅니다. 농업인 주택은 농민이 농업경영을 하는 농지 근거지에 거주하고, 농업생산에 필요한 시설과 함께 짓는 주택이므로 농지법상 전용이 비교적 쉽습니다.

하지만 농업인으로서의 자격 요건이 충족되면, 면적은 세대별로 농업보호 구역과 농업진흥 구역에 따라 다르나 일반적으로 1,000㎡ 이하이고, 농업인 주택으로 전용된 농지는 5년간 다른 용도로 변경할 수 없고, 일반주택은 농업인 주택이 아닌 일반적 주택으로 농업진흥 지역 내에서는 건축이 거의 불가능하고, 진흥지역 밖의 농지라 할지라도 개발행위허가 기준 즉, 도로, 상하수도 등을 충족해야 만 전용이 가능합니다.

농지는 국토계획법으로 관리, 농림, 자연환경보전지역으로 지정되는데, 농림 및 자연환경보전지역은 농업생산이나 자연 보전이 목적이므로 주택 건축을 위한 농지전용이 어렵거나 불가능하고, 관리지역은 보전, 생산, 계획으로 나뉘며, 이 중 계획관리는 근린생활시설이나 주택, 창고, 공장 등의 개발이 비교적 쉬운 편이고, 보전관리, 생산관리는 지기가 조금 저렴하므로 일반주택이든 농가주택이든 문제가 없습니다. 농지법의 농지전용 절차는 모두 거쳐야 합니다.

그뿐 아니라 지목변경과 용도변경 제한이 있는데 농지법 제41조에 따라 원칙적으로 전·답·과수원 외의 지목으로 변경하지 못하고, 만약 이 기간 내에 다른 용도로 쓰고자 하는 경우는 별도 용도변경 승인을 받아야 하고, 뭐라 뭐라고 해도 기반 시설확보가 중요하다는 것을 앞서 몇 번 얘기 했지만, 주택 건축을 위해서는 도로, 상하수도, 전기 등 필수기반 시설이 확보되고, 이러한 주요 기반 시설이 미비할 경우는 사전 검토되어야 합니다.

따라서, 농지전용허가와 농지보전 부담금 납부는 농지 가치에 비례하여 부과되며, 농가주택이 아닌 다른 목적의 전용은 1,650㎡ 이상은 토지개발부담금이 부과될 수 있으며, 이 책 3부에서 상세히 적어두었습니다. 특히, 자치단체마다 도시계획 조례가 다르니 농지 부서에 문의하는 것과 불법 훼손 논밭은 지목변경이 제한되고, 원상회복 명령, 이행강제금 등 법적제재를 받을 수 있으니, 토지를 알아가는 공부가 그렇게 호락호락한 것은 아닙니다만, 일반주택이든 농가주택이든 땅으로 한번 가 보자는 것입니다.

9

농어업인 자격으로 농가주택으로

일반주택이나 농어가 주택 설명은 이미 하였으나, 법령 체계에 맞게 다시 한번 설명합니다. 농어업인 주택이 가능한 법적 근거는 농지법 제32조 시행령 제29조 제4항이고, 그 자격은 농업인이나 어업인 1명 이상이 구성되어 농업·임업·축산업·어업을 영위하는 세대라고 말하고 있습니다.

그리고 건축할 수 있는 장소는 세대의 농업·임업·축산업·어업경영 근거가 되는 농지·산림·축사·어장 등이 있는 시군구의 읍면동이나, 연접 시군구의 읍면지역이고, 세대별 가능 면적은 660㎡ 이하라고 하였습니다.

세대가 농업이나 임업 축산업, 어업으로 수입액이 연간 총수입액의 2분의 1을 초과하는 세대이거나, 해당 세대원의 노동력이 2분의 1 이상으로 농업·임업·축산업·어업을 영위하는 세대라고 되어 있으며, 농업인이라고 하는 조건은 농지 면적이 1천㎡ 이상의 농지에서 농작물이나 다년생 식물재배를 하거나, 330㎡ 이상의 고정식 온실이나 비닐하우스를 이용하여 경작하거나, 연중 90일 이상 농업 종사자가 농업인입니다.

농지가 아니라도 가축을 키워도 되는데, 소나 말 같은 대 가축은 2마리, 돼지, 흑염소 같은 중 가축은 10마리, 크기가 작은 소 가축은 100마리, 양봉 10군, 곤충사육 등을 사육하여도 농업인입니다.

축산업에 종사하였다면 그 기간이 연간 120일, 농업경영판매액이 연간 120만 원 이상이면 농업인으로 보고, 반드시 농업인 확인서를 발급받아야 하며 비농업인도 이런 절차를 거쳐 농민 자격을 얻는다면 아파트 너머로 땅으로 갈 수 있겠습니다.

아파트 너머로 땅으로

10

땅으로 가는 숲속 야영장으로

지방 중심도시에서 종종 볼 수 있는 캠핑용품 박람회 캠 페어(Camping & leisure)가 신종코로나19 영향으로 지역을 돌아가며 순차적으로 열리는데, 캠핑용품에다 몇몇 장비를 이것저것 사서 숲속 야영장으로 달려가고 싶은 생각이 들었습니다.

아파트 너머의 땅으로 나가려면 숲속 야영장 사업은 어떤가? 산림문화·휴양법에 따라 계획을 수립하고 인허가를 받는 과정이 필요한데, 입지 선정은 자연경관이 수려하고 환경 훼손이 적으며, 접근성이 좋은 곳을 물색할 수 있습니다.

산림 지형, 토지이용 현황, 주변 인프라 등을 종합적으로 고려하여, 야영장 시설 배치와 이용 계획을 작성하고 환경 보호 계획, 안전 관리계획 등을 포함하는 구체적 조성계획을 검토해야 할 것입니다.

이것은 행정청의 심사 기준인 조성계획의 적정성이나 시설 기준으로 안전성이나 환경 영향 등을 종합적으로 심사하게 되는데, 산림문화·휴양법에 명시된 기준을 충족해야 합니다.

관리시설과 야영 시설로는 텐트 야영장, 글램핑 시설 카라반, 위생시설 샤워장, 취수장, 편의시설의 매점, 놀이터 등, 안전시설을 갖추어야 하고, 건축물 면적 제한은 숲속 야영장 내 건축물이 차지하는 총바닥

243

면적은 숲속 야영장 면적의 10% 미만이 되도록 해야 하고, 자연 친화적 공간을 유지하기 위한 핵심 요소입니다.

용도구역 확인으로 숲속 야영장은 주로 지목이 임야이므로 농림지역 보전산지이고, 산지관리법에 따른 기준을 준수하여, 허가 승인 후 조성계획에 따라 야영장을 조성합니다.

조성이 완료되면 산림청 또는 지자체에 최종 등록을 하고, 모든 토지는 용도지역, 용도지구, 용도구역 등으로 구분되므로 각 용도에 따라 건축행위 및 개발 가능 여부가 결정됩니다. 숲속 야영장은 주로 생산관리, 보전관리나 농림지역 임야에서 개발되는 경우가 많으며, 개발행위허가는 산지전용, 건축물의 건축, 공작물의 설치, 토지의 형질변경 등 대부분의 개발행위는 이 규정에 따라 관할 지자체로부터 허가를 받아야 합니다.

용도지역별로 허용되는 행위와 건축물 규모에 제한이 있는데, 산지관리법의 산지 전용 허가는 숲속 야영장이 산지에 조성되는 경우는 산림을 야영장 부지로 사용하기 위하여 산지전용이 필요합니다. 보전산지에는 공익용 산지, 임업용 산지가 있고, 준보전산지로 나뉘며, 보전산지는 개발행위에 대한 규제가 훨씬 엄격합니다. 따라서 준보전산지가 야영장 개발에 쉬우나, 토지 가격이 좀 높습니다.

훼손된 임야는 복구하고 일부라도 농지를 야영장 용도로 사용하기 위해서는 농지전용허가를 받아야 합니다. 지방자치단체의 조례는 각 각의 특성을 반영하여 관련 조례를 제정할 수 있으며, 도시계획 조례는 용도지역별 건축 허용 범위, 건폐율·용적률을 더욱 구체화할 수 있으니, 숲속 야영장으로 가는 길은 그렇게 어려운 것은 아니라고 봅니다.

아파트 너머로 땅으로

11

땅으로 TDR로 타운하우스로

용적률을 팔아서 새로운 주거 형태와 도시 미래라 불리는 타운하우스를 지어 보자는 것입니다. 도시는 살아 숨 쉬는 유기체이고, 삶의 터전은 끊임없이 변화하여 그 변화의 중심에는 늘 '재개발'과 '재건축'이라는 거대한 움직임이 존재합니다.

낡은 골목의 주택들이 사라지고, 그 자리에 고층 아파트 단지가 우뚝 솟아나는 모습은 이제 너무나 식상한 풍경이 되었습니다. 나는 이렇게 질문하려고 합니다. 주택 재개발 지구에서 무조건 고층 아파트만을 짓는 것이 아니라, 주민들의 염원이 담긴 '타운하우스'를 지을 수 있다면 어떨까입니다. 물론, 여기서 현실적 고민이 뒤따릅니다.

저층 타운하우스는 고층 아파트에 비해 그 용도지역이 가지고 있는 용적률을 다 쓸 수가 없어 사업성이 떨어진다는 경제적 한계에 부딪힐 수 있기 때문이다. 언제인가 문화재나 전통 가옥 보전지역을 대상으로 거론되었으나 나는, 사회변화의 현상에 딱 맞아떨어지는 '용적률 이양 제도'를 이곳으로 들여와 수익 보충이 되어 저층 타운하우스를 지으려는 재개발 지구에서 법적으로 허용되고 남는 용적률을 다른 아파트 재건축 지구에 이양하고 그 받은 수익금으로 사업비용에 충당할 수 있을 것입니다.

이 '남은 용적률'을 유휴 자산으로 보아 필요한 곳에 '판매'하는 것인데, 그렇다면 누가 이 용적률이 필요로 한가? 바로 용적률이 부족하거나 더 높은 밀도로 개발하고 싶은 업무용 빌딩이나 재건축 협의 과정에 있는 고층 아파트 단지일 것입니다. 재건축 아파트 입장에서는 추가 용적률을 확보하여 사업성을 높일 수 있고, 타운하우스를 지으려는 측에서는 용적률 판매로 받은 수익 재원으로 쾌적한 주거 공간을 조성할 수 있게 된다는 것입니다. 이른바 '개발권이양제(TDR, Transferable Development Rights)'의 개념을 도시의 특성과 필요에 맞게 적용하는 방식은 단순히 건축의 한 방법론을 넘어, 우리 사회에 긍정적 파급효과를 가져올 수 있다고 생각하게 됩니다.

그것은 다양한 주거 선택의 폭을 넓힐 수 있으며, 획일적으로 세우는 아파트 도심에서 벗어나, 정원이 있는 집, 이웃과 자연스럽게 교류할 수 있는 연립주택형 타운하우스 등 개인의 라이프스타일에 맞는 다양한 주거 형태를 도시에서 구현할 수 있습니다.

그리고 해체되어 가는 공동체를 회복하고 결속하여 지속 가능한 사회로 나아가는 계기가 될 수 있습니다. 유럽의 석조형 타운하우스는 고층 아파트에 비해 이웃 간의 물리적, 심리적 거리가 가까워 자연스러운 소통과 유대감이 유리하고 내부 수리는 하겠으나, 외부는 반영구적 석조형이나, 우리의 경우는 그것은 아니더라도 안전한 골목에서, 마당에서 서로의 안부를 묻는 정감 있는 풍경을 되찾을 한국형 타운하우스가 절실하다고 생각됩니다.

높은 건물로 꽉 채워진 답답함 대신, 저층 주거와 푸른 녹지가 어우러

아파트 너머로 땅으로

지는 여유로운 스카이라인을 만들어 우리가 지향해야 할 도시는 콘크리트 철근만 채워진 곳이 아닌, 다양한 삶의 방식이 존중받고, 사람과 사람이 조화롭게 어우러지는 지속 가능한 공간이어야 하겠습니다. 따라서 TDR은 타운하우스로 가는 길이 되었으면 좋겠습니다.

247

12

Korean Style 타운하우스

관심이 꾸준히 높아지고 있는 타운하우스(Townhouse)나 공동전원주택은 공동주택의 종류이고, 2개 이상의 주택을 1채에 붙어 지은 것으로, 각 주택이 벽을 공통으로 쓰되 외부 출입구는 별도 가지는 주택을 말하며, 테라스 하우스도 여기에 포함됩니다.

특히 코로나19 팬데믹 이후 '집콕' 트렌드가 확산이 되면서, 아파트보다 넓고 쾌적하고, 개인적 외부 공간을 누릴 수 있는 타운하우스 인기가 자연스레 높아졌습니다. 역사적으로 타운하우스는 귀족이나 부유한 가문의 도시 거주지였으며, 유럽 등 영국에서는 대체로 타운하우스가 테라스식입니다.

일반적으로 가장 큰 소수의 소수가 수백 또는 수천 에이커의 땅을 가지고 있는 귀족조차도 종종 도시의 계단식 주택에 살았습니다.

예를 들어, 노퍽 공작(Duke of Norfolk)은 영국의 애런델성을 소유하고 있으면서, 런던 노퍽 하우스(Norfolk House)는 너비가 30미터가 넘는 세인트 제임스 광장의 테라스식 주택이었다고 합니다. MZ세대나 젊은 세대들도 아파트 일변도의 주거 형태에서 벗어나 테라스, 정원, 다락 층 등을 갖춘 타운하우스에서 다양한 여가 생활을 즐기며 공간 활용의 폭을 넓히고자 눈을 돌리고 있습니다.

아파트 너머로 땅으로

우리의 타운하우스는 크게 여러 가구가 모여 단지를 이루는 '단지형 타운하우스'와 개별 필지에 독립적으로 지어지는 '개별형 타운하우스'로 나눌 수 있습니다. 단지형 타운하우스는 아파트처럼 공동 관리 시스템을 갖추고 커뮤니티 시설을 제공하기도 하지만, 아파트에 비해 규모가 작고 저층이라는 특징을 가집니다. 개별형 타운하우스는 단독 주택과 유사하지만, 외관이나 디자인에서 통일성을 가지는 경우가 많습니다.

하지만 모든 타운하우스가 우리가 꿈꾸는 이상적 모습인가는 개인의 성향에 따라 달리 평가되고 있으나, 우리의 타운하우스는 주로 도심 외곽이나 신도시 주변, 혹은 지방의 자연 친화적 지역에 많이 개발되고 있습니다. 이는 상대적으로 저렴한 토지 가격 때문이기도 하지만, 도심과의 대중교통 접근성이 떨어지는 경우가 있으며, 아파트에 비해 관리비 부담이 크거나, 편의시설이 부족하거나, 보안 시스템이 미흡하다는 경우도 있습니다.

매매는 아파트만큼 활발하지 않으나 아파트의 단점을 보완해 준다는 것이 장점으로, 단지형 타운하우스의 경우 공용 공간 관리 문제가 발생하기도 하나 타운하우스 주거환경의 편리함과 쾌적함은 우리가 추구하는 가치를 높게 평가할 수는 있습니다.

타운하우스가 제공하는 주거환경의 장점들은 고층 아파트의 단점을 보완하며 많은 사람에게 매력적 대안으로 다가옵니다. 이는 우리가 진정으로 주거 공간에서 추구하는 가치가 무엇인지 다시 생각하게 합니다.

그리고 생활의 큰 매력 중 하나는 땅과의 직접적인 연결입니다. 작은 마당에 꽃을 심고 채소를 가꾸거나, 테라스에서 하늘을 보며 차를 마시는 일상은 고층 아파트에서는 누리기 어려운 여유입니다. 집 안에서 바로 외부 공간으로 나갈 수 있다는 편리함은 물론, 땅과 가까이 지내면서 계절의 변화를 느끼고 자연 속에서 심리적 안정감을 얻는 쾌적함은 삶의 질을 크게 높여 줍니다.

또한, 아파트 생활의 고질적 문제 층간 소음으로부터 훨씬 자유롭습니다. 타운하우스는 낮은 층수와 독립적 구조 덕분에 위층이나 아래층에서 발생하는 소음 걱정 없이 조용하고 평화로운 주거환경을 누릴 수 있습니다.

이는 특히 어린 자녀가 있거나 소음에 민감한 분들에게 쾌적함을 선사합니다. 더 높은 프라이버시와 독립성 역시 타운하우스의 장점입니다. 각각의 가구마다 독립적인 출입구를 가지며, 마당이나 테라스 공간이 있어 아파트에 비해 훨씬 높은 프라이버시를 보장받을 수 있습니다. 자신만의 공간에서 방해받지 않고 편안하게 생활할 수 있다는 점은 심리적 쾌적함으로 이어집니다.

주차의 편리성도 빼놓을 수 없습니다. 많은 타운하우스 단지는 가구당 전용 주차 공간을 확보하고 있어 주차 스트레스가 적고, 집 바로 앞에 주차할 수 있어 짐을 옮기거나 차량 이용이 편리합니다. 낮은 층수는 안전 측면에서도 유리합니다. 화재나 지진 등 비상 상황 발생 시 대피가 훨씬 쉽고 고층 아파트에서 느끼는 막연한 불안감에서 벗어날 수 있어 Korean Style 타운하우스는 어떤가입니다.

아파트 너머로 땅으로

13

커뮤니티를 이루어 안정감으로

타운하우스는 물리적 구조와 규모 덕분에 이웃 간의 자연스러운 마주침과 교류하는 기회가 아파트보다 많으며, 단지 내 공용 보행로, 작은 정원, 놀이터 등 공유 공간에서 산책하거나 활동하다가 이웃과 자연스럽게 인사를 나누고 대화를 시작하기가 더 쉽습니다. 마당에서 정원을 가꾸거나 아이들이 함께 놀다가 부모들이 친해지는 모습은 타운하우스 단지에서 흔히 볼 수 있는 풍경입니다.

공동으로 사용하는 곳은 이웃 간의 협력을 이끌어 가는 공동체 의식을 강화하는 요소가 있고, 함께 단지 내 문제를 논의하고 해결하는 과정에서 자연스럽게 소통하고 유대감을 형성하게 됩니다. 대규모 아파트 단지에 비해 상대적으로 소규모 단지의 친밀성은 타운하우스 공동체의 큰 장점입니다. 가구 수가 적기 때문에 단지 내 대부분의 이웃을 알게 될 가능성이 높으며, 이는 익명성이 강한 아파트에 비해 훨씬 친밀하고 인간적 관계를 형성하는 데 유리하고, 서로의 얼굴을 알고 안부를 묻는 관계는 따뜻한 공동체의 기초가 됩니다.

이러한 친밀한 관계는 이웃 간 상호 돌봄 및 안전망 형성으로 이어질 수 있습니다. 급한 일이 생겼을 때 아이를 잠시 맡아 주거나, 여행 간 집을 봐주거나, 아플 때 도움을 주고받는 등 실질적 도움을 주고받는 공동체가 형성될 수 있습니다. 서로에게 관심을 가지는 이웃들이 있다는 것은 단지 내 안전에도 긍정적인 영향을 미칩니다.

타운하우스 단지에서는 공동체 활동도 비교적 활발하게 이루어집니다. 소규모 단지에서는 입주민 회의나 작은 모임, 공동체 행사를 조직하고 참여하기 좋으며, 취미 독서 모임, 가드닝(gardening) 클럽 등 정기적 Teatime이나 브런치에서 명절, 계절별 육아 가족 중심 프로그램, 단지 환경 미화 활동 등 다양한 커뮤니티 프로그램을 통해 주민들이 함께 웃는 유대감을 강화할 수 있습니다.

타운하우스는 우리나라의 현실 속에서 여러 과제와 단점도 가지고 있지만, 땅과 연결된 개인 공간의 쾌적함과 편리함은 물론, 이웃과 자연스러운 교류를 통해 따뜻한 공동체를 형성할 수 있는 환경을 제공한다는 점에서 매력적인 주거 형태입니다.

이는 아파트의 편리함과는 다른, 사람과 사람 사이의 연결에서 오는 안정감과 행복감을 느끼게 해주는 중요한 가치입니다. 우리가 어떤 집에 살고 싶은지에 대한 고민은 결국 어떤 삶을 살고 싶은지에 대한 고민과 맞닿아 있으며, 타운하우스는 자연과 더불어 이웃과 소통하며 안전하고 여유로운 삶을 추구하는 사람들에게 매력적인 대안이 되고 있습니다.

타운하우스는 주로 수도권의 도시 근교나 신도시 주변에 가장 많은 타운하우스 단지가 집중되어 있으며, 이곳은 서울과 가까운 수도권 지역으로 특히 용인, 분당, 죽전, 동탄, 과천 등 경기도의 신도시나 도시 근교 지역에서 '80년대부터 꾸준히 개발되었습니다.

아파트 너머로 땅으로

이는 서울의 높은 집값과 인구 밀도를 피해 자연 친화적인 환경을 찾으면서도, 서울 도심으로의 접근성을 어느 정도 유지하려는 수요가 많기 때문입니다. 수지, 양평, 의왕, 북수원, 남양주 등 다양한 지역에서 타운하우스 분양이 이루어지고 있습니다. 그리고 지방 대도시 근교 및 자연 친화적 지역은 수도권 외에도 부산, 대구, 광주, 대전 등 지방 대도시의 외곽이나 근교 지역에 타운하우스 단지가 조성되는 경우가 많습니다. 대도시의 편리한 인프라를 이용하면서도 도심의 번잡함을 벗어나 여유로운 생활을 누리려는 수요가 있기 때문입니다.

바닷가, 호숫가, 산자락 등 자연경관이 뛰어난 지역에도 타운하우스나 전원주택 단지가 많이 들어서고 있는데, 태안, 공주, 제주 등 전국 각지에 흩어져 분포하고 있고, 이러한 지역은 자연 속에서의 삶을 중시하는 사람들에게 인기가 많습니다.

도시개발지구 내 저밀도 주거지역은 신도시나 택지 개발지구를 조성할 때, 아파트 단지와 함께 단독주택 용지나 타운하우스 용지를 계획적으로 배치하는 경우가 있습니다. 이러한 지역은 비교적 체계적으로 개발되어 도로, 상하수도 등 기반 시설이 잘 갖춰져 있다는 장점이 있습니다. 결론은 타운하우스는 인구 밀집도가 높은 도심은 재개발을 통한 용적률 이양제를 도입하여 주택의 형태를 다양화하고, 도시 근교, 교외, 자연경관이 좋은 지방에는 지가가 저렴하니까 주로 신축을 고려해 볼 수 있을 것입니다.

이는 타운하우스가 추구하는 자연 친화적이고 여유로운 주거환경의 특성과 관련이 깊으나, 우리는 공업화가 시작되면서 농촌 인구가 도시로 모여드는 20세기 말부터 21세기 초까지 도시재개발 노후 건축물을 철거하고 고층 아파트로 재건축할 것이 아니라 타운하우스와 단독주택지가 공존할 수 있는 형태가 유지되어야 할 것 같습니다.

아파트 너머로 땅으로

14

저층으로 고급 주택으로

한국에서 '타운하우스'라고 하면 많은 가구가 단지를 이루는 단지형 타운하우스를 떠 올립니다. 이는 아파트와 단독주택의 중간 형태로서, 다음과 같은 특징을 가집니다. 주로 저층 구조인데, 대부분 2층에서 4층 내외의 낮은 높이로 지어지고, 수직 공간 활용으로 한 가구가 여러 층을 사용하는 복층 구조가 많습니다.

그리고 개별 출입구는 각각의 가구마다 독립적 출입구를 가짐으로, 각자의 외부 공간의 작은 마당, 테라스, 발코니, 또는 다락방과 연결된 옥상 공간 등을 가지는 경우가 많으며, 벽을 공유하며, 나란히 붙어 있는 형태가 일반적이나, 단지 형태는 여러 채의 주택이 모여 하나의 단지를 이루며, 단지 내 도로, 조경, 주차 공간 등을 공유합니다.

그러나 공동 관리는 아파트처럼 관리 주체를 통해 단지 전체의 공용 부분을 관리하는 경우가 많고, 입지는 주로 도심 외곽, 신도시 근교, 혹은 자연경관이 좋은 지역에 분포하는 특징들을 바탕으로 한국의 타운하우스 단지는 다음과 같은 장점, 단점을 가지고 있다.

자연 접근성 및 개인 외부 공간인데, 아파트에서는 누리기 어려운 마당이나 테라스 등 개인적인 외부 공간을 가질 수 있어 자연을 더 가까이 느끼고 활용하기 좋습니다. 단지 자체가 자연 친화적인 곳이 많아,

층간 소음 감소는 수직으로 연결된 가구가 적거나 독립적 구조 덕분으로 아파트의 고질적 문제로 보는 층간 소음으로부터 상대적으로 자유롭습니다. 프라이버시나 독립성으로 개별 출입구를 사용하고 공유 공간의 복도, 엘리베이터 이용이 적어 아파트에 비해 높은 프라이버시나 독립성을 누릴 수 있습니다. 그리고 주차 편리성인데, 가구당 전용 주차 공간이 확보되어 있거나 아파트에 비해 주차 공간이 여유로운 경우가 많아 주차 스트레스가 적고, 안전성으로는 비상시에 낮은 층수로 인해 화재나 지진 등 비상 상황에 대피가 아파트 고층에 비해 안전합니다.

공동체 형성 가능성은 아파트보다 작은 단지 규모와 공유 공간에서의 자연스러운 마주침을 통해 이웃 간의 친밀한 관계를 형성하고 공동체 의식을 키우는 데 유리할 수 있습니다. 다양한 공간 활용으로 복층 구조나 다락방, 테라스 등을 활용하여 아파트보다 개성 있고 다양한 공간 활용이 가능하며, 입지 및 교통 불편은 있으나, 기존도시에는 주택을 헐고 아파트를 지어 남은 주택지가 얼마 남지 않아 주로 도심 외곽에 위치하여 대중교통 이용이 불편하고 도심의 편의시설로 대형 병원, 백화점 등의 접근성이 떨어지는 경우가 있어 차량 의존도가 높아집니다.

그리고 관리 유지보수 책임으로 단지 전체 관리는 이루어지지만, 개인 소유 공간인 마당, 외벽, 지붕 등은 관리 및 유지보수 책임과 비용이 개인에게 있습니다. 편의시설은 아파트 단지에 비해 단지 내 상가나 커뮤니티 시설로 피트니스 센터, 도서관 등이 부족하거나 규모가

아파트 너머로 땅으로

작은 경우가 많으나, 아파트에 비해 시장 규모가 작아 수요층이 한정적이라 매매나 임대가 아파트만큼 쉽지 않을 수 있습니다.

벽을 공유하는 구조라 층간 소음은 적더라도 옆집 소음은 다소 발생할 수 있어, 이러한 특징과 장단점을 고려할 때, 한국의 타운하우스는 아파트의 편리함과 단독주택의 독립성에서 균형을 찾으려는 사람들에게 매력적 선택지가 될 수 있고, 입지, 관리, 환금성 등 현실적 부분을 따져 보고 라이프스타일과 가치관에 맞는 형태인지를 결정하는 것은 중요하다고 보아지며, 저층으로 고급 주택으로 나아가는 것은 어떨까입니다.

15

주거를 수직에서 수평으로 삶으로

집은 삶의 형성적 공간으로 아파트의 편리함에 가려져 말하지 못하는 고민이 있었으나, 그 대안으로 나온 것이 타운하우스 특징이고, 한국에서는 어떠했는지 살펴보았습니다. 고층 아파트는 효율적 토지이용과 편리한 도시시설의 접근성, 단지 내 다양한 편의시설이라는 장점이 있습니다. 바쁜 현대 사회에서 시간과 에너지를 절약하며 편리하게 살아가기에 적합한 주거 형태일 수 있습니다.

하지만 높은 층수에서 오는 불안감, 층간 소음 문제, 자연과의 단절 그리고 이웃 간의 익명성으로 인한 공동체 의식 약화는 우리가 편리함만을 좇다가 놓치고 있는 가치들이 무엇인지 되돌아보게 된다는 것입니다. 반면, 유럽형 타운하우스와 같은 저층형 주거는 땅과 가까이 지내며 자연을 느끼고, 층간 소음 걱정 없이 편안하게 휴식하며, 높은 프라이버시 속에서 자신만의 공간을 누릴 수 있는 쾌적함을 제공합니다.

그리고 소규모 단지에서 이웃과 자연스럽게 교류하며 따뜻한 공동체를 형성할 가능성을 열어 주며, 비록 도심에 있는 것이 아닌 경우는 접근성이나 관리 문제 등 현실적으로 어려움이 있겠으나, 자연과 조화 공동체의 관계, 삶의 여유를 중요하게 생각하는 사람들에게는 매력적 대안이 될 수 있습니다. 결국 우리가 어떤 집에 살고 싶은지에 대한 고

아파트 너머로 땅으로

민은 단순히 물리적 공간의 선택을 넘어, 우리가 어떤 삶을 살고 싶은지에 대한 근본적인 질문과 맞닿아 있습니다.

편리함과 효율성을 최우선 가치로 할 것인지, 자연과 교감, 이웃과 소통 그리고 삶의 여유를 더 중요하게 생각할 것인지, 주거 선택은 이러한 가치관을 반영합니다. 우리가 꿈꾸는 집의 모습은 화려하고 높은 곳에서 도시를 내려다보는 집일까? 땅에 발을 딛고 작은 마당에서 흙냄새를 맡을 수 있는 집일까? 편리함의 속에서 해결할 수 있는 집일까? 이웃과 함께 웃고 이야기하며 서로 돕고 사는 집일까?

정답은 없습니다. 각자의 Lifestyle과 가치관으로 이상적 집의 모습은 다를 수 있습니다. 중요한 것은 우리 사회의 다양한 주거 형태가 가진 특징과 장단점을 이해하고, 나에게 그리고 우리 가족에게 진정으로 필요한 것이 무엇인지 스스로 질문하며 신중하게 선택하는 것입니다. 집은 단순한 건축물이 아니라 우리 삶의 터전이자, 관계가 시작되고 유지되는 공간이며, 어떤 가치를 추구하고 살아갈 건가, 무엇을 선택하든 그 안에서 사람과 사람이 서로를 존중하고 배려하고 따뜻한 공동체를 만드는 노력일 것입니다.

'타운하우스(Townhouse)'자체는 벽을 공유하며 가구가 나란히 붙어 있는 저층 주택 형태를 의미하며, 유럽에서 발달해 온 주거 형태이고, 한국에 도입되면서 이 개념이 현지화되고 변형되면서 구조적 차이가 나타나게 되었습니다. 구조적 차이점을 요약해 보면 층수는 전통 유럽 타운하우스가 한국 타운하우스보다 층수가 더 높은 경우가 많습니다. 외부 공간 형태는 전통 유럽 타운하우스는 뒤뜰 정원(Garden)이 핵심적 외부 공간이고, 한국 타운하우스는 마당 외 테라스, 옥상 공간 등 다양한 형태의 외부 공간을 강조하고 있습니다.

개발 배경을 보면 전통 유럽 타운하우스는 도시화 과정에서 자연스럽게 형성된 주거 형태이고, 한국의 타운하우스는 아파트 중심의 주거 문화에 대한 대안으로 계획적으로 개발되는 경우가 많습니다.

결론적으로, 한국의 타운하우스는 전통적 유럽 타운하우스의 '저층, 합벽식, 개별 출입구, 수직 공간 활용'이라는 기본 개념을 가져왔지만, 한국의 주거 문화 건축 기술 그리고 시장 수요에 맞춰 변형된 형태라고 할 수 있습니다. 특히 유럽형이라는 수식어는 구조적으로 완벽하게 재현하기보다는 유럽의 특정 분위기나 디자인을 빌려 외관을 강조하는 의미로 사용되는 경우가 많았으므로, 주거를 수직에서 수평으로 바꿔 나가는 것은 어떨까!! 생각합니다.

아파트 너머로 땅으로

제5부

아파트 너머로 땅으로

1

수직으로 가는 고층 APT 이대로 좋은가?

도시 풍경은 빠르게 변화되어 '70년대를 넘어서면서 급격한 도시화로 고층 아파트는 마치 하나의 거대한 도시 성장의 상징처럼 자리 잡았습니다. 그러나 이러한 성장의 이면에는 심각한 사회적, 환경 문제들이 숨어 있었습니다.

도시 인구의 밀집은 주거 공간을 압박하여 고층 아파트로 변화되었고, 서울과 수도권을 중심으로 수많은 고층 아파트 단지들은 효율화를 앞세워 높게 건설이 되었으며, 이러한 주거 형태는 단순히 공간 문제 해결을 넘어 심각한 부작용으로 다가왔습니다.

아파트는 공동체가 형성되는 이웃이라는 관계를 단절시켜 익명성을 높여놓고, 계단을 오르는 이웃은 몰라도 되고, 일터나 동호회 위주의 관계로, 그러니까 자기 취향에 맞는 사람이 있으면 바로 앞 사람을 앉혀놓고도 SNS로 저 멀리 보이지 않은 사람과 관계를 형성하려는 문화가 바로 아파트가 한몫했다 할 것입니다.

서로 마주치더라도 모르는 사람처럼 지나치는 삭막한 주거 문화가 형성되어 각 세대는 마치 고립된 해안의 섬과 같아서 이웃 간의 따뜻한 관계 맺음이 사라져 가고 있습니다. 환경적 측면에서도 고층 아파트는 수많은 문제가 있고, 밀집된 주거 단지는 자연 생태를 파괴하고, 도

아파트 너머로 땅으로

시의 열섬 현상을 심화시켰습니다.

콘크리트 구조물로 가득 찬 아파트 단지는 녹지를 축소하고, 빗물이 바닥으로 스며들지 못하도록 도시의 생태적 균형을 무너뜨립니다. 심리적, 정서적 측면에서도 고층 아파트는 심각한 문제를 드러냈습니다. 획일적이고 정형화된 공간은 주민들의 창의성과 다양성을 억누르고, 정신적 스트레스를 증가시켰습니다. 높은 층수로 인한 심리적 압박감과 폐쇄적 환경은 현대인들의 정신건강에 부정적 영향을 미쳤을 것입니다.

경제적 측면에서도 고층 아파트는 천문학적 건설비용, 유지보수 비용, 과도하게 비싼 분양가는 가진 자와 없는 자 사이에서 주거 불평등을 심화시키고, 특히 MZ세대는 내 집 마련이 어려운 꿈속의 이야기가 되어 버렸습니다.

이러한 복합적 문제들은 우리 사회가 주거 형태에 대해 근본적으로 고민해야 합니다. 단순히 수직(vertical)의 공간 확보를 넘어, 인간 중심의 따뜻하고 지속 가능한 주거환경을 고민해야 하는 시점이라 생각하면서 수직으로 가는 고층 APT 이대로 좋은가를 묻고 싶어집니다.

2

런던의 고층 주거 타워 블록

타운하우스 하면 런던이 먼저 떠오릅니다. 이곳의 주거 건축을 살펴보면, 런던은 1938년 도심에서 3마일(약 4.5km)까지는 녹지대 GB를 지정하여 도시 확산을 막았고, '56년 일본 도쿄나 '73년 미국 Oregon주에 이어 한국은 '71년부터 서울을 비롯한 도시 주변 지역에 8회에 걸쳐 GB를 지정하였습니다.

런던은 도시를 재건한다고 공공임대주택 즉, 사회주택(Social Housing)을 2차 세계대전이 끝나고 전쟁 피해 복구와 급증하는 인구 문제를 해결하기 위하여 대규모 주택이 필요하였으므로 이때 정부 주도의 고층 아파트 단지 소위 '타워 블록'이 도심 외곽이나 낙후 지역을 중심으로 많이 건설되었던 것입니다.

그 후 그들은 도시 공동체 문제나 주거환경의 질적 비판을 받기도 하였고, 도시재생 측면의 고급화가 1980년 이후 런던은 산업 구조 변화의 프로젝트가 활발하였는데, 2004년 선진지 견학으로 영국 신도시 도크랜드(Docklands)나 런던 도심을 둘러본 일이 있었는데, 예전의 산업시설이 상업 주거복합 단지로 개발되면서, 현대적 디자인의 고층 아파트나 주상복합 건물이 들어서기 시작하였습니다.

이 시기의 고층 아파트는 대개 투자 가치와 고급화를 지향하는 경향이 강했으며, 글로벌 도시의 성장과 현대 건축이 시작되는 2000년 이후 런던은 세계적 금융 문화 중심지로 더욱 성장하면서, 스카이라인을 바꾸는 혁신적 고층 건물들이 계속해서 들어섰으나, 주거용 고층 건물이 도시 경관의 중요한 요소가 되어 편리한 교통시설이나 뛰어난 조망에 최첨단 스마트 시설을 갖추어 놓아 고소득층이 선호하는 주거 형태로 변화되어 갔습니다. 한국처럼 용적률에 따라 일괄적으로 층수를 높이는 방식이 아니라, 프로젝트마다 지역계획 기관과의 협의를 통해 깊은 심의를 거쳐 층수와 디자인이 최종 결정된다는 것으로, 예를 들어, 서울 한강변 재건축 아파트의 경우 획일적 35층 높이 규제가 있었으나, 최근에는 층수에 변화를 줄 수 있는 창의적 설계를 유도하였듯이, 런던도 이와 비슷한 획일적 높이 제한보다는 다양한 설계를 통해 개성적 도시 경관을 추구하는 경향이 있었습니다.

따라서 런던의 노후 고층 아파트 재건축은 단순히 층수를 높이는 문제라기보다는, 도시의 역사, 사회적 형평성, 지속 가능한 발전과 건축 미학 등을 복합적으로 고려하는 정교한 도시계획 과정이라고 할 수 있어, 결국 도시는 지속 가능해야 한다는 것을 말해주며, 아파트를 가지고 있는 소유자들의 무리한 요구를 걸러내는 지속 가능한 토지개발을 이뤄 가야 할 것입니다.

제5부 아파트 너머로 땅으로

3

런던 타워 블록(Tower block) 아파트

길을 걸어가다가 밑에서부터 위를 쳐다보려면 국민체조 등배운동 자세를 취하고 배를 내밀어 머리를 조금 뒤로 넘기는 자세가 되어 있어야 고층 아파트를 바라볼 수 있습니다. 타워 블록이라는 건축용어가 탄생한 배경을 한번 살펴보겠습니다. 2차 세계대전 이후 런던은 주택 부족 문제와 도시재개발의 필요성이 커졌다고 앞의 글에서 언급했다시피, 대량의 주택 공급과 도시를 현대화하기 위하여 고층 타워 블록이 대규모로 건설되기 시작했습니다. 당시는 미래지향적이고 진보적 주거 형태라고 여겨지기도 했으나, 빛과 그림자는 항상 있는데, 시간이 지나면서 타워 블록은 여러 가지 사회적 문제들과 연결되기도 하였으며,

특정 지역의 타워 블록은 때때로 빈민층이나 이민자들의 주거지로 인식되면서 생활 인프라나 치안 문제 등이 제기되기도 했고, 프랑스 파쿠르 영화 〈13구역〉 같은 작품에서도 이러한 이미지가 적나라하게 묘사되기도 했습니다. 그래서 안전 문제로 2017년 런던 노스캔싱턴의 24층짜리 그렌펠 타워 화재 사건이 타워 블록의 안전성과 경각심을 불러왔습니다.

당시 영국 보수당이 추진했던 규제 완화가 주원인이라고 하였고, 이

266

화재 이후 비슷한 외장재를 사용한 런던의 다른 고층 아파트 수백 가구에 긴급 대피령이 내려지기도 했답니다.

사건은 건축의 자재 관리, 주거 안전 등의 인식을 크게 변화시킨 계기가 되었는데, 대안적으로 당시 유행하던 '고층 타워 짓기' 방식의 도시 설계와는 완전히 다른 접근을 시도한 건축가들도 있었습니다. 예를 들어, 니브 브라운(Neave Brown)은 알렉산드라 로드(Alexandra Road) 주거 단지에서 고층 타워 방식이 아닌 대안적 도시 설계 방식을 선보이기도 했는데, 타워 블록은 런던의 도시개발역사와 사회상을 엿볼 수 있는 중요한 주거 형태라고 할 수 있고, 영화 〈하이라이즈〉처럼 고층 아파트에서 벌어지는 계층 간의 갈등을 다룬 2016년 개봉 작품도 있을 만큼, 단순한 건물이 아니라 사회적 의미를 담고 있는 존재라 할 수 있습니다.

-〈하이라이즈(High Rise)〉가 보여 주는 것-

이것이 무슨 내용이냐면 환상의 고급 아파트에서 벌어지는 그 이면의 이야기에 주목됩니다. 신경정신과 의사 로버트 랭 박사가 최고급의 고층 아파트 '하이라이즈'의 25층(중층부)으로 이사 오면서 시작이 되는 이야기인데, 이 아파트는 고소득 직업군만이 입주할 수 있는 모든 편의시설이 완벽하게 갖춰져 외부로 나갈 필요가 전혀 없는 '완전무결'한 주거 공간으로 영화에서 그려지는 것으로 랭 박사는 이혼 후 새로운 삶을 시작하려고 이곳에 왔었고, 수직으로 나뉜 계급사회를 묘

제5부 아파트 너머로 땅으로

사한 이곳은 단순한 아파트가 아니라 고층으로 올라갈수록 최상류층이, 중간층은 중산층이 그리고 아래층에는 서민들이 거주하며 수직적으로 철저히 나뉜 계급사회를 보여 주었다는 것입니다.

마치 벌집처럼 층별로 계급이 구분되어 이들 사이에는 눈에 보이지 않는 벽이 존재하는 영화이었습니다. 욕망과 혼돈의 시작으로 겉으로는 완벽해 보이는 이 건물에서 작은 문제들이 발생하기 시작하면서, 숨겨져 있던 인간의 욕망과 이기심이 꿈틀대기 시작하고, 기술적인 결함과 함께 계층 간의 갈등이 점차 폭력적인 형태로 치달아 결국 아파트 전체가 혼돈과 무법지대로 변해버린다는 이야기입니다. 사람들은 야만적 본능을 드러내며 건물을 디스토피아적 공간으로 만들어 갔습니다.

인간성의 상실을 보여 준 것으로 랭 박사는 이 혼돈 속에서 인간성이 어떻게 파괴되어 가는지를 목격하게 되고, 건물 내에서 벌어지는 계급 갈등이나 광기 폭력 등이 Real 하게 그려지면서 현대 사회의 문제점을 통렬하게 꼬집고 있는 영화 〈하이라이즈〉는 단순히 재난 영화가 아니라, 고층 아파트라는 폐쇄된 수직 공간이 어떻게 인간의 본성과 사회 계층의 모순을 극대화하는지를 보여 주는 블랙 코미디이자 사회 비판적 작품의 영화로, 이 글을 쓰게 되면서 알게 되었습니다.

4

한국과 런던의 타워 블록은 다르다

런던의 타워 블록은 한국의 아파트와는 느낌이 다를 수 있는데, 2차 세계대전이 끝난 이후 부족했던 주택을 공급하는 과정에서 고층 건축물이 효율적 대안이라고 보았던 것이 런던입니다. 공공주택(Social Housing)의 비중이 높아, 정부나 공공기관이 저소득층, 중산층을 포함한 다양한 계층에게 저렴한 임대료를 받고 주택을 제공하려고 대량으로 지었고,

그것은 노출 콘크리트와 기하학적 형태의 기능을 강조하여 가공되지 않은 콘크리트에서 유래했다는 '브루탈리즘' 양식의 건물이 많아 튼튼하고 기능성을 초점에 둔 회색빛 콘크리트 외관이 특징이며, 간결하고 투박한 느낌을 주는 경우가 많습니다.

한국처럼 최신식 외관이나 화려한 마감재보다는 실용성에 중점을 둔 경우라든지 유럽 도시들이 역사적 저층 건물을 보존하려는 경향이 강해서, 고층 건물은 주로 도시 외곽이나 신도시 지역에 집중하게 되어 있습니다.

서울은 강북이나 강남을 가리지 않고 지방의 중소도시에도 산발적이고 띄엄띄엄 불쑥불쑥 짓는 아파트가 사회적 인식으로는 혁신적 주거 형태로 환영받았으나, 런던의 경우는 점차 특정 계층의 문제와 치안,

공동체 붕괴 등 좋지 않은 인식이 생기기도 하였답니다.

최근 낡은 타워 블록 아파트 리모델링으로 도시에 활력을 불어넣는 노력을 진행하고 있지만 아파트 거주가 한국처럼 압도적으로 많이 선호 주거는 아니고, 단독주택(Single House) 즉, 개인 주택 선호가 높은 편이며, 공동체나 편의시설이 한국의 아파트 단지처럼 커뮤니티 시설이 아주 발달해 있지는 않고, 주거 본연의 기능에 충실하다고 합니다.

그리고 한국의 고층 아파트는 '고층 주택' 이상의 사회적, 경제적, 문화적 의미가 있고, 급격한 산업화와 도시화로 인구 밀집 문제를 해결하기 위하여 고층 아파트가 본격적으로 보급되기 시작하여 제한된 땅에 많은 사람이 살아야 하는 고층화가 필수적이었습니다.

또한 자산 증식 수단으로 내 집을 가지는 중요한 자산이라는 인식이 강하였습니다. 화려하고 현대적 외관에 중점을 두었고, 브랜드가 있다는 아파트의 경우는 차별화된 디자인과 고급스러운 마감재, 야경을 밝히는 조명으로 심미적 요소를 매우 중요하게 여기고 있다는 것입니다.

주상복합 아파트처럼 상업시설과 주거 공간이 결합 된 형태도 있으나, 가장 보편적으로 선호되는 주거 형태를 찾아 나서고, '아파트 평수'나 '브랜드'가 사회적 지위와 연결되는 경향이 있어 신축 아파트는 대형 건설사가 지은 아파트를 선호하고 있다고 말할 수 있습니다. 재건축 재개발 이슈는 전 국민의 관심사일 정도로 중요한 경제 사회적 현상이고, 고층 아파트 문제와 함께 유럽의 주거 형태에 관심을 두게 되는 것은 주거 본질을 의미하자는 것으로, 독자 여러분들의 주거 취향이 결국, 지속 가능한 토지이용으로 나아갈 수 있는 전환점이라 생각합니다.

아파트 너머로 땅으로

5

늘어가는 고층 APT 땅은 어디에

농촌을 떠나온 청년은 작은 도시에서 젊은 시절을 보내다가 다시 산업시설이 많은 큰 도시로, 수도권으로 몰려갔습니다. 주거시설 공급을 아무리 많이 하여도 수요가 늘어 제한적이고 한정된 주거지역에서 밀려오는 사람들을 받아 주려면 아파트를 수직적으로 확장하는 것 외에는 해결책이 없을 것이라고 보았을 것입니다.

땅값이 비싼 이유의 하나는 용도지역 제도의 문제로 사용이 가능한 토지가 제한적이었기 때문에 토지소유자와 건설업체가 고층 아파트를 지어 최대 이익을 남기고, 집을 갖고자 하는 사람들이 많아 그들의 Needs가 동시에 부합되면서 수많은 세대를 수직적 공간으로 배치하게 된 것이라고 봅니다.

'80년대부터 본격적으로 시작한 아파트 건설은 국가 주도의 주택정책과 맞물려 급속하게 확산이 되었고, 주거 안정을 이루기 위하여 대규모 아파트 단지 건설을 정부도 적극 지원했습니다. 이 과정에서 5층, 10층, 15층 이상의 고층 아파트가 도시 풍경을 급격히 변화시키기 시작했습니다.

서울과 인천, 경기 지역의 인구는 계속 증가하고, 주거 공간에 대한 수요 역시 폭발적으로 늘어났습니다. 특히 대기업 중심의 산업 구조와

271

교육, 문화 인프라가 집중된 수도권은 더 많은 사람을 끌어당기는 요인이 되었습니다.

인구수용이라는 현실적 문제를 해결하고자 표준화된 공간이 빠르게 공급될 수 있었다는 점에서는 고층 아파트가 당시 핵심 수단이었으나, 이제는 과거의 양적 성장 패러다임에서 벗어나 질적 측면을 고려한 주거 정책의 전환이 필요한 시점이라고 봅니다.

대도시의 하늘을 가린 콘크리트 벽들, 그 높이는 마치 거대한 성벽과도 같아 답답하고 그 밑으로 걸어 다니기가 불편할 정도입니다. 우리는 어느새 하늘과 땅의 연결성을 잃어버리고 수직으로 치솟은 건물 속에서 살고 있습니다. 고층 아파트는 단순한 주거 공간을 넘어 우리의 삶 전체를 규정하는 거대한 사회적 장치가 되어 버렸습니다.

인간의 기본적 Communication 정체성은 고층 아파트 때문에 점점 약해지고, 층간 소음 문제는 이미 우리 사회의 심각한 갈등 요인으로, 이웃 간의 관계는 점점 더 메마르고 차가워지고 있습니다. 각자의 고립된 공간에서 서로를 마주하지 않고 살아가는 삶, 그것이 바로 현대 도시인의 모습입니다. 환경적 측면에서도 고층 아파트는 수없이 쌓인 콘크리트 구조물이 도시의 열섬 현상을 가속화하고, 에너지 소비와 탄소 배출량을 급격히 증가시킵니다.

자연과의 단절은 도시 생태계의 균형을 심각하게 훼손하고 점점 더 인공적 환경 속에 갇혀 있게 됩니다. 심리적 측면에서 고층 아파트는 인간의 기본적 심리적 욕구마저 억압하고, 높은 곳의 주거 공간은 오히려 심리적 압박감과 고립감을 증폭시키며, 자연과의 접촉은 줄어들고 햇빛과 바람, 땅의 질감을 느끼는 경험이 점점 사라지고 있습니다. 외롭게 고립되어 도움받을 수 없는 절박한 상황으로 가는 단순한 주거 방식의 문제를 넘어 인간의 근본적 심리적 안정성을 위협하는 요소로 갈 수도 있지 않나 생각하고 있습니다. 경제적 측면에서도 고층 아파트는 많은 문제를 안고 있는데, 천문학적 건설 비용에 유지보수 비용으로 끝없는 재건축 악순환은 개인과 사회에 막대한 경제적 부담을 지우고, 아파트 가격의 급격한 변동으로 사회적 불평등을 더욱 심화시키며, 주거 안정성을 근본적으로 훼손하고 있는 것은 아닐까? 생각합니다.

그뿐인가 공동체가 파괴되고 환경이 나빠지거나 심리적으로 고립되고 경제적으로 부담이 늘어가는 이것은 고층 아파트라는 거대한 주거 시스템이 우리에게 안겨주는 그늘이라고 봅니다. 우리는 이제 진정한 삶의 질과 인간다운 주거환경에 대하여 근본적 질문을 던져야 할 시점에 다가와 있습니다. 따라서 늘어가는 고층 APT만 보이고 땅은 어디에 있는가를 묻게 되었습니다.

제5부 아파트 너머로 땅으로

6

재건축으로 고층 APT로

재건축은 마치 거대한 퍼즐을 맞추는 것과 같고, 오래된 집을 새롭게 탈바꿈시키는 과정이 복잡하고 때로는 고통스러운 여정입니다. 특히 지금의 15층 아파트를 중심으로 재건축하는 계획은 수많은 이해관계와 갈등의 중심에 서 있습니다.

이 과정에서 가장 먼저 직면하는 어려움은 바로 경제적 문제로, 오랜 시간 동안 그 공간에서 살아온 주민의 기대치와 현실적 보상이라는 사이에서 언제나 큰 간격이 존재하고, 일부 주민들은 더 나은 주거환경을 꿈꾸지만, 동시에 높은 분담금과 이주 비용으로 큰 경제적 부담을 느껴 소유권을 처분하기도 하고, 입주를 한 노후 세대는 빌린 돈의 이자와 관리비 부담까지 겹쳐 있습니다.

건축적 측면에서 30층 이상의 고층 아파트 재건축은 많은 문제점을 내포하고 있습니다. 과도하게 높은 층수는 도시의 경관을 해치고, 주변 환경과의 부조화를 시키고 지나치게 밀집된 고층 아파트가 주민들의 삶의 질을 오히려 낮추는 역설적 상황을 만들어 낼 수 있으며,

좁은 공간, 부족한 녹지, 제한된 커뮤니티 공간은 현대 도시 주거의 큰 문제점으로 지적되고 있습니다.

사회적 측면에서도 재건축 과정은 복잡한 갈등을 일으켜 세입자와 소

274

유주 간의 이해관계가 충돌하고 지역 Community, 젠트리피케이션 같은 현상은 재건축 과정에서 빈번하게 발생하는 사회적 문제들입니다. 특히 오랫동안 그 지역에 터를 잡고 살아온 주민들의 정서적 애착은 단순한 경제적 보상으로는 채워질 수 없는 깊은 상실감을 만들어 낼 수 있습니다. 지방의 한 중심도시에서는 재건축이 아닌, 낡은 주택을 헐어내고 2천여 세대의 고층 아파트를 짓는 재개발사업을 진행하면서 철거한 상태로 벌써 몇 년 간이나 빈터로 남아 있으며, 환경적 지속가능성 측면에서도 고층 아파트 재건축은 많은 의문을 제기합니다.

승강기나 냉난방 시스템의 과한 에너지, 건설 과정에서 발생하는 환경 파괴, 도시 생태계의 훼손은 심각한 환경 문제를 일으키고, 단순히 눈에 띄는 외관과 현대적 시설만을 추구하는 재건축은 장기적 관점에서 지속가능성을 고려하지 못하고 있습니다.

이러한 복합적 문제들은 우리에게 근본적 질문을 던집니다. 과연 고층 아파트 중심의 재건축은 미래 도시 주거의 해법이 될 수 있는가? 단순히 양적 팽창이 아니라 질적 성장의 고민을 해야 할 시점으로, 도시 환경, 사회관계망, 생태적 지속가능성 등 다각도 관점에서 재건축을 바라보아야 할 것입니다. '79년에 지은 4천 4백 세대가 넘는 서울 E 아파트 14층 대단지를 뜯어내고 재건축하자는 말이 나온 지가 29년째 되는 최근 49층까지 지어도 된다는 뉴스를 보았습니다. 핵심은 용적률 특례로 331%까지 가능하게 되었다는 것입니다.

그렇다면 지금의 MZ세대는 이 49층에서, 40년 이후 다시 낡아지면 Remodeling을 하든지 또다시 타협의 시간을 가지고 98층으로 가야

제5부 아파트 너머로 땅으로

하는 것일까!! 이렇듯 많은 여과장치가 따라붙는 고층 아파트, 지금이라도 지속 가능한 정책이 나와 줘야, 고층 APT로 가는 것에서, 땅으로 가게 될 것입니다.

아파트 너머로 땅으로

7

주거는 다양성으로 기능변화로

고층 아파트 중심의 주거는 삶의 질과 지역 커뮤니티 특성을 외면하는 경향이 있고, 가구와 개인의 다양한 생활 방식에서 벗어난 획일적 평면 구조이다 보니까 삶이라는 공간보다 거주 공간에 불과하다는 생각이 든다는 데서 출발합니다.

연립주택, 다세대주택, 다가구주택, 타운하우스 같은 대안적 다양성에서 문제의 해답이 될 수 있을 것 같습니다. 이러한 주거 형태들은 각 가구의 특성과 Life style을 반영할 수 있어, 젊은 부부, 노년층, 1인 가구 등 각기 다른 직업과 사는 방식이 다른 사람들에게 맞춤형 공간을 제공할 수 있어야 합니다.

흔히 '몇 평'이냐고 묻지만, 사실 면적의 기준은 사람마다 다르나, 국토부는 1인당 13.2㎡ 정도라고 하고, 실제로는 4인 가족은 30평에서 사는 경우가 많습니다. 어쩌면 필요 이상의 공간을 가지고 있는 건 아닐까? 가만히 생각해 보게 됩니다. 집에서 내가 실제로 사용하는 공간은 생각보다 작은데 잠자는 침대나 책상 나머지 공간은 대부분 짐들이 차지하고 있고, 크기보다 어떻게 효율적으로 짐을 버리고 관리하느냐가 공간 활용의 핵심이라고 보는데,

남들이 사는 방식에 맞추기보다 나를 파악하는 것이 중요합니다. 집

에서 주로 무엇을 하는지, 어떤 활동을 즐기는가에 따라 공간은 달라지고, 밤에 자고 TV만 본다면 굳이 넓은 집이 필요한가? 그림을 그리거나 공작 목공 등 다양한 활동을 한다면 조금 더 넓은 공간은 필요할지 모릅니다.

lifestyle의 변화로 집안의 큰아들이나 장손들은 공적 기능으로 명절 제사나 손님맞이가 있었는데, 이제는 그러한 행사가 점점 줄어들고, 사적 기능의 공간이 더 중요해졌습니다. 마루는 작아지고 kitchen은 넓어지는 추세가 바로 이런 변화를 반영하는 것으로,

더불어서 다양한 주거 형태는 단순히 개인이나 가족의 주거 만족도를 높이는 것을 넘어 지역사회의 활력을 되살리는 중요한 역할을 할 수 있습니다. 획일적 아파트 단지와 달리, 작은 규모의 주거 단지는 이웃 간의 소통과 교류를 촉진하고 공동체 의식을 강화할 수 있는 잠재력을 가지고 있습니다.

특히 도시 외곽이나 지방 도시에서 이러한 주거 형태의 다양성은 지역 활성화의 핵심 전략이 될 수 있습니다. 주거 형태의 다양성은 경제적 측면에서도 중요한 의미를 갖습니다. 대규모 아파트 단지 건설에 비해 소규모 다세대주택이나 연립주택의 개발은 상대적으로 낮은 초기 비용으로 지을 수 있으며, 이는 청년층이나 중산층이 접근하기 좋은 주거 대안이라 볼 수 있고, 부동산 시장의 안정화에도 보탬이 될 수 있을 것입니다.

앞으로 우리 사회는 주거 형태의 다양성을 더욱 적극적으로 찾아야 할 것입니다. 단순히 물리적 공간을 제공하는 걸 넘어, 개인의 삶과 지

아파트 너머로 땅으로

역사회의 특성을 반영하는 진정한 의미의 주거 공간을 창출해야 하지 않을까 합니다.

우리의 주거 문화가 더욱 풍요롭고 포용적으로 만드는 중요한 과제일 것으로 생각되며, 주거는 다양성으로 기능변화를 가져와야 한다고 보아집니다.

8

연립주택(Row House)으로

우리 사회의 주거 문화는 끊임없이 변화하고 있었습니다. 고층 아파트 중심의 획일적 주거환경에서 벗어나 더욱, 인간적으로 따뜻한 공간을 만들어 가는 과정에서 연립주택은 매우 중요한 대안으로 떠오르고 있습니다.

건축법상 4층 이하, 660㎡ 이상으로 연립주택의 가장 큰 매력은 사람과 사람 사이의 자연스러운 소통입니다. 아파트에서는 서로 얼굴을 마주치기조차 어려웠던 이웃들이 연립주택에서는 계단과 복도, 작은 마당에서 자연스럽게 만나고 대화를 나눌 수 있습니다.

이는 단순한 공간의 문제를 넘어 공동체 의식을 회복하는 중요한 계기가 되고, 공간 활용 측면에서도 연립주택은 놀라운 유연성을 보여줍니다. 개인의 필요에 따라 층간 구조를 조정하거나, 작은 정원을 가꾸거나, 이웃과 함께 공유하는 공간을 만들 수 있습니다. 이는 획일화된 아파트 구조에서는 상상하기 어려운 장점을 가지고 있습니다. 개인의 창의성과 삶의 방식을 존중하는 주거 형태라고 할 수 있습니다.

특히 MZ세대에게 연립주택은 새로운 삶의 방식으로, 단순히 잠자리를 제공하는 공간을 넘어 삶의 방식 자체를 재정의할 수 있는 공간입니다. 1인 가구나 소규모 가족들이 서로 교류하며 살아갈 수 있는 혁

280

신적 주거 형태라고 할 수 있습니다. 더불어 연립주택은 토지 활용의 효율성 측면에서도 큰 장점을 가집니다. 좁은 도심 공간을 최적화하여 사용할 수 있으며, 개별 필지를 효율적으로 활용할 수 있습니다. 이는 도시 공간의 밀도를 높이면서도 삶의 질이 향상될 것이며, 정서적, 기능적 측면에서 신축 연립주택 내부는 Modern style로 설계하여 MZ세대가 바라는 새로운 주거 대안이 될 것으로 보아지며, 단순한 건축물을 넘어 공동체와 개인의 삶을 존중하는 혁신적 주거 형태라고 생각하게 됩니다.

9

다세대주택(Multi-household House)으로

주거환경은 끊임없이 변화하고, 특히 대도시에서는 인구 밀집으로 주거 형태의 새로운 접근이 필요한 시점입니다. 다세대주택은 이러한 현대 도시의 주거 문제를 해결할 수 있는 중요한 대안으로, 4층 이하, 바닥면적 합계가 660㎡ 이하로 가장 큰 장점은 공간 활용의 효율성입니다.

우리가 지금 살고 있는 낡은 주택을 철거하고 아파트의 장점을 살린 Modern한 실내 구조로 블록별로 단지형 다세대주택을 만들어 좁은 대지에 많은 세대가 함께 살 수 있는 구조는 도시의 제한된 토지를 최적으로 활용할 수 있게 해줍니다. 특히 서울과 같은 대도시에서는 땅값이 높아 한 필지에 여러 세대가 거주할 수 있는 주택 형태는 경제적으로 효율적입니다. 다세대주택은 커뮤니티 형성에 긍정적인 영향을 미칩니다. 고층 아파트와 달리 좀 더 인간적이고 친밀한 공간을 제공하여 이웃 간의 소통과 교류를 활성화할 수 있습니다.

층간 소음이나 익명성의 문제가 상대적으로 적어 더 따뜻한 이웃 관계를 만들 수 있고, 경제적 측면에서도 다세대주택은 큰 장점을 가지고 있습니다. 개인 투자자들이 비교적 소자본으로 부동산에 투자할 수 있으며, 임대수익을 내는 구조이고, 특히 MZ세대, 청년층이나 신

282

혼부부들에게 적합한 주거 형태로 자리 잡고 있습니다.

환경적 관점에서도 긍정적이고, 에너지 효율성이 높고, 개별 세대의 에너지 소비를 최적화할 수 있는 구조적 특성이 있습니다. 대규모 아파트 단지에 비해 에너지 소비와 탄소 배출을 줄일 수 있는 친환경 주택의 유형이라고 말할 수 있습니다.

제5부 아파트 너머로 땅으로

10

다가구주택(Multi-unit House)로

도시의 주거 형태가 급격히 변화하면서 다가구주택은 단순한 주거 공간을 넘어 지역사회의 새로운 희망으로 자리 잡아가고 있습니다. 고층 아파트가 주거의 대표적 형태로 여겨졌지만, 이제는 더욱 유연하고 포용적 주거 방식을 모색하고 있습니다.

3층 이하로 660㎡ 이하, 19세대 이하로 다가구주택은 단독주택의 한 유형으로 건물 전체가 한 사람의 소유로, 한 건물에 여러 가구가 거주할 수 있도록 구분되어 있지만, 다가구주택의 가장 큰 장점은 지역 커뮤니티의 활성화에 있습니다.

한 건물에 여러 가구가 살면서 자연스러운 교류가 이루어집니다. 특히 청년, 1인 가구, 신혼부부 등 다양한 연령대와 생활 방식을 가진 사람들이 함께 거주하면서 서로의 경험을 나누고 서로를 지지하는 공동체 문화를 만들어 갑니다.

경제적 측면에서도 다가구주택은 중요한 역할을 합니다. 개인의 경제적 부담을 줄이면서도 효율적 공간 활용이 가능하기 때문입니다. 도심 내 주거 공간이 부족한 상황에서 다가구주택은 합리적 대안으로 떠오르고 있으며, 특히 높은 주거 비용의 어려움을 겪는 젊은 세대에게 1층은 근린생활시설을 2, 3층은 임대 수익으로, 4층은 자신이 사는

아파트 너머로 땅으로

구조로 경제적 주거 대안을 제공할 것입니다.

도시재생의 관점에서도 다가구주택은 중요한 의미를 지닙니다. 오래된 주택가를 Remodeling 하거나 새롭게 조성하면서 활력을 되살리는 역할을 하는데, '70년대 이후 토지구획정리가 되어 있는 구도심에서 낙후된 동네를 현대적이고 활기찬 공간으로 변화시키는 촉매제 역할을 한다고 볼 수 있습니다. 또한 다가구주택은 사회적 통합의 중요한 모델이 될 수 있습니다. 다양한 배경의 사람들이 한 공간에 공존하면서 상호 이해와 존중의 문화를 만들어 갈 수 있습니다.

이는 점점 더 분절되고 고립화되어 가는 현대 도시의 중요한 대안이 될 수 있으며, 환경적 측면에서도 다가구주택은 긍정적입니다. 단독주택에 비하여 에너지 효율성이 높고, 공간을 효율적으로 사용함으로써 불필요한 토지개발을 줄일 수 있습니다. 결론적으로 다가구주택은 단순한 주거 형태를 넘어 우리 사회의 새로운 희망을 제시하고 있으며, 제4부에서 언급하였지만, 시니어와 MZ가 공유하는 Semz모형으로 간다면 다가구주택도 그것을 적용할 수 있을 것입니다.

경제적 효율성, 커뮤니티 형성, 사회적 통합, 환경 보호 등 다양한 측면에서 긍정적 역할을 할 수 있는 주거 방식으로, 앞으로 도시계획과 주거 정책에서 중요하게 다루어져야 할 대안적 주거 형태라고 할 수 있겠습니다.

따라서 고층 아파트에서 저층으로, 재난 대비 측면에서 저층 주택은 중요한 장점을 가집니다. 지진이나 화재 발생으로 일어나는 대피가 훨씬 쉽고, 고층 건물에서 발생할 수 있는 구조적 위험을 크게 줄일 수 있습니다.

이것은 거주자의 안전과 직결되는 중요한 요소이므로, 결국 저층 주택은 단순한 주거 형태를 넘어 삶의 질을 높이고, 공동체 의식을 회복하며, 개인의 창의성을 꽃피울 수 있는 공간으로, 앞으로 우리 사회의 주거 정책은 이러한 저층 주택의 장점을 적극 반영해야 할 것으로 생각됩니다.

아파트 너머로 땅으로

11

토지는 시소 타듯이 농업도시

우리 국토는 10만 449㎢라는 넉넉하지 않은 면적에 5천 2백만 명이 살아가는 터전입니다. 그런데 그중에서도 주거와 상업 지역으로 실제로 활용되는 면적은 고작 국토의 3% 남짓이라고 하니, 실로 비효율적인 토지 이용 방식이 아닐 수 없습니다. 이 좁은 땅을 이토록 제한적으로 사용한다는 것은 곧, 특정 계층이 부의 기득권을 누리고, 수도권으로만 산업과 인구가 집중되는 결과를 낳았다는 뼈아픈 결론에 다다르게 합니다.

이러한 토지이용의 불균형은 서울을 비롯한 수도권에 인구의 절반 이상이 밀집하는 현상을 초래했습니다. 이는 곧 토지 가격의 급격한 상승과 더불어, 주거환경이 점점 악조건으로 변하는 고층 아파트 위주의 주거 형태로 이어졌습니다. 토지이용의 비효율성은 단순히 공간 활용의 문제를 넘어, 심각한 사회경제적 파급효과를 불러왔습니다. 지방 도시의 넓은 도로변에 비어있는 점포가 늘어나며, 공동화 현상이 심해지고, 젊은 세대와 전문직이 수도권으로 대거 이탈하면서 지역 경제는 점차 활력을 잃어 가고 있는 현실은 우리가 아는 안타까운 사실입니다.

이러한 현상은 주거시설 문제뿐만 아니라, 그동안 동남권을 비롯한

제5부 아파트 너머로 땅으로

지방의 산업 및 교육시설 정책이 얼마나 소홀했는지를 반증하는 것입니다. 국가 균형 발전과 인구 분산정책이 위기에 처하고 나서야 뒤늦게 '지방시대위원회'가 가동되었고, 작년까지는 그 파급력이 미미했으나 2025년인 지금부터라도 속도를 내고 있다는 점은 그나마 다행스러운 일입니다. 마치 엉킨 실타래를 푸는 지혜로운 해법처럼, '5극 3특'(수도권, 충청권, 동남권, 대경권, 호남권, 그리고 강원, 전북, 제주) 전략을 통해 수도권이나 중심 도시에서 멀어지는 지역에 인센티브를 더 주어 균형발전을 이루고자 하는 노력이 시작되고 있습니다. 이토록 절실한 시기에, 저의 작은 에세이 《아파트 너머로 땅으로》가 진정한 지방 시대로 나아가는 영향력(Influence)있는 메시지가 되기를 바랍니다.

토지이용의 문제는 단순히 통계나 수치만으로는 해결할 수 없는 복합적인 과제입니다. 도시계획, 주택정책, 지역발전 등 다각적인 접근이 필요하며, 우리는 이제 양적 성장을 넘어 질적 성장을 이루고, 토지를 어떻게 더 현명하고 지속 가능하게 사용할 수 있을지에 깊은 관심을 가져야 합니다. 안타깝게도 현재의 많은 제도는 관성과 타성에 젖어 도시와 농촌, 주거와 산업의 균형을 이뤄 내지 못하는 '나쁜 제도'로 작용하고 있다고 말하고 싶습니다.

그렇다면 어떻게 해야 할까요? 저는 '유연성'과 '창의성'을 발휘하여 농산지를 이용하는 방법을 제안하고 싶습니다. 농지는 단지 농업생산과 관련 있는 것만 허용하는 전용 규제에서 벗어나, 도시적으로 농지를 전용할 수 있도록 유연하게 접근하는 것입니다. 우리가 지금 살고 있는 도시지역들 또한 예전에는 모두 농지였던 시절이 있었습니다. 만약 농산지 관련 법령이 농업시설만을 우선하는 제한적인 토지이용 정책을 고수한다면, 글로벌시대의 새로운 바람은 지방을 스쳐 지나가 버릴 수밖에 없을 것입니다.

이제 전통적인 논농사가 아닌, 스마트 팜에서 상추와 토마토, 딸기가 싱싱하게 영글어 가는 수직농장을 상상해 보세요. 큰길 너머로 경관 녹지 저편에는 햇살 가득한 타운하우스가 자리하고, 문화 예술 및 상업 유통시설이 서로 조화롭게 어우러지는 '도시적 토지이용의 가로계획'은 어떨까요? 이 안에서 다양한 업종들이 스스로 화학적인 결합(Chemistry)을 이루고, AI 인공지능과 사물인터넷, 상업용 kiosk, 자율주행 자동차가 타운하우스를 드나드는 '6차 산업의 농업도시'를 꿈꿔 봅니다. 미어터질 듯 좁은 서울과 드문드문 비어 있는 지방을 '5극3특'이라는 정책으로 지역 간의 격차를 좁히고자 한다면, 농업도시 모델은 어떤가! 생각합니다.

어린아이가 시소를 타듯이 사람과 물건이 하루에도 몇 번씩(A few times a day) 활발하게 오갈 수 있도록 도시혁신 구역이나 복합용도구역을 지정하여, 구역들끼리 강력한 시너지 효과를 끌어내는 도시체계가 절실합니다.

물론 2년 전 제정된 농촌 공간 재구조화법이 있지만, 제가 말하고자 하는 것은 이보다 훨씬 더 유연하고 적극적인 6차 산업의 시너지 효과를 창출하는 미래입니다. 산으로 막히고 논밭이 있는 구릉지라고, 강물이 흐른다고 해서 관장하는 부처에 따라 제각기 놀고 있는 제도들

제5부 아파트 너머로 땅으로

이 너무나 많습니다. '경자유전의 원칙'은 1948년 헌법 제정 당시 소작농 폐지와 안정적 식량 공급을 목표로 했던 배경이 있었습니다.

그러나 지금은 균형발전과 인구소멸 대응이라는 더 큰 시대적 과제를 안고 있습니다. 이제 농업진흥 지역 밖의 농지에 대해서는 소유, 이용, 개발 규제를 과감히 완화하여, 지방으로 자금과 사람이 유입될 수 있도록 물꼬를 터 주어야 합니다.

더불어, 공간 정보 관리법에서 지목이 '전', '답', '과수원'이라 할지라도, 지형, 지세, 경사, 규모에 따라 농지법에서 말하는 농지의 정의를 다르게 적용해야 할 때입니다. 그리고 국토 계획법상 농림지역과 자연환경 보전지역이 아닌, 도시지역과 관리지역의 농지는 규제를 적절히 완화하여야 지역을 발전시키는 '지방시대'가 될 것이 생각합니다.

아파트 너머로 땅으로

12

농촌 공간 재구조화로 농촌특화 지구로

농촌지역으로 나가 보면 빈 땅이 많습니다. 농사지은 곡식을 생산하여도 집으로 공판장으로 실어 나르기 어려운 곳은 많아 경작자가 선뜻 나서지 않고 있습니다. 전자제품을 사고 싶어도 부피가 크고 무거워서 경운기에 실어 가져오기도 어렵고, 농가주택이 낡고 비좁아 개축하거나 신축하려고 해도 자동차가 못 들어가는 그러니까 덤프트럭이나 레미콘트럭은 고사하고 화물차도 못 들어가는 농촌지역의 현실입니다. 자연취락지구로 지정된 마을 마을회관까지는 그런대로 나은 편이나, 한 두어 가구가 사는 곳은 비탈길에 좁고 열악하여 정말 사람 살기 불편합니다. 늦은 감은 있으나 농촌 공간을 재구조화한다는 것이나 재생할 수 있는 자금을 정부가 지원할 수 있다는 제도를 몇 년 전에 만들었습니다.

이것은 농촌 사람들에게 정주 여건을 지원하고 경제를 활발히 하여 환경과 생태를 보호하는 다양한 목적의 '농촌특화지구' 지정은 다행스럽습니다. 아파트 너머로 땅으로 가는 길을 여기서 찾았으면 좋으련만 내 말이 그 말입니다.

그 내용을 하나하나 살펴보면 '마을보호지구'가 되면 농촌 주민들의 생활환경과 서비스 시설을 설치하는 것이고, '농촌산업지구'는 공장이나 창고 같은 산업시설을 한곳에 모으거나 계획적으로 개발해서 농촌 경제에 활력을 불어넣겠다는 것입니다. '축산지구'는 축산 시설과 가공시설을 한데 모아 축산업을 더욱 체계적으로 육성하는 곳이며, '농촌 융복합 산업지구'는 농업생산과 가공, 서비스 시설을 한데 묶어 농촌의 다양한 산업을 육성하는 것입니다.

농촌지역의 계획관리지역에는 논밭은 당연하고, 공장과 창고, 주택과 식당, 체육시설과 캠프시설이 들어서면서 서로 서로가 다투게 되는 토지이용 갈등현상을 유발하고 있습니다.

특히 사람이 살지 않은 곳에는 '재생 에너지 지구'를 둘 수 있는데, 태양광 같은 재생 에너지 시설을 집단화해서 환경친화적 에너지 전환에 도움을 주는 것으로 탄소중립 실현을 위한 아주 중요한 역할이라 하겠습니다.

'경관 농업지구'는 아름다운 경관을 형성하는 작물을 심어 농촌을 관광 명소로 만드는 곳으로, 이곳을 방문하면 정말 '인생샷'을 건질 수 있을 것 같은 느낌이 듭니다. 그뿐 아니라 '농업 유산지구'는 오랫동안 이어져 온 소중한 농업 유산으로 이를테면 세계중요농업유산이나 국가중요농업유산을 체계적으로 보전하고 관리하는 것인데, 경남 고성의 둠벙이나, 사천, 남해에 있는 죽방렴이나 석방렴 같은 것은 선조의 지혜를 엿볼 수 있는 곳이 되겠습니다.

그런데 순창군은 유채꽃 축제에서 나오는 기름을 짜내는 융복합산업으로, 신안군은 경관 농업이나 농촌 마을보호지구를 구상하고 있어 지방시대를 향하여 나가는 것 같아 좋습니다.

아파트 너머로 땅으로

13

나 홀로(Lonely)주택 Village로

유럽의 스위스나 독일의 경우에는 국토 개발이 가능한 건축지역과 자유로운 개발이 불가능한 나머지 건축 부자유 지역으로 구분하고, 스위스의 경우는 개발이 가능한 건축지역이 겨우 국토의 5.6%이고, 건축지역 면적은 총량제로 유지하고 있습니다. 한국의 농업인은 어디에서든 건축 행위가 가능하고, 엄격하다는 개발제한구역에서도 기존 주택을 다른 곳으로 이축 할 때도 가능합니다. 농촌 주거시설은 심각이라는 말이나 열악이라는 두 단어를 빼고는 표현하기 어렵습니다. 홀로 서 있는 건축물은 매우 그렇습니다.

인구가 줄어드는 곳의 땅들은 버려진 국토인가? 방치하여 쓸쓸하고 냉기가 돕니다. 농업용 목조주택의 노후화로 사람이 살지 않은 빈집의 경우는 잡목들이 무성하여 지나치기가 무서울 정도로 심각하고, 도시의 재건축만 관심을 가질 것이 아니라, 세수가 적은 농촌지역이라 할지라도 이곳에 관심을 가지는 정책들을 내어놓으면 좋을 것 같다고 생각합니다.

청년들이 지게를 벗어 던지고 농촌을 떠나 도시로 나가면서 농촌지역 주택은 점점 낡아지고 방치되고 있었습니다. 그것은 노후화된 건축 구조의 대다수 주택은 수십 년 이상 건축 내구연수가 지난 목조구조

293

에 함석이나 기와지붕이라, 현대적 가전제품이나 사물인터넷의 편의성, 안전성이 떨어지고, 열 손실과 냉난방, 습기와 빗물이 새는 주거환경이 현실입니다.

녹지지역이나 관리지역 안에 있는 자연취락지구의 농가주택은 들어가는 진입도로가 겨우 경운기나 소형차량은 가능하나 화물차나 레미콘 차량은 진입하기가 어려워 집을 철거하거나, 수선하거나, 신축하려고 해도 곤란합니다. 그뿐인가 진입도로가 다른 사람의 토지에 붙어 있어 소유권 분쟁도 자주 생깁니다. 이러한 주택을 사서 귀촌하고자 해도 싸움 나기가 십상으로 토지 공부가 필요합니다.

특히, 80세가 넘어가는 사람이 많은 농촌은 주택 문제가 정말 심각한 사회적 이슈입니다. '24년 겨울에 있었던 대형 산불 사고로 집을 잃고 목숨을 잃었던 사람들이나 '25년 봄철 산불과 여름 기후변화로 한국이 동남아 같다는 우스갯소리를 할 정도로 이상기후이고, 충청지방을 비롯한 호남과 경상지방에 갑작스럽게 내린 집중호우가 산자락의 아랫마을을 덮쳤고, 하천 쪽의 집들은 방안까지 물이 차고 들어와 재산과 인명피해가 심했습니다.

해마다 겪는 재난으로부터 사람과 재산을 지킬 수 있는 대책들이 산사태 위험지구를 공지하고, 비 온다고 산불 났다고 스마트폰으로 문자 보내 준다고 누가 그것을 조신하게 읽고 염두에 두고 있을까입니다.

무슨 말을 하는지 모를 정도로 전봇대에 매달려 목청만 높이고 있는 스피커 그것도 아닌 것 같습니다. 특히, 산 아래 띄엄띄엄 서 있는 Lonely House를 읍면 소재지나 법정마을 단위로 선택적으로 이주를

아파트 너머로 땅으로

시키면 어떨까입니다. '25년 여름 폭우로 산청군에서는 땅밀림 현상으로 재산 피해가 커져 이주시켜야 한다는 주민 여론에 이어 15천㎡에 집단이주를 계획할 것이라고 하였습니다.

산불이 났던 경북은 '이재명정부'가 경북산불 특별법으로 혁신적 재창조 '산림투자선도지구' 관광사업을 추진하고, 사회적으로 경제적 부담은 될 수 있으나 '70년대 취락구조 개선 사업으로 농촌 마을 구조가 근본적으로 바뀐 사례가 있었습니다. 그때 형성되었던 마을이 지금까지 농촌사회를 이뤘고, 거주자의 집단지성은 사회공동체로 진화되어 가는 선한 영향력이 생기므로 농촌지역의 나 홀로 주택을 안전한 마을로 이주하는 정책은 어떨까입니다. 이것이 바로 지방시대가 아닐까? 생각합니다.

14

산자락 관광으로 땅으로

MZ세대가 살아도 나쁘지 않은 k-한류가 있는 농촌에서 둘레길을 걷고 맛집을 찾아다닐 수 있는 Tour 코스가 많이 생겨났으면 좋겠습니다. 이를테면 오지를 찾는 지구 마블 채널이나, 홈 쇼핑에서 다양한 여행상품을 만나는데, 국내상품은 드문드문하여 지방자치단체가 이를 개발하면 어떨까?

베트남 라오까이성(Lao Cai Province) 사파(Sapa)고원도시는 하노이에서는 약 320km 북서쪽에 있는 해발 1,500m 고원 도시 달랏과 비슷한 기온을 보이기도 하는데, 판시판산자락의 끝없이 펼쳐지는 계단식 논과 다채로운 소수민족 생활상이 특이합니다.

고산지대라 여름 날씨에 여행하기 좋고, 연중 안개도 자주 끼는 '안개의 도시'로 불리는 베트남에서는 가장 추운 곳의 하나라고 합니다. '사파타운'은 프랑스 식민시대 군인들 휴양지로 개발되어 여러 소수민족이 여기에 살고 이들의 유일한 도시이자 세계 각국의 여행자들이 모여드는 중심지 역할을 합니다.

특히, 각각의 소수민족들의 고유의상을 가지고 염색 기술이 발달하고, 몽족의 마을과 전통적 수공예 면실 재배, 무명 짜기 등을 유지하고 있습니다.

296

한국의 지리산 자락이나 그 아랫동네의 성철스님이나 문익점 '목면시배지' 같은 것은 사파마을 못지않은 '명산과 인문학' 이야깃거리 있으니 특화할 수 있는 곳이라 보아집니다. 나는 좋아합니다. 이야기가 담긴 고갯마루에 걸터앉아 담소하는 것을 말입니다.

가락국 김수로왕 일대기를 비롯한 고대 삼국시대의 역사적이고 전설적인 사실들을 상품화하여 Trekking 코스를 만들면 좋을 것 같습니다. 재개발 재건축이라는 투자 Solution에서 아파트값 Rally가 이어진다는 주제를 가지고 언론방송 매체가 그날그날 주식등락을 소개하듯이 수도권 아파트값을 그렇게 다루고 있으니 어디 지방시대라는 화두가 설 자리가 있겠습니까.

어떤 방송 채널에서 MZ세대가 농촌으로 들어가 Work Cation Life Style을 바라고 있는데, 주거시설이 불편하여 꺼린다는 보도가 자주 나오고, 농사짓는 옛집은 lonely House가 되어 화재나 산사태가 나도 어쩔 방법이 없는 상황에 있습니다. 그뿐만 아니라 응급의료나 우편·택배까지 전기소방·통신을 비롯한 간이 상하수도시설, 대중교통과 노인돌봄서비스 등 정부나 민간 단체가 이런저런 곳을 다니다 보면 업무의 효율성은 낮아질 수밖에 없는 것입니다.

농어촌 주거환경개선사업이나 빈집 Remodeling을 계획하고 있으나 현실과는 다릅니다. Baby boomer 세대들이 도시를 떠나서는 못 산다고 호언장담을 해놓고도 청년 부부가 농식품 산업이나 채소밭 가꾸는 방송매체를 보고 생각을 바꾸는 취향 저격의 귀농 패턴을 보여 주는 것이나, 살던 도시주택은 세를 놓고, 전원주택이나 체류형 주택에서

제5부 아파트 너머로 땅으로

또는 공동체 중심의 지역에서 살아가기를 바라고 있습니다.

농촌 주거시설이 낡고 비좁아 불편한 곳이 많다는 것이 문제이고, 지방시대로 가는 지역사회가 지속가능성이 있어야 한다는 이 두 가지 사실이 사회적 과제라고 보아집니다. 결국 물리적 환경적 문화적으로 커뮤니티가 가능하고, 지속 가능한 주거환경을 만들어 낼 수 있어야 하겠습니다.

아파트 너머로 땅으로

토지는 미래를 만들어 가는 공간

우리는 이 책에서 토지라는 익숙하면서도 낯선 존재에 대한 긴 여정을 함께했습니다. 토지의 오랜 역사를 따라가며 농지개혁과 같은 역사적 사건이 우리 사회를 어떻게 바꾸어 놓았는지 살펴보았습니다.

토지가 도시와 지방의 불균형을 비추는 거울이 되고, 개발과 보존 사이의 끊임없는 논쟁을 일으키고, 때로는 수변 개발과 같은 새로운 풍경을 만들어 내는 사회적 공간임을 이야기했습니다.

또한, 어렵게만 느껴졌던 토지 관련 지식이 사실은 우리 삶을 보호하고 풍요롭게 하는 소중한 지혜임을 깨닫고, 지적공부와 등기부등본, 지목과 용도지역 등 기본적인 토지 공부의 중요성을 강조했습니다.

현실 속 토지분쟁과 부동산 거래의 위험 사례들을 통해 토지 문제가 단순히 재산 다툼을 넘어 인간관계와 사회의 투명성에 대한 중요한 교훈을 배웠습니다.

그리고 토지 위에 세워진 건축물 '집'에 대한 이야기, 집이 우리 삶의 터전이자 관계의 시작점임을 되새겼습니다. 임대인과 임차인 관계에서 도덕성과 신뢰가 왜 중요한지, 고층 아파트의 편리함의 뒤에 가려진 고민은 무엇인지, 그리고 유럽형 타운하우스와 같은 저층형 주거가 우리에게 어떤 삶의 여유와 공동체적 가치를 제공하는지에 대해 깊이 논의했습니다.

우리는 토지를 어떻게 대하여야 하는가? 토지는 단순히 사고팔아 이익을 남기는 대상이 아니라, 우리가 함께 살아가야 할 공간이며, 미래 세대에게 건강하게 물려주어야 할 소중한 자원, 토지에 대한 인식과 태도가 사회의 모습과 미래를 결정합니다.

토지 문제를 해결하고 더 나은 미래를 만들기 위해서는 토지 공부를 통해 스스로 지식을 쌓고 현명한 판단을 내리는 힘을 길러야 합니다. 토지이용 정책 결정 과정에 관심을 가지고 참여하며, 개발과 보존 사이에서 균형을 찾으려는 노력을 기울여야 합니다. 무엇보다 토지를 둘러싼 관계 속에서 서로를 존중하고 배려하며, 투명하고 정직한 문화를 만들어 가야 합니다.

우리가 어떤 집에 살 것인지, 어떤 땅에 발을 딛고 살아갈 것인지의 고민은 결국 우리가 어떤 가치를 추구하며 어떤 삶을 만들어 갈 것인지에 대한 고민입니다.

편리함과 효율성만을 좇을 것인지, 자연과의 조화, 이웃과의 소통, 그리고 삶의 여유를 더 중요하게 생각할 것인지, 우리의 선택은 우리 자신뿐만 아니라 우리 사회 전체에 영향을 미칩니다.

토지는 침묵하고 있는 것처럼 보이지만, 사실 우리에게 수많은 이야기를 들려주고 있습니다. 역사의 흔적을 통해 과거를 이야기하고, 사회의 모습을 통해 현재를 비추며, 우리가 어떤 선택을 하느냐에 따라 미래의 모습을 보여 줍니다.

이 에세이가 독자 여러분에게 토지에 대한 새로운 시각을 열어 주고, 지방시대로 가는 우리 삶과 사회에 대한 깊은 성찰의 기회를 제공했기를 바랍니다. 토지, 우리 삶의 이야기. 이 이야기는 과거에도 현재에도, 그리고 미래에도 계속될 것입니다. 끝.

에필로그

아파트 너머로
땅으로

초판 1쇄 발행 2025년 12월 25일

지은이   문홍열
펴낸이   이기봉
편집   좋은땅 편집팀
펴낸곳   도서출판 좋은땅
주소   서울특별시 마포구 양화로12길 26 지월드빌딩 (서교동 395-7)
전화   02)374-8616~7
팩스   02)374-8614
이메일   gworldbook@naver.com
홈페이지 www.g-world.co.kr

ISBN   979-11-388-5159-6 (03320)